NomosStudium

Prof. Dr. Timo Hebeler,
Universität Trier

Dr. Laura Buhr,
Universität Trier

Examinatorium Sozialrecht

2. Auflage

Die Deutsche Nationalbibliothek verzeichnet diese Publikation in
der Deutschen Nationalbibliografie; detaillierte bibliografische
Daten sind im Internet über http://dnb.d-nb.de abrufbar.

ISBN 978-3-8487-6387-0 (Print)
ISBN 978-3-7489-0514-1 (ePDF)

2. Auflage 2020
© Nomos Verlagsgesellschaft, Baden-Baden 2020. Gedruckt in Deutschland. Alle Rechte, auch die des Nachdrucks von Auszügen, der fotomechanischen Wiedergabe und der Übersetzung, vorbehalten.

Vorwort

Dieses Examinatorium Sozialrecht soll Studierenden die Möglichkeit geben, sich in *knapper* und *wiederholend-vertiefender* Form auf sozialrechtliche Prüfungen vorzubereiten. Es wendet sich ausdrücklich *nicht* an Nutzer, die sich erstmals mit dem Sozialrecht befassen. Es wird vielmehr vorausgesetzt, dass sich der Leser bereits mithilfe eines klassischen Sozialrechtslehrbuchs, das in systematischer Form Schritt für Schritt das Sozialrecht darstellt, einen gründlichen Überblick verschafft hat.

Bei den angesprochenen klassischen Lehrbüchern sind deren Konzeption und didaktische Ausrichtung meist selbsterklärend oder es genügen einige *kurze* Hinweise des Autors entweder im Vorwort oder zu Beginn der Stoffdarstellung, wie mit dem Buch gearbeitet werden sollte. Bei einem Buch, das eine Stoffwiederholung und Vertiefung ermöglicht, erscheint es sinnvoll, detaillierter auf die „Machart" und Ausrichtung des Werkes einzugehen. Dies soll außerhalb des Vorworts sogleich im ersten Teil geschehen.

Wesentliche Überarbeitungsschwerpunkte der zweiten Auflage, die die aktuelle Rechtsprechung und Reformgesetze berücksichtigen, liegen insbesondere beim Arbeitsunfall nach Maßgabe des SGB VII, in Ergänzungen zum zwar exotisch anmutenden, aber praktisch sehr relevanten Themenkreis der Genehmigungsfiktion im Krankenversicherungsrecht sowie in der Überarbeitung des Pflegeversicherungsrechts, insbesondere im Hinblick auf die Einführung der Pflegegrade.

Wir danken Herrn Dr. Schmidt vom Nomos Verlag für die sehr gute Werkbetreuung.

Für Hinweise und Kritik aus dem Nutzerkreis sind wir sehr dankbar. Diese bitte senden an buhrl@uni-trier.de oder an hebeler@uni-trier.de.

Timo Hebeler   Laura Buhr

Trier, November 2019

Inhalt

ERSTER TEIL: DAS ARBEITEN MIT DIESEM BUCH

A. **Wozu und für wen dieses Buch?** 9
    I. Aufschwung bei den klassischen Lehrbüchern im Sozialrecht;
        Marktübersicht 9
    II. Lücke bei den wiederholend-repetierenden Büchern 10
    III. Kernzielgruppe und weitere Zielgruppen 10

B. **Gegenstand und Teilbereiche dieses Examinatoriums** 12
    I. Stoffliche Breite und Tiefe 12
    II. Mündliche Prüfung, Seminararbeit und Klausur als Prüfungsbestandteile
        im Überblick 14

ZWEITER TEIL: SOZIALRECHTLICHE MÜNDLICHE PRÜFUNG

A. **Allgemeine Hinweise zur mündlichen Prüfung** 16
    I. Vorbereitungsliteratur 16
    II. Zuhören bei mündlichen Prüfungen anderer Kandidaten 17
    III. Eigenheiten der Gruppenprüfung 17
    IV. Verlauf der mündlichen Prüfung, Erwartungshorizont des Prüfers und
        Umgang mit dem folgenden Fragen- und Fallkatalog 17

B. **Sozialrechtlicher Fragen- und Fallkatalog** 20
    I. Allgemeines Sozialrecht 20
    II. Sozialrecht und Verfassungsrecht 24
    III. Sozialrechtsgeschichte 28
    IV. Allgemeines Sozialversicherungsrecht 30
    V. Recht der gesetzlichen Krankenversicherung 37
    VI. Recht der gesetzlichen Pflegeversicherung 50
    VII. Recht der gesetzlichen Unfallversicherung 53
    VIII. Recht der gesetzlichen Rentenversicherung 67
    IX. Arbeitsförderungsrecht 73
    X. Recht der Grundsicherung für Arbeitsuchende 78
    XI. Sozialhilferecht 84
    XII. Sozialrechtliche Nebengebiete 85
    XIII. Sozialverwaltungsverfahrensrecht 88
    XIV. Erstattungs- und Ersatzansprüche nach Maßgabe des SGB X 93
    XV. Sozialgerichtsbarkeit 97
    XVI. Sozialrechtliche Haftungsfragen, die nicht im SGB normiert sind 104

DRITTER TEIL: SOZIALRECHTLICHE SEMINARARBEIT

A. **Allgemeine Hinweise zur juristischen Seminararbeit** 106
    I. Zentrale sachlich-inhaltliche Anforderungen an eine Seminararbeit im
        Vergleich zu einer Fallhausarbeit 106
    II. Arbeitsschritte bei einer Seminararbeit 107

	III.	Typen bzw. Arten von Seminararbeitsthemen	108
	IV.	Formale Gestaltung der Seminararbeit	110

B. **Besondere Hinweise für sozialrechtliche Seminararbeiten für die Materialrecherche**   112
    I. Vorbemerkung   112
    II. Systematische Sozialrechtsdarstellungen   112
    III. Gesetzeskommentierungen im Sozialrecht   114
    IV. Sozialrechtliche Fachzeitschriften   115
    V. Sozialrechtliche Gerichtsentscheidungen   116
    VI. Recherche nach Gesetzgebungsmaterialien   116

C. **10 Beispiele für sozialrechtliche Seminararbeitsthemen mit Erläuterungen**   118

D. **Mündlicher Vortrag der Seminararbeit**   123
    I. Allgemeine Hinweise   123
    II. Zeitvorgaben und Zeitmanagement   123
    III. Vortragssprache   124
    IV. Einsatz von Vortragshilfsmitteln   124
    V. Sachlich-inhaltliche Fragestellungen der Vortragsgestaltung   125
    VI. Diskussion im Anschluss an den Vortrag   125

VIERTER TEIL: SOZIALRECHTLICHE KLAUSUREN

A. **Klausurarten**   127
    I. Klausur ohne großen Fall   127
    II. Klausur mit großem Fall   127

B. **Sozialrechtsfälle und -lösungen größeren Zuschnitts in Zeitschriften und Büchern**   129
    I. Fälle in Zeitschriften   129
    II. Fälle in Büchern   130

Stichwortverzeichnis   133

Erster Teil:
Das Arbeiten mit diesem Buch

A. Wozu und für wen dieses Buch?

I. Aufschwung bei den klassischen Lehrbüchern im Sozialrecht; Marktübersicht

In den vergangenen Jahren haben sich in Deutschland die Möglichkeiten, sich das Sozialrecht in Lehrbuchform zu erschließen, erfreulich vermehrt, denn es sind neue Lehrbücher auf den Markt getreten und diese finden – ausweislich der Auflagenfolge der Mehrzahl dieser Bücher – auch ihre Käufer.

Über mehrere Auflagen hinweg gut eingeführt und somit mittlerweile als etabliert zu bezeichnen sind folgende Bücher:

- *Eichenhofer*, Sozialrecht, 11. Aufl. 2019,
- *Kokemoor*, Sozialrecht, 8. Aufl. 2018,
- *Muckel/Ogorek/Rixen*, Sozialrecht, 5. Aufl. 2019,
- *Waltermann*, Sozialrecht, 13. Aufl. 2018.

Aktuell sind ferner:

- *Schaumberg, Sozialrecht,* 2. Aufl. 2018,
- *Koppenfels-Spies*, Sozialrecht, 2018.

Die genannten Bücher erschließen alle das Sozialrecht in systematischer, verlässlicher Form. Dabei sind sie unterschiedlich ausführlich gehalten. Am knappsten ist das Werk von *Kokemoor* (etwas mehr als 200 Seiten). In der Mitte bewegen sich die Werke von *Eichenhofer* und *Waltermann* (jeweils circa 300 Seiten). Das obere Ende im Hinblick auf die Seitenanzahl bildet das Buch von *Muckel/Ogorek/Rixen* (über 600 Seiten, wobei einschränkend darauf hinzuweisen ist, dass dieses Buch ein kleines Seitenformat besitzt).

Außerdem sind noch folgende Lehrbücher zu nennen:

- *Bley/Kreikebohm/Marschner*, Sozialrecht, 9. Aufl. 2007,
- *Gitter/Schmitt*, Sozialrecht, 5. Aufl. 2001,
- *Igl/Welti*, Sozialrecht, 8. Aufl. 2007,
- *Jäger/Braun*, Sozialversicherungsrecht und sonstige Bereiche des Sozialrechts – Leitfaden für Praxis und Ausbildung mit Schaubildern und Beispielen, 13. Aufl. 2009.

Bei diesen Werken liegt die letzte Auflage einige Jahre zurück, so dass sie im Hinblick auf die Aktualität nur noch unter Vorbehalt nutzbar sind; ansonsten stehen diese Bücher den zuvor genannten Werken in didaktischer Hinsicht nicht nach.

Nimmt man Lehrbücher hinzu, die kleinere oder größere *Teil*gebiete des Sozialrechts abdecken, so vergrößert sich das Angebot noch. Beispielhaft seien insoweit angeführt:

- *Dörr/Francke*, Sozialverwaltungsrecht, 3. Aufl. 2012,
- *Fuchs/Preis*, Sozialversicherungsrecht, Lehrbuch für Studium und Praxis, 2. Aufl. 2009,
- *Igl/Welti* (Hrsg.), Gesundheitsrecht – Eine Einführung, 3. Aufl. 2018,
- *Janda*, Pflegerecht, 2019,
- *Klinger/ /Pattar/*, Existenzsicherungsrecht, 3. Aufl. 2012,
- *Wiese*, Pflegerecht, 2014.

Diese Bücher sind für diejenigen Personenkreise besonders interessant, bei denen die einschlägige Prüfungsordnung ein Hauptaugenmerk auf bestimmte sozialrechtliche Teilgebiete legt. Das Werk von *Fuchs/Preis* fällt dabei etwas aus dem Rahmen, weil es mit über 1.000 Seiten so umfangreich ausgestaltet ist, dass es auch als Nachschlagewerk konzipiert ist.

5 Der Aufschwung auf dem Lehrbuchmarkt dürfte zum einen darauf zurückzuführen sein, dass an den juristischen Fakultäten das Sozialrecht dadurch, dass es nicht mehr nur (Exoten-) Wahlfach ist, sondern an mehr als der Hälfte der Fakultäten Bestandteil von Schwerpunktbereichen ist (siehe dazu sogleich noch näher die Übersicht unter B. I.), die von den Studierenden gut nachgefragt werden. Zum anderen dürften weitere Faktoren hinzutreten. So wird Sozialrecht zunehmend an Universitäten und Fachhochschulen auch für solche Studierende gelehrt, die sich mit dem Sozialrecht nicht im Hinblick auf das juristische Staatsexamen befassen, sondern im Rahmen von Studiengängen wie „soziale Arbeit" und dergleichen, die zumeist auch sozialrechtliche Teilelemente umfassen. Ferner hat auch die Sozialgerichtsbarkeit in den letzten etwa 15 Jahren – vor allem im Zuge der hohen Fallzahlen im Bereich des Grundsicherungsrechts – eine Stellenausweitung erfahren, die diese Gerichtsbarkeit als potenzielles späteres Berufsfeld – sei es aus richterlicher Sicht oder sei es auch aus anwaltlicher Sicht – im juristischen Vorbereitungsdienst interessant erscheinen lassen und eine Befassung mit dem Sozialrecht nach sich ziehen.

II. Lücke bei den wiederholend-repetierenden Büchern

6 Alle soeben angeführten Bücher weisen im engeren Sinne keine Mängel oder Schwächen auf, aber sie richten sich jeweils durchweg an den „Erstnutzer" im Sinne eines „Erstlerners". In spezifischer Form eine Lernwiederholung und Vertiefung des erlangten Wissens ermöglichen und beabsichtigen diese Bücher nicht (zu sozialrechtlichen Fallsammlungen siehe noch im vierten Teil).

7 Dieses Examinatorium will einen Beitrag dazu leisten, diese Lücke zu schließen. Wie bereits im Vorwort angeklungen, ist es knapp gehalten. Es beschränkt sich ganz bewusst auf einen Umfang, der in der Studienpraxis auch realistisch im Rahmen eines wiederholenden Lerndurchgangs zu bewältigen ist. Es wäre geradezu kontraproduktiv, einen umfangreichen „Wälzer" zu verfassen, der dann doch zu einem Großteil nicht durchgearbeitet wird bzw. werden kann.

III. Kernzielgruppe und weitere Zielgruppen

8 Die Kernzielgruppe dieses Examinatoriums sind diejenigen Studierenden, die sich im Rahmen des Schwerpunktbereichsstudiums mit dem Sozialrecht befassen und die sich auf den universitären Teil des Examens vorbereiten. *Gerade* für diese Nutzer muss bei

A. Wozu und für wen dieses Buch?

zügig-ambitionierter Studienplanung der „machbare" Zeitfaktor im Auge behalten werden: Geht man davon aus, dass das Schwerpunktbereichsstudium *intensiv* nicht (deutlich) länger als drei Semester betrieben wird und stellt man zudem in Rechnung, dass das Sozialrecht regelmäßig nur einen Teilbestandteil des Schwerpunktbereichs ausmacht, dann entspricht allein ein kompakt gehaltenes Examinatorium den Nutzerbedürfnissen.

Weitere Zielgruppen sind diejenigen Personenkreise, die soeben unter I. bereits angesprochen wurden und die sich somit in einem anderen Zusammenhang bzw. im Rahmen eines anderen Studiengangs das Sozialrecht erschließen. Für diese Personenkreise können die abverlangte stoffliche Breite und Tiefe, mit der das Sozialrecht beherrscht werden muss, sehr schwanken und ebenso vielfältig können die Prüfungsbestandteile (mündliche Prüfung, Seminararbeit, Klausur) ausgestaltet sein (zu diesen Prüfungsbestandteilen sogleich noch näher unter B. II.). Gleichwohl – oder gerade deshalb – kann dieses Examinatorium jedenfalls in Teilbereichen auch für diese Personenkreise genau die Bedürfnisse für die Prüfungsvorbereitung erfüllen. Um diesen Nutzen noch besser einschätzen zu können, sollen nunmehr unter B. noch näher die Teilbereiche dieses Examinatoriums und deren didaktische Ausrichtung dargestellt werden.

B. Gegenstand und Teilbereiche dieses Examinatoriums

I. Stoffliche Breite und Tiefe

10 Das Sozialrecht ist ein umfangreiches Rechtsgebiet. Nirgends in Deutschland dürfte es eine sozialrechtliche Prüfung geben, bei der aus Sicht der Prüfer der Erwartungshorizont angelegt wird, das Sozialrecht in seiner ganzen Breite und Tiefe beherrschen zu müssen. Stattdessen schränkt bereits die jeweils einschlägige Prüfungsordnung das abverlangte Sozialrecht ein. Für die Schwerpunktbereiche an den juristischen Fakultäten, die sozialrechtliche Bestandteile enthalten, gibt es folgende stoffliche Vorgaben:

Universität	Schwerpunkt mit (auch) sozialrechtlichem Inhalt
Augsburg	Bio-, Gesundheits- und Medizinrecht (inklusive Krankenversicherungsrecht)
Berlin (Freie Universität)	Arbeits- und Sozialversicherungsrecht
Bielefeld	Arbeit und sozialer Schutz; Einwanderung und soziale Integration
Bochum	Arbeit und Soziales
Bonn	Arbeit und soziale Sicherung
Bremen	Arbeits- und Sozialrecht im internationalen und supranationalen Kontext; Informations-, Gesundheits- und Medizinrecht
Frankfurt an der Oder	Im SPB "Staat und Verwaltung" ggf. Wahlpflichtteil Sozialrecht; Im SPB "Völkerrecht" ggf. Wahlpflichtteil Europäisches und internationales Asyl- und Flüchtlingsrecht; Im SPB "Privat- und Wirtschaftsrecht" ggf. Ergänzungsfach Sozialrecht
Frankfurt am Main	Arbeit, Soziales, Lebenslagen
Freiburg	Arbeit und soziale Sicherung
Gießen	Arbeitsrecht mit Sozialrecht
Göttingen	Arbeits- und Sozialordnung; Medizinrecht (laut Kurzbeschreibung mit sozialrechtlichem Bezug)
Greifswald	Gesundheits- und Medizinrecht
Halle	Arbeits-, Sozial – und Verbraucherrecht
Hamburg (Universität)	Sozialrecht mit arbeitsrechtlichen Bezügen
Hamburg (Bucerius Law School)	Arbeit, Wirtschaft und Soziales
Hannover	Arbeit, Unternehmen, Soziales
Heidelberg	Arbeits- und Sozialrecht; Medizin- und Gesundheitsrecht
Jena	Deutsches und europäisches Arbeits- und Sozialrecht
Kiel	Wirtschaftsrecht mit Ausrichtung auf Arbeitsrecht; Unterschwerpunkt: Arbeits- und Sozialrecht
Köln	Arbeitsrecht, Sozialversicherungsrecht, Versicherungsrecht, Medizinrecht und Gesundheitsrecht
Konstanz	Arbeits- und Sozialrecht
München	Unternehmensrecht: Arbeits- und Sozialrecht; Medizinrecht (mit Bezügen zum Sozialrecht, insbesondere Krankenversicherungsrecht)
Münster	Arbeit und Soziales

B. Gegenstand und Teilbereiche dieses Examinatoriums

Regensburg	Sozial-, Gesundheits- und Migrationsrecht: Sozialversicherungsrecht und Recht der sozialen Grundsicherung, Gesundheitsrecht, Migrationsrecht; Arbeitsrecht und Recht der sozialen Sicherheit: Kollektives Arbeitsrecht, Sozialversicherungsrecht und Recht der sozialen Grundsicherung
Saarbrücken	Deutsches und europäisches Arbeits- und Sozialrecht
Trier	Arbeits- und Sozialrecht
Tübingen	Unternehmens- und Wirtschaftsrecht: Arbeit und Soziales im Unternehmen
Würzburg	Arbeitsrecht im Unternehmen (mit Lehrveranstaltung "Einführung in das Sozialrecht")

Die übrigen Universitäten, die eine juristische Fakultät haben, die auf das juristische Staatsexamen hinführen (namentlich: Bayreuth, Berlin [HU], Düsseldorf, Erlangen, Leipzig, Mainz, Mannheim, Marburg, Osnabrück, Passau und Potsdam), bieten derzeit keinen Schwerpunkt mit sozialrechtlichem Inhalt an. Zählt man die genannten Universitäten zusammen, so beträgt das Verhältnis 28 zu 11 zwischen Universitäten mit und ohne sozialrechtlichem Schwerpunktbereich.

Für die jeweiligen Schwerpunktbereiche enthält die jeweilige Schwerpunktbereichsprüfungsordnung nähere stoffliche Vorgaben in Form einer Aufzählung von Teilrechtsgebieten und/oder in Form eines Vorlesungs-/Veranstaltungsplans. Diese Vorgaben sind selbstverständlich für eine zielgerichtete Prüfungsvorbereitung genau zu beachten. Ausdrücklich hinzuweisen – weil vielfach von den Studierenden unterschätzt – ist auch darauf, dass man die an der jeweiligen Hochschule angebotenen sozialrechtlichen Lehrveranstaltungen auch dann besuchen sollte, wenn es keine Anwesenheitskontrolle gibt und einem auch die didaktische Qualität und Ausrichtung der Lehrveranstaltung an sich nicht behagt, weil gleichwohl in den Lehrveranstaltungen oftmals der Erwartungshorizont für die spätere Prüfung weitaus besser deutlich wird als durch die textlichen Umschreibungen in Prüfungsordnungen bzw. Vorlesungs- und Veranstaltungsplänen.

Selbst wenn nach dem soeben Gesagten stets die *jeweiligen* Besonderheiten der Hochschule zu beachten sind, so gibt es auf dem weiten Feld des Sozialrechts Teilgebiete, die regelmäßig in der Ausbildung und der Prüfung im Fokus stehen, und solche Teilgebiete, die meist nur am Rande und überblicksartig behandelt und in der Prüfung abverlangt werden. Im Zentrum steht etwa im materiellen Sozialrecht regelmäßig das Sozialversicherungsrecht mit den allgemeinen Lehren zum Sozialversicherungsrecht sowie den einzelnen Sozialversicherungszweigen (Arbeitsförderung, gesetzliche Kranken-, Renten-, Unfall- und Pflegeversicherung). Da das Grundsicherungsrecht eine sehr große rechtspraktische (vor allem auch sozialgerichtliche) Bedeutung hat, dürften von ihm regelmäßig ebenfalls mehr als nur Grundkenntnisse verlangt werden. Ebenso sind meist das Sozialverwaltungsverfahrensrecht und das Sozialprozessrecht Gegenstand von Lehre und Prüfung. Kenntnisse über die verfassungsrechtlichen Bezüge des Sozialrechts werden ebenfalls regelmäßig abverlangt; dies gilt selbst dann, wenn das Verfassungsrecht in den sozialrechtlichen Lehrveranstaltungen selbst nicht ausführlich behandelt wird, aber in der Prüfungssituation verfassungsrechtliche Kenntnisse aus den staatsrechtlichen Lehrveranstaltungen vorausgesetzt werden können und diese dann auf das Sozialrecht gleichsam angewandt werden müssen.

14 Vor allem dasjenige Sozialrecht, das noch nicht im Sozialgesetzbuch kodifiziert ist (also etwa das Ausbildungsförderungsrecht, das Wohngeldrecht und das soziale Entschädigungsrecht), dürfte hingegen meist von allenfalls untergeordneter Prüfungsrelevanz sein. Diese regelmäßig unterschiedliche Prüfungsrelevanz bildet auch dieses Examinatorium ab: Die soeben als zentral eingeordneten Teilmaterien werden ausführlich behandelt, die übrigen Teilmaterien nur überblicksartig.

II. Mündliche Prüfung, Seminararbeit und Klausur als Prüfungsbestandteile im Überblick

15 Im Hinblick auf die Prüfungsbestandteile im Sozialrecht kommen eine mündliche Prüfung, eine Seminararbeit und eine (oder mehr als eine) Klausur in Betracht. *Im Detail* stellt sich insoweit die Situation an den einzelnen Universitäten im Hinblick auf die im Rahmen des Schwerpunktbereichsstudiums abverlangten Prüfungsleistungen unterschiedlich dar.

16 In der Mehrzahl ist eine mündliche Prüfung abzulegen. Ebenso ist in der Mehrzahl eine Seminararbeit anzufertigen (diese wird in den Prüfungsordnungen mitunter auch als „Studienarbeit" bezeichnet). Dieser „Seminarteil" der Prüfung enthält meist ebenso mündliche Elemente, nämlich in der Form, dass die Seminararbeit in Form eines Kurzvortrags vorgestellt werden und sodann in einer Diskussion verteidigt werden muss.

17 Bei der Klausur als möglichem Prüfungsbestandteil stellt sich die Situation am uneinheitlichsten und somit vielfältigsten dar. An längst nicht allen Universitäten muss eine Klausur geschrieben werden. An den Universitäten, an denen eine Klausurleistung abverlangt wird, handelt es sich an einigen Universitäten (allerdings nicht in der Mehrzahl) um eine „große" Klausur mit fünfstündiger Bearbeitungszeit, wie sie seit Jahrzehnten auch im staatlichen Teil des Examens üblich ist. Nicht selten gibt es indes auch Klausuren mit kürzerer Bearbeitungszeit; dann wird regelmäßig mehr als eine Klausur abverlangt. Die „Taktung" der Klausuren kann dann entweder so ausgestaltet sein, dass man eine vorlesungsbegleitende Abschlussklausur schreiben muss; es ist aber auch ein „nicht vorlesungsbegleitender" Charakter der Klausur möglich.

18 Die genannten unterschiedlichen (Detail-) Ausgestaltungen im Hinblick auf die abverlangten Prüfungsbestandteile lassen deutlich werden, dass für eine zielgerichtete, „individuell" passende Prüfungsvorbereitung der Teufel im Detail steckt. Gleichwohl ist es so, dass alle drei genannten möglichen Prüfungsbestandteile (mündliche Prüfung, Seminararbeit, Klausur[en]) *grundlegende* unterschiedliche Herausforderungen stellen, die in diesem Buch dargestellt werden. Weil aufgrund der dargelegten prüfungsrechtlichen Vorgaben die für den jeweiligen Nutzer dieses Buchs abverlangten Prüfungsbestandteile unterschiedlich sind, enthält dieses Examinatorium im Folgenden eine Gliederung, die an den möglichen Prüfungsbestandteilen ausgerichtet ist: Im ersten Teil wird die sozialrechtliche mündliche Prüfung und die Vorbereitung auf sie behandelt. Im Hinblick auf die große Bedeutung und Häufigkeit der mündlichen Prüfung im Sozialrecht wird dies den größten Teil des Buchs ausmachen. Die in diesem Teil enthaltene Wiederholung anhand von Fragen und Rechtsfällen eignet sich gleichwohl auch für diejenigen Nutzer dieses Examinatoriums, die sich auf eine Klausur vorbereiten, denn auch für sie wird regelmäßig das Lösen von Fällen (wenn auch eventuell anderen Umfangs) zur Prüfungsmaterie gehören. Der dritte Teil ist der sozialrechtlichen Seminararbeit einschließlich des in diesem Zusammenhang ggf. außerdem abverlangten mündli-

B. Gegenstand und Teilbereiche dieses Examinatoriums

chen Vortrags- und Diskussionsteils gewidmet. Der vierte Teil behandelt sodann die sozialrechtliche Klausur.

Zweiter Teil:
Sozialrechtliche mündliche Prüfung

A. Allgemeine Hinweise zur mündlichen Prüfung

19 Bei der Vorbereitung auf eine mündliche Prüfung im Allgemeinen – dh nicht nur bezogen auf das Sozialrecht – sollte man sich nicht *allein* mit den „stofflichen" Aspekten – also dem sachlich-inhaltlichen Prüfungsgegenstand – befassen, sondern man sollte sich außerdem des Ablaufs der mündlichen Prüfung und den daraus folgenden Eigenheiten der Prüfung sowie der Erwartungshaltung des Prüfers bewusst sein. Da für nicht wenige Kandidaten die sozialrechtliche Prüfung im Rahmen des Schwerpunktbereichsstudiums die erste mündliche Prüfung darstellen dürfte, auf die es sich vorzubereiten gilt, erscheinen an dieser Stelle einige grundlegende Bemerkungen zur Prüfungsvorbereitung angebracht; bisweilen wird sogleich schon beispielhaft auf das Sozialrecht verwiesen.

I. Vorbereitungsliteratur

20 In jüngerer Zeit gibt es zunehmend Ausbildungsliteratur, die grundsätzliche Aspekte juristischer mündlicher Prüfungen ausführlich beleuchtet. Insoweit sind zu nennen:

- *Becker/Vollkommer*, JuS 2010, 346 ff.,
- *Kaiser/Bannach*, Prüfungswissen Jura für die mündliche Prüfung – 1. und 2. Staatsexamen, 4. Aufl. 2019,
- *Malkus*, JuS 2011, 296 ff.,
- *Petersen*, Die mündliche Prüfung im ersten juristischen Staatsexamen – Zivilrechtliche Prüfungsgespräche, 3. Aufl. 2016,
- *Teubner*, JURA 1986, 505 ff. (schon älter, aber nach wie vor lesenswert).

21 Es gibt außerdem veröffentlichte „Musterprüfungsgespräche", bei denen das Gespräch zwischen Prüfer und Kandidaten authentisch dokumentiert wird:

- aus dem Bereich eines öffentlich-rechtlichen Prüfungsgesprächs: *Limpens*, JA 1994, 579 ff.; *Sporleder-Geb/Stüber*, JA 2011, 461 ff.; *Kindler/Kirsch*, JA 2014, 303 ff.,
- aus dem Bereich des Strafrechts: *Hofmann*, JA 1995, 505 ff.; *Sporleder-Geb/Stüber*, JA 2009, 535 ff.; *Sporleder-Geb/Stüber*, JA 2010, 452 ff.,
- aus dem Bereich des Zivilrechts: *Krebs/Berjasevic*, JA 2007, 857 ff.; *Sporleder-Geb/Stüber*, JuS 2006, 342 ff.

22 Keine Wiedergabe eines vollständigen Prüfungsgesprächs, aber anschauliche Ausführungen dazu, welche Überlegungen der Prüfer im Verlauf eines Prüfungsgesprächs anstellt und welche Überlegungen der Kandidat anstellen sollte, enthält der Beitrag von *Becker/Vollkommer*, JuS 2010, 346 ff., anhand des Beispiels eines öffentlich-rechtlichen Prüfungsthemas.

23 Die Lektüre von „Musterprüfungsgesprächen" sei insbesondere denjenigen empfohlen, die einen möglichst authentischen Eindruck von der Technik und Üblichkeit der Fragestellung – auch im Hinblick auf Nach- und Rückfragen, auf Hilfestellungen uä – durch den Prüfer gewinnen möchten.

A. Allgemeine Hinweise zur mündlichen Prüfung

Im hier gegebenen Rahmen werden unter II.-IV. einige zentrale Gesichtspunkte in kurzer Form zu den Eigenheiten einer mündlichen juristischen Prüfung gegeben, die *auch* für das Sozialrecht Bedeutung haben. 24

II. Zuhören bei mündlichen Prüfungen anderer Kandidaten

Die Herausforderungen der mündlichen Prüfung kann man besser nachvollziehen, wenn man als Zuhörer mündlichen Prüfungen anderer Kandidaten beigewohnt hat. Die Prüfungsordnungen ermöglichen regelmäßig das Zuhören, wobei dies bisweilen unter dem Vorbehalt des Einverständnisses der jeweils zu prüfenden Kandidaten steht. Man sollte aber ein solches Zuhören anstreben. Von der Möglichkeit des Zuhörens bei mündlichen Prüfungen anderer Kandidaten wird in der Praxis erstaunlicherweise nur selten Gebrauch gemacht. 25

III. Eigenheiten der Gruppenprüfung

Die juristische mündliche Prüfung ist im Gegensatz zu mündlichen Prüfungen in vielen anderen Studienfächern meist keine Einzel-, sondern eine Gruppenprüfung. Die Gruppengröße der gemeinsam geprüften Kandidaten beträgt oftmals zwischen drei und fünf Kandidaten. Daraus ergeben sich Eigenheiten im Prüfungsablauf: Meist werden die einzelnen Kandidaten nicht streng und schematisch nacheinander geprüft, sondern es entwickelt sich ein Prüfungsgespräch. Regelmäßig wird eine Frage zwar zunächst an einen bestimmten Kandidaten gerichtet. Falls dieser aber mit der Frage nichts oder nur wenig anzufangen weiß, wird das Gespräch vielfach mit einem anderen Kandidaten *zur selben Frage* weiter geführt und das Gespräch geht danach mitunter an den ursprünglich gefragten Kandidaten zurück. Ebenso kann es sein, dass der ursprünglich gefragte Kandidat die Frage zwar gut beantwortet, die gleiche Frage aber dennoch an einen anderen Kandidaten weitergegeben wird – verbunden mit der Zusatzbemerkung, ob man die gestellte Frage auch anders beantworten kann als der erste Kandidat bzw. ob sich noch ergänzende Aspekte anführen lassen. Dieses Hin- und Herwandern zwischen mehreren Kandidaten bedingt, dass *jeder* Kandidat *stets* – und zwar auch dann, wenn die Frage *momentan* (noch) nicht an ihn gerichtet ist – gedanklich „am Ball" bleiben muss. 26

Es kann auch vorkommen, dass eine Frage an alle Kandidaten frei gegeben wird. *Nur* dann sollte man in einer mündlichen Prüfung durch Handheben signalisieren, dass man die Antwort zu wissen glaubt und das Wort erteilt haben möchte. Ansonsten sollte man allenfalls durch Blickkontakt mit dem Prüfer signalisieren, dass man „auf der Höhe" ist. Dies kann dazu führen, dass man derjenige Kandidat ist, an den das Gespräch weitergegeben wird. 27

IV. Verlauf der mündlichen Prüfung, Erwartungshorizont des Prüfers und Umgang mit dem folgenden Fragen- und Fallkatalog

Im Gegensatz zu einer schriftlichen Prüfungssituation, in der die gestellte Wissensfrage oder der gestellte Fall durch Vorüberlegungen über einen längeren Zeitraum hinweg bearbeitet werden kann, ist die mündliche Prüfung eine zeitlich verdichtete Prüfung. Wenn der Prüfer an einen Kandidaten eine Frage gerichtet hat, dann geschieht dies mit der Erwartungshaltung, dass der Kandidat nach einigen Sekunden Bedenkzeit antwor- 28

29 Erwartet der Prüfer eine zeitnahe *und zugleich* präzis-erschöpfende Antwort, dann muss die Frage punktueller Natur sein und sie darf zugleich nicht übermäßig komplex sein. Solche Fragen sind einerseits Wissensfragen – zB dergestalt, welche Rechtsmaterie in welchem Gesetz normiert ist, wann das betreffende Gesetz in Kraft getreten ist, welche zentralen Regelungsbestandteile es beinhaltet oder welchen rechtlichen Bedeutungsgehalt ein erfragter Begriff hat. Solche zentralen, grundlegenden Fragestellungen *für das Sozialrecht* sind in diesem Examinatorium sogleich unter B. enthalten. Es können andererseits aber auch Fragen gestellt werden, die die praktische Anwendung des rechtlichen Wissens zum Gegenstand haben. Dann handelt es sich um Rechtsfälle, die im Rahmen des Prüfungsgesprächs gelöst werden sollen. Auch bei solchen Falllösungen gibt es in der mündlichen Prüfung beträchtliche Unterschiede zur schriftlichen Klausurlösung. Es geht im Prüfungsgespräch für die Kandidaten nicht so sehr darum, eine perfekt gegliederte Falllösung „aus einem Guss" zu servieren, sondern darum, mit einer schnellen Auffassungsgabe einen geeigneten Prüfungsansatz zu entwickeln. Ist zB nach einem sozialrechtlichen Leistungsanspruch gefragt, dann muss die Falllösung mit einer in Betracht kommenden Anspruchsgrundlage ansetzen. Dass von diesem Ausgangspunkt aus dann weitere Gesetzesnormen mit zu berücksichtigen sind, stellt sich dann erst nach und nach im Gespräch heraus und muss selbst von einem sehr guten Kandidaten auch erst *dann* artikuliert werden. Man sollte als Kandidat somit nicht verunsichert sein, wenn man im Prüfungsgespräch die Lösung eines Falls gedanklich entwickeln soll, dessen Endergebnis und Begründungselemente man vielleicht zu Beginn noch nicht voll überblickt. Der Prüfer möchte mit der abverlangten Falllösung *Grundverständnis* und *Auffassungsgabe* des Kandidaten in Erfahrung bringen, nicht hingegen das unreflektierte „Abspulen" eines Prüfungsschemas.

30 Aus den genannten Umständen folgt, dass Fälle als Gegenstand von mündlichen Prüfungen regelmäßig nicht sehr komplex ausgestaltet sind. Der geschilderte Sachverhalt ist zumeist nicht übermäßig ausführlich. Mehrere Beteiligte im Sachverhalt, zahlreiche Kalenderdaten oder anderweitige Zahlenwerte (etwa Eurobetragsangaben) sollten und werden in der mündlichen Prüfung die Ausnahme sein. Angaben der besagten Art kosten den Prüfer allein schon in Form ihrer Schilderung wertvolle Prüfungszeit, sie können – zumeist berechtigte – Verständnisrückfragen der Kandidaten nach sich ziehen und sie machen die Gesprächsführung für alle Beteiligten mühsam.

31 Unter B. werden sogleich besonders „prüfungsverdächtige" sozialrechtliche Wissensfragen samt deren Antworten sowie sozialrechtliche Rechtsfälle und deren Lösung dargestellt. Gliederungsmäßig werden die Wissensfragen von den Rechtsfällen bewusst nicht schematisch getrennt, sondern wechseln einander ab. Ordnungsprinzip der Darstellung ist vielmehr die *sozialrechtliche Binnenstruktur*. Dies ermöglicht es, dass diejenigen Nutzer des Werkes, für die ausweislich ihrer Prüfungsordnung bestimmte sozialrechtliche Teilgebiete ausgeklammert oder nur von randlagiger Bedeutung sind, dem entsprechenden Teil keine oder keine allzu große Aufmerksamkeit widmen; dafür können dann die anderen, für den jeweiligen Nutzer besonders einschlägigen Passagen umso intensiver durchgearbeitet werden.

32 Bei den Antworten und Falllösungen werden im Folgenden nur sehr wenige Fundstellennachweise gegeben. Das geschieht überhaupt nur dann, wenn eine Ansicht der Rechtsprechung (meist des Bundessozialgerichts, vereinzelt auch des Bundesverfas-

A. Allgemeine Hinweise zur mündlichen Prüfung

sungsgerichts) Eingang in die Antwort bzw. Falllösung findet. Die Nachweise sollen ein Nachlesen bei besonderem Interesse ermöglichen.

Es sei hier bewusst nochmals wiederholt: Bei den im Folgenden komplexeren Fällen und somit auch etwas längeren Lösungen wäre es in einer mündlichen Prüfung nicht so, dass die komplette Lösung sofort und auf einmal erwartet würde; vielmehr wäre die Lösung regelmäßig zu entwickeln, ggf. mit Zwischenfragen und Hilfestellungen durch den Prüfer.

B. Sozialrechtlicher Fragen- und Fallkatalog

I. Allgemeines Sozialrecht

1. Was ist unter dem Begriff „Sozialrecht" zu verstehen?

34 Um den Begriff Sozialrecht zu definieren, haben sich mangels gesetzlicher Definition verschiedene Herangehensweisen herausgebildet. Es wird zum einen der formelle Begriff des Sozialrechts verwendet. Dieser stellt in erster Linie auf die Rechtsnormen ab, welche der Gesetzgeber dem Sozialrecht zugeordnet hat. Danach zählt zum Sozialrecht all das, was im Sozialgesetzbuch (SGB I-XII) normiert ist. Dabei ist aber auch § 68 SGB I zu beachten. Danach gelten die dort aufgeführten Rechtsmaterien bis zu ihrer Einfügung in das Sozialgesetzbuch ebenfalls als dessen besondere Teile; sie zählen somit auch zum Sozialrecht im formellen Sinne. Dies betrifft beispielsweise das Bundesausbildungsförderungsgesetz (BAföG; vgl. § 68 Nr. 1 SGB I).

35 Zum anderen gibt es den materiellen Begriff des Sozialrechts, der das Sozialrecht seinem Inhalt nach zu erfassen versucht. Als Orientierung dafür kann § 1 SGB I dienen, der Ziele des Sozialrechts formuliert, die durch Sozialleistungsmittel erreicht werden sollen. Als Ziele werden soziale Gerechtigkeit und soziale Sicherheit genannt (§ 1 Abs. 1 S. 1 SGB I). Diese Zielsetzungen werden in § 1 Abs. 1 S. 2 SGB I noch etwas näher umrissen, indem dort ua vom Beitrag zur Sicherung eines menschenwürdigen Daseins die Rede ist.

2. Aus welchen Gründen werden die Definitionen bzw. Umschreibungen des Sozialrechts zum Teil als unzulänglich angesehen?

36 Der formelle Begriff nimmt eine allein kodifikationstechnische Sichtweise ein: Nur das, was im Sozialgesetzbuch normiert ist, wird als Sozialrecht begriffen. Dies ist eine starrschematische Sichtweise. Wenn der Gesetzgeber neuartige Sozialleistungen regelt – etwa für Familien, wie dies in den vergangenen Jahren vielfach geschehen ist –, dies aber außerhalb des Sozialgesetzbuchs geschieht, dann zählen sie bei formeller Sichtweise nicht zum Sozialrecht, was nicht immer sachangemessen erscheint. Dafür besitzt der formelle Sozialrechtsbegriff den Vorteil einer klaren Abgrenzbarkeit.

37 Der materielle Sozialrechtsbegriff hingegen trägt das Problem einer klaren Abgrenzbarkeit in sich. Die Umschreibungen und Zielsetzungen in § 1 Abs. 1 SGB I operieren mit eher unbestimmten Rechtsbegriffen.

3. Welche einzelnen Sozialgesetzbücher gibt es und wann sind diese in Kraft getreten?

38
SGB I (Allgemeiner Teil des SGB):	1976
SGB II (Grundsicherung für Arbeitssuchende):	2005
SGB III (Arbeitsförderung):	1998
SGB IV (gemeinsame Vorschriften für die Sozialversicherung):	1977
SGB V (gesetzliche Krankenversicherung):	1989
SGB VI (gesetzliche Rentenversicherung):	1992
SGB VII (gesetzliche Unfallversicherung):	1997
SGB VIII (Kinder- und Jugendhilfe):	1991
SGB IX (Rehabilitation und Teilhabe behinderter Menschen):	2001
SGB X (Sozialverwaltungsverfahrensgesetz, Sozialdatenschutz):	1981
SGB XI (gesetzliche Pflegeversicherung):	1995
SGB XII (Sozialhilfe):	2005

4. Welche Rechtsmaterien sind noch nicht in das Sozialgesetzbuch eingegliedert, gelten aber gleichwohl als besondere Teile des Sozialgesetzbuchs? Welche praktisch bedeutsamen Folgen sind damit verbunden?

§ 68 Abs. 1 Nr. 1-17 SGB I zählt weitere, außerhalb des Sozialgesetzbuchs liegende Gesetze auf, die mitsamt ihren Änderungs- und Ergänzungsgesetzen als besondere Teile des Sozialgesetzbuchs gelten, bis sie in dieses eingegliedert sind. Beispielhaft lässt sich das BAföG anführen (§ 68 Nr. 1 SGB I, siehe dazu schon Nr. 1). Praktische Folge der Einbeziehung dieser Rechtsmaterien nach § 68 SGB I ist, dass sie mittels Fiktion Bestandteil des Sozialgesetzbuchs sind und somit für sie auch die übrigen Regelungen des SGB I, daneben aber zB auch die Regelungen des SGB X, gelten. So gilt zB im Bundesausbildungsförderungsrecht für das Verwaltungsverfahrensrecht nicht das Verwaltungsverfahrensgesetz (VwVfG), sondern das SGB X.

5. Welche etablierten Systematisierungsansätze gibt es, um das Sozialrecht hinsichtlich seiner Binnenstruktur aufzuschlüsseln?

Es gibt zum einen die klassische Einteilung des Sozialrechts in Sozialversicherung, Versorgung und Fürsorge, zum anderen den modernen Systematisierungsansatz, der zwischen Vorsorge, Entschädigung sowie Hilfe und Förderung unterscheidet.

Bei der klassischen Einteilung meint Sozialversicherung insbesondere die Absicherung bestimmter Risiken (zB Krankheit) durch eine Entrichtung von Beiträgen, so dass bei Eintritt eines Versicherungsfalles ein Leistungsanspruch entsteht. Die Versorgung erfasst dagegen einseitige, staatlich gewährte Leistungen aus dem Steueraufkommen, die nicht an das Vorliegen einer Notlage im Einzelfall anknüpfen. Dazu zählen etwa das Kindergeld oder auch die Kriegsopferversorgung. Die Fürsorge stellt nach der klassischen Einteilung ein nachrangiges System zur Gewährleistung eines Existenzminimums dar, darunter fallen zB die Sozialhilfe und die Grundsicherung für Arbeitsuchende.

Der neuere Systematisierungsansatz knüpft an die Funktion der Sozialleistungen an. Die Vorsorge in diesem Sinne entspricht dem Grunde nach der Sozialversicherung im Sinne der klassischen Einteilung: Kennzeichen der Vorsorge ist, dass durch kollektive Vorsorge typische Risiken abgesichert werden. Die Entschädigung erfasst die Sicherung gegen schädigende Ereignisse aus dem Verantwortungsbereich der Allgemeinheit. Hierunter fällt zB die Kriegsopferversorgung. Die Kategorie Hilfe und Förderung schließlich erfasst vor allem Ausgleichsleistungen, die besondere Belastungen oder besondere Schwächen ausgleichen sollen, zB das Wohngeld oder Leistungen der Ausbildungsförderung.

6. Was versteht man unter finalen, was unter kausalen Sozialleistungen?

Unter finalen Sozialleistungen versteht man solche, die auf eine Bedarfssituation als solche abstellen, wobei es auf deren konkrete Ursache nicht ankommt. Beispiele für solche finalen Sozialleistungen sind die Leistungen aus den Bereichen des Krankenversicherungsrechts oder des Sozialhilferechts. Sie bezwecken die Erreichung eines bestimmten Erfolges (im Recht der gesetzlichen Krankenversicherung beispielsweise wird die Wiederherstellung der Gesundheit angestrebt).

Unter kausalen Sozialleistungen sind demgegenüber die Sozialleistungen zu verstehen, die an die Ursache des Bedarfs anknüpfen. So verhält es sich etwa bei den Leistungen aus der Unfallversicherung; hier sind Arbeitsunfälle oder Berufskrankheiten als Ursachen der jeweiligen Bedarfssituation die Anknüpfungspunkte für die gewährte Leistung. Zu den kausal strukturierten Teilgebieten des Sozialrechts zählt auch das soziale Entschädigungsrecht.

7. Nennen Sie praktisch bedeutsame Beispiele für beitrags- und für steuerfinanzierte Sozialleistungen.

45 Als Beispiel für beitragsfinanzierte Sozialleistungen ist der gesamte Bereich der Sozialversicherung anzuführen. Die einzelnen Zweige der Sozialversicherung werden im Grundsatz jeweils durch die Beitragszahlungen der Versicherten finanziert. Allerdings erfolgt die Finanzierung der Sozialversicherung teilweise auch mit Zuschüssen aus dem Steueraufkommen. Alle übrigen Sozialleistungen jenseits der Sozialversicherung sind steuerfinanziert.

8. Was meint im Sozialrecht der Begriff „Einweisungsvorschriften" und welche rechtliche Bedeutung kommt den Einweisungsvorschriften zu?

46 Mit „Einweisungsvorschriften" ist der zweite Abschnitt des SGB I überschrieben; er umfasst die §§ 11-29 SGB I. Die Einweisungsvorschriften sollen den Zugang zum Sozialrecht erleichtern und die Nachteile – insbesondere die Unübersichtlichkeit –, die das gegliederte Sozialleistungssystem besitzt, ausgleichen. Deshalb werden allgemeine Bestimmungen über Sozialleistungen und Leistungsträger (§§ 11-17 SGB I) und über einzelne Sozialleistungen und zuständige Leistungsträger (§§ 18-29 SGB I) getroffen, um in übersichtlicher Form vor allem den Bürger als potenziell Leistungsberechtigten zu informieren. Die Mehrzahl der Einweisungsvorschriften begründet selbst noch keine einklagbaren Rechte, sondern diese folgen vielfach erst aus den Bestimmungen in den besonderen Teilen des Sozialgesetzbuchs. Dies zeigt sich vor allem anhand der jeweiligen Einleitungsformulierung in den §§ 18 ff. SGB I, in denen regelmäßig von „Nach dem Recht der ..." die Rede ist. Dies bringt zum Ausdruck, dass ein Rechtsanspruch auf eine Sozialleistung von einer näheren Umsetzung in Form einer entsprechenden Normierung außerhalb des SGB I abhängt.

9. Gem. § 39 Abs. 1 S. 1 SGB I sind die Leistungsträger, wenn sie ermächtigt sind, bei der Entscheidung über Sozialleistungen nach ihrem Ermessen zu handeln, verpflichtet, ihr Ermessen entsprechend dem Zweck der Ermächtigung auszuüben und die gesetzlichen Grenzen des Ermessens einzuhalten. Was bedeutet dies im Einzelnen?

47 Der Wortlaut von § 39 Abs. 1 S. 1 SGB I lässt nicht erkennen, was für eine Pflicht im Einzelnen für Sozialleistungsträger besteht. Auch andernorts ist gesetzlich nicht näher normiert, welche behördlichen Pflichten im Falle sog. Ermessensentscheidungen greifen. Dasselbe gilt indes auch für das gesamte Verwaltungsrecht in Deutschland. Insoweit hat sich im Verwaltungsrecht – und dies gilt ebenso für das Sozialrecht als einem Teilgebiet des Verwaltungsrechts – über einen längeren Zeitraum hinweg in Rechtsprechung und Schrifttum eine etablierte sog. Ermessensfehlerlehre herausgebildet. Danach werden die Grenzen des Ermessens überschritten, wenn ein Ermessensfehler vorliegt.

48 Es gibt folgende Ermessensfehlerarten: Eine Ermessensüberschreitung liegt vor, wenn der Leistungsträger eine Rechtsfolge gesetzt hat, die von der Ermessensnorm nicht gedeckt ist, dh die gar nicht vorgesehen ist *(BSGE 34, 115 ff.)*. Weiterhin gibt es die Ermessensunterschreitung, die vorliegt, wenn der Leistungsträger gar keine Ermessenserwägungen anstellt und so handelt, als hätte er eine gebundene Entscheidung zu treffen. Schließlich gibt es den Ermessensfehlgebrauch. Ein solcher liegt vor, wenn bei dem Entscheidungsfindungsvorgang des Leistungsträgers selbst Fehler unterlaufen, wenn

dieser beispielsweise sachfremde Erwägungen in die Entscheidung einfließen lässt oder das Übermaßverbot (Verhältnismäßigkeitsgrundsatz) missachtet.

10. A bezieht Leistungen nach Maßgabe des SGB II. Er erhält von Leistungsträger L nach Anhörung einen Bescheid, in dem er einer sog. Arbeitsgelegenheit nach § 16 d SGB II zugewiesen wird. A wird aufgegeben, wegen Versorgungsengpässen und zahlreicher Unfallereignisse im vergangenen Winter aufgrund von Glätte im kommenden Winter beim Streuen und Räumen solcher Wege mitzuwirken, die ansonsten nicht vom allgemeinen Winterdienst erfasst würden. Die ansässigen Unternehmen, die mit der Übernahme dieser Aufgabe allenfalls betraut werden könnten, sind vollkommen ausgelastet und auswärtige Unternehmen haben ersichtlich kein Interesse an der Übernahme dieser Tätigkeit. Der zuständige Sachbearbeiter von L hat den Bescheid erlassen, da A Bußgelder wegen Falschparkens wiederholt nicht bezahlt hat. Der Sachbearbeiter wollte A mit der Zuweisung zu einer Arbeitsgelegenheit insoweit einen „Denkzettel" verpassen. Ist der Bescheid rechtswidrig?

Der Bescheid ist rechtswidrig, wenn er nicht auf einer Ermächtigungsgrundlage beruht oder formell oder materiell rechtswidrig ist. Der Bescheid ist auf die Ermächtigungsgrundlage des § 16 d Abs. 1 SGB II gestützt, der zu einer Zuweisung zu Arbeitsgelegenheiten ermächtigt. Für formelle Fehler gibt es keine Anhaltspunkte. Es könnte lediglich ein materieller Fehler zur Rechtswidrigkeit des Bescheids führen. Die Tatbestandsvoraussetzungen des § 16 d Abs. 1 SGB II sind aber erfüllt: Es handelt sich bei der Arbeit, die A verrichten soll, um eine zusätzliche, wettbewerbsneutrale und dem öffentlichen Interesse dienende Arbeit (detaillierter zu den Tatbestandsvoraussetzungen des § 16 d Abs. 1 SGB II siehe später, Nr. 168). Es handelt sich aber bei der Zuweisung um eine Ermessensentscheidung der Behörde („können" in § 16 d Abs. 1 SGB II), so dass der Bescheid wegen eines Ermessensfehlers materiell rechtswidrig sein könnte. Gem. § 39 Abs. 1 S. 1 SGB I haben die Leistungsträger die gesetzlichen Grenzen des Ermessens zu wahren. Nach der etablierten Ermessensfehlerlehre (siehe dazu soeben Nr. 9) könnte bei dem ergangenen Bescheid ein Ermessensfehlgebrauch vorliegen. Der zuständige Sachbearbeiter hat sich von dem Gedanken leiten lassen, dass A Bußgelder wegen Falschparkens nicht bezahlt habe und daher ein „Denkzettel" erforderlich sei. Diese Überlegung steht jedoch in keinerlei Zusammenhang mit dem Sinn und Zweck einer Zuweisung nach § 16 d Abs. 1 SGB II, der darin besteht, die Beschäftigungsfähigkeit des A zu erhalten bzw. wiederzuerlangen. Es wurde somit eine sachfremde Erwägung angestellt, auf der der ergangene Bescheid beruht. Wegen Ermessensfehlgebrauchs ist der Bescheid materiell rechtswidrig.

11. Können Sie stichpunktartig umschreiben, inwieweit Sozialleistungsempfänger Mitwirkungspflichten treffen?

Den Sozialleistungsempfänger treffen die Mitwirkungspflichten gem. §§ 60 ff. SGB I. Dabei hat er insbesondere Tatsachen anzugeben, die für eine Leistung erheblich sind (§ 60 SGB I), auf Verlangen des Leistungsträgers zur mündlichen Erörterung des Antrages persönlich zu erscheinen (§ 61 SGB I) und sich ärztlichen und psychologischen Untersuchungen zu unterziehen, sofern dies erforderlich ist (§§ 62, 63 SGB I).

12. Können die Sozialleistungsträger diese Mitwirkungspflichten der Leistungsempfänger durchsetzen oder die Nichterfüllung von Mitwirkungspflichten sanktionieren?

Es handelt sich bei den Mitwirkungspflichten um Obliegenheiten, so dass die Leistungsträger die Erfüllung der Mitwirkungspflichten nicht durchsetzen können. Die

Folgen fehlender Mitwirkung werden aber in § 66 SGB I geregelt. Danach können die Leistungsträger bei fehlender Mitwirkung Leistungen versagen oder entziehen (vgl. insbesondere § 66 Abs. 1 S. 1 SGB I).

II. Sozialrecht und Verfassungsrecht

13. Kennt das Grundgesetz verfassungsrechtliche Verbürgungen für Sozialleistungen für den Bürger?

52 Die Grundrechte stellen in erster Linie Abwehrrechte gegen den Staat dar, so dass das Grundgesetz zunächst keine Verbürgungen für Sozialleistungen im Sinne eines Anspruchs für den einzelnen Bürger kennt. Das Sozialstaatsprinzip gem. Art. 20 Abs. 1 GG wird vielfach so ausgelegt, dass der Gesetzgeber dazu verpflichtet ist, durch die Begründung von Leistungsansprüchen auf dem Gebiet des Sozialrechts auf die Verwirklichung sozialer Sicherheit und Gerechtigkeit hinzuwirken. Regelmäßig lässt sich dieser Gehalt von Art. 20 Abs. 1 GG aber nicht dahin gehend verdichten, dass der Gesetzgeber gehalten ist, bestimmte Sozialleistungen zu gewähren. Eine Ausnahme ist lediglich für die Gewährung eines menschenwürdigen Existenzminimums zu machen. Aus dem Sozialstaatsprinzip gem. Art. 20 Abs. 1 GG iVm der Menschenwürdegarantie des Art. 1 Abs. 1 GG wird abgeleitet, dass der Bürger einen Anspruch auf ein menschenwürdiges Existenzminium hat *(siehe zB BVerfGE 125, 175 ff.).* Was darunter genau zu fassen ist, ist indes schwierig zu bestimmen.

14. Sagt Ihnen im Zusammenhang mit verfassungsunmittelbaren Ansprüchen auf Sozialleistungen die sogenannte „Nikolaus-Entscheidung" des Bundesverfassungsgerichts etwas? Können Sie ggf. den Inhalt dieser Entscheidung kurz umreißen und darauf eingehen, ob sie ein Tätigwerden des Gesetzgebers nach sich gezogen hat?

53 Im Zentrum der sogenannten Nikolaus-Entscheidung des Bundesverfassungsgerichts, deren Namen auf das Datum der Entscheidung, nämlich den 6.12.2005, zurückzuführen ist, stand die Krankenbehandlung bei einer lebensbedrohlichen Erkrankung, für die keine allgemein anerkannte Leistung aus dem Leistungskatalog des SGB V zur Verfügung stand. Das Bundesverfassungsgericht hat in der Entscheidung eine Grundrechtsverletzung des Beschwerdeführers in Art. 2 Abs. 1 GG iVm dem Sozialstaatsprinzip und Art. 2 Abs. 2 GG – und damit letztlich einen verfassungsunmittelbaren Anspruch auf Krankenbehandlung (im Rahmen der grundrechtsorientierten Auslegung) bejaht *(siehe BVerfG NZS 2006, 84).*

Die Entscheidung veranlasste den Gesetzgeber zur Einfügung eines neuen Absatzes 1a im Rahmen des § 2 SGB V, welcher nunmehr eine Behandlungsmöglichkeit eröffnet für Versicherte mit einer lebensbedrohlichen oder regelmäßig tödlichen Erkrankung oder mit einer zumindest wertungsmäßig vergleichbaren Erkrankung, für die eine allgemein anerkannte, dem medizinischen Standard entsprechende Leistung nicht zur Verfügung steht, wenn eine nicht ganz entfernt liegende Aussicht auf Heilung oder auf eine spürbare positive Einwirkung auf den Krankheitsverlauf besteht.

15. Weite Personenkreise sind im Sozialversicherungsrecht pflichtversichert, dh zwangsweise versichert. Wie ist dieser Zwang verfassungsrechtlich einzuordnen?

54 Im Hinblick auf die Versicherungspflicht könnte zunächst ein Eingriff in Art. 9 Abs. 1 GG in Erwägung gezogen werden. Art. 9 Abs. 1 GG schützt grundsätzlich nicht nur die positive, sondern auch die negative Vereinigungsfreiheit des Einzelnen, dh das Recht, einer Vereinigung fernzubleiben bzw. wieder auszutreten. Diese grundrechtliche

Gewährleistung gilt aber unbestritten nur für privatrechtlich verfasste Vereinigungen. Bei der Sozialversicherung handelt es sich um Körperschaften des öffentlichen Rechts (vgl. § 29 Abs. 1 SGB IV; dazu näher Nr. 30). Ob für das Fernbleiben von solchen öffentlich-rechtlich ausgestalteten Zusammenschlüssen auch der Schutzbereich von Art. 9 Abs. 1 GG eröffnet ist, ist umstritten. Teile des Schrifttums befürworten dies, ua mit dem Argument, dass sich das Interesse des Bürgers, nur aufgrund einer eigenen, freiwilligen Entscheidung mit anderen Personen zusammengeschlossen zu werden, bei privatrechtlichen und öffentlich-rechtlichen Vereinigungen gleichermaßen stelle. Die herrschende Ansicht und insbesondere die Rechtsprechung sehen aber den Schutzbereich von Art. 9 Abs. 1 GG nicht als eröffnet an. Als ein Kernargument für diese Sichtweise lässt sich anführen, dass Art. 9 Abs. 1 GG „positiv" nur die Bildung von privatrechtlichen Vereinigungen, nicht hingegen auch von öffentlich-rechtlichen Vereinigungen schützt und also ebenso für die „negative" Seite des Grundrechtsschutzes durch Art. 9 Abs. 1 GG zwischen privatrechtlichen und öffentlich-rechtlichen Vereinigungen zu unterscheiden ist.

Folgt man dieser herrschenden Sichtweise, dann ist die Pflichtversicherung in der Sozialversicherung am Maßstab der allgemeinen Handlungsfreiheit gem. Art. 2 Abs. 1 GG zu messen. Mit der Pflichtversicherung liegt ein Eingriff in Art. 2 Abs. 1 GG vor, der der verfassungsrechtlichen Rechtfertigung bedarf. Aus der Schrankentrias von Art. 2 Abs. 1 GG kommt als verfassungsrechtlicher Rechtfertigungsmaßstab nur die verfassungsmäßige Ordnung in Betracht. Unter ihr ist im Sinne von Art. 2 Abs. 1 GG nach allgemeiner Ansicht ein allgemeiner Gesetzesvorbehalt zu verstehen. Der Eingriff in Art. 2 Abs. 1 GG bedarf somit einer gesetzlichen Grundlage und der Eingriff muss legitime Zwecke verfolgen, die geeignet, erforderlich und – gemessen am Gewicht des Eingriffs in Art. 2 Abs. 1 GG – angemessen sind. Im Falle der Pflichtmitgliedschaft in der Sozialversicherung hat die Rechtsprechung diese Voraussetzungen bislang regelmäßig bejaht: Durch die Ausgestaltung als Pflichtversicherung für breite Personenkreise soll das Sozialversicherungssystem auf eine breite personelle Basis gestellt und so leistungsfähig und zukunftssicher ausgestaltet werden. Dem Belang, für breite Personenkreise ein leistungsfähiges Sozialversicherungssystem zu schaffen bzw. aufrecht zu erhalten, kommt wegen des Sozialstaatsprinzips gem. Art. 20 Abs. 1 GG auch besonderes Gewicht zu. Die Pflichtmitgliedschaft steht daher mit Art. 2 Abs. 1 GG im Einklang.

16. Wie sind die Gesetzgebungskompetenzen zwischen Bund und Ländern im Sozialrecht verteilt?

Nach Art. 70 Abs. 1 GG haben die Länder das Recht zur Gesetzgebung, soweit das Grundgesetz durch abweichende Regelungen dem Bund nicht Gesetzgebungsbefugnisse verleiht. Eine Zuweisung der Gesetzgebungskompetenz an den Bund für das Sozialrecht in seiner Gesamtheit nimmt das Grundgesetz nicht vor. Allerdings gibt es im Bereich der konkurrierenden Gesetzgebung Kompetenztitel, die bedeutsame Teilbereiche des Sozialrechts betreffen. So nennt Art. 74 Abs. 1 Nr. 12 GG die „Sozialversicherung" und Art. 74 Abs. 1 Nr. 7 GG nennt die „öffentliche Fürsorge". Zu nennen ist außerdem die in Art. 73 Abs. 1 Nr. 13 GG normierte Zuweisung (Versorgung der Kriegsbeschädigten und Kriegshinterbliebenen und Fürsorge für die ehemaligen Kriegsgefangenen) an die ausschließliche Gesetzgebungskompetenz des Bundes. Von den genannten Titeln hat der Bund auch umfassend Gebrauch gemacht, so dass im Ergebnis Sozialrecht nahezu ausschließlich Bundesrecht ist.

17. Der Bund hat das Betreuungsgeldgesetz verabschiedet. Dieses sieht vor, dass Eltern in der Zeit vom ersten Tag des 15. Lebensmonats bis zur Vollendung des 36. Lebensmonats ihres Kindes grundsätzlich einkommensunabhängig Betreuungsgeld in Höhe von 100 EUR pro Monat beziehen können, sofern für das Kind keine Leistungen in Form einer öffentlich geförderten Tageseinrichtung oder Kindertagespflege in Anspruch genommen werden. Der Anspruch auf Betreuungsgeld besteht unabhängig davon, ob der die Leistung beanspruchende Elternteil auf Erwerbstätigkeit verzichtet oder nicht. Neben dem durch das Bundesgesetz eingeführten Betreuungsgeld gibt es in manchen Bundesländern auch landesgesetzlich geregelte Landeserziehungsgelder. Anrechnungsvorschriften zwischen den Regelungen zum Landeserziehungsgeld und zum bundesgesetzlich geregelten Betreuungsgeld gibt es wechselseitig nicht.

Der Gesetzgeber begründet das Betreuungsgeldgesetz ua damit, dass mit dem Anspruch auf ein Betreuungsgeld eine flächendeckende Alternative zur Inanspruchnahme von Betreuung durch Dritte geschaffen werde solle und es solle weiterhin eine Förderung gewährt werden, die im Ergebnis allen Eltern im gesamten Bundesgebiet gleichermaßen zugutekomme.

Kommt dem Bund für das Betreuungsgeldgesetz die Gesetzgebungskompetenz zu?

57 Wie soeben (unter Nr. 16) ausgeführt, müsste es wegen Art. 70 Abs. 1 GG eine Norm geben, die dem Bund die Gesetzgebungsbefugnis verleiht. Als Kompetenztitel kommt Art. 74 Abs. 1 Nr. 7 iVm 72 Abs. 2 GG in Betracht. Nach Art. 74 Abs. 1 Nr. 7 GG erstreckt sich die konkurrierende Gesetzgebung des Bundes auf die öffentliche Fürsorge. Das Bundesverfassungsgericht legt die öffentliche Fürsorge weit aus. Öffentliche Fürsorge setzt voraus, dass eine besondere Situation zumindest potenzieller Bedürftigkeit besteht, auf die der Gesetzgeber reagiert. Dabei genügt es, wenn eine – sei es auch nur typisierend bezeichnete und nicht notwendig akute – Bedarfslage im Sinne einer mit besonderen Belastungen einhergehenden Lebenssituation besteht, auf deren Beseitigung oder Minderung das Gesetz zielt. Diese Voraussetzungen erfüllt das Betreuungsgeldgesetz, denn mit der Schaffung eines Betreuungsgeldanspruchs wollte der Gesetzgeber auf die Belastung von Familien mit Kleinkindern und eine damit verbundene besondere Hilfs- und Unterstützungsbedürftigkeit reagieren. Die Voraussetzungen von Art. 74 Abs. 1 Nr. 7 GG sind daher erfüllt.

58 Nach Art. 72 Abs. 2 GG hat der Bund ua auf dem Gebiet nach Art. 74 Abs. 1 Nr. 7 GG das Gesetzgebungsrecht nur, wenn und soweit die Herstellung gleichwertiger Lebensverhältnisse im Bundesgebiet oder die Wahrung der Rechts- oder Wirtschaftseinheit im gesamtstaatlichen Interesse eine bundesgesetzliche Regelung erforderlich machen.

59 Es fragt sich, ob die Regelungen des Betreuungsgeldgesetzes zur Herstellung gleichwertiger Lebensverhältnisse im Bundesgebiet erforderlich sind. Nach Ansicht des Bundesverfassungsgerichts ist eine Bestimmung zur Herstellung gleichwertiger Lebensverhältnisse nicht schon dann erforderlich, wenn es nur um das Inkraftsetzen bundeseinheitlicher Regelungen oder um eine allgemeine Verbesserung der Lebensverhältnisse geht. Die Gleichwertigkeit der Lebensverhältnisse ist aber dann bedroht und der Bund zum Eingreifen ermächtigt, wenn sich die Lebensverhältnisse in den Ländern der Bundesrepublik Deutschland in erheblicher, das bundesstaatliche Sozialgefüge beeinträchtigender Weise auseinanderentwickelt haben oder sich eine derartige Entwicklung konkret abzeichnet. Soweit der Bund den Erlass des Betreuungsgeldgesetzes mit der Zielsetzung begründet, eine flächendeckende Alternative zur Inanspruchnahme von Betreuung durch Dritte zu schaffen und eine Förderung zu gewähren, die im Ergebnis allen Eltern

im gesamten Bundesgebiet gleichermaßen zugutekommt, so begründet dies für sich genommen nach Ansicht des Bundesverfassungsgerichts nicht die Erforderlichkeit der Regelungen zur Herstellung gleichwertiger Lebensverhältnisse. Dass sich durch Unterschiede in der Bereitstellung von Landeserziehungsgeldern die Lebensverhältnisse in den Ländern der Bundesrepublik in erheblicher, das bundesstaatliche Sozialgefüge beeinträchtigender Weise auseinanderentwickelt hätten oder sich eine derartige Entwicklung konkret abzeichnete und deshalb zur Kompensierung solcher Divergenzen ein bundeseinheitliches Betreuungsgeld erforderlich wäre, ist nicht ersichtlich. Das Bundesbetreuungsgeld kann ein bundesweit gleichwertiges Förderungsniveau von Familien mit Kleinkindern schon deshalb nicht herbeiführen, weil keine Anrechnungsvorschrift bezüglich bereits bestehender Landesregelungen existiert. Das Betreuungsgeldgesetz ist somit zur Herstellung gleichwertiger Lebensverhältnisse im Bundesgebiet nicht erforderlich.

Es könnte aber sein, dass die Wahrung der Rechts- oder Wirtschaftseinheit im gesamtstaatlichen Interesse eine bundesgesetzliche Regelung erforderlich im Sinne von Art. 72 Abs. 2 GG macht. Eine bundesgesetzliche Regelung ist zur Wahrung der Rechtseinheit nach Ansicht des Bundesverfassungsgerichts erforderlich, wenn und soweit die mit ihr erzielbare Einheitlichkeit der rechtlichen Rahmenbedingungen Voraussetzung für die Vermeidung einer Rechtszersplitterung mit problematischen Folgen ist, die im Interesse sowohl des Bundes als auch der Länder nicht hingenommen werden kann. Sie ist zur Wahrung der Wirtschaftseinheit erforderlich, wenn und soweit sie Voraussetzung für die Funktionsfähigkeit des Wirtschaftsraums der Bundesrepublik ist, wenn also unterschiedliche Landesregelungen oder das Untätigbleiben der Länder erhebliche Nachteile für die Gesamtwirtschaft mit sich brächten. Durch das Betreuungsgeldgesetz kann durch zusätzliche vergleichbare Leistungen in einzelnen Ländern aufgrund der fehlenden wechselseitigen Anrechnungsvorschriften eine Rechtsvereinheitlichung nicht herbeigeführt werden. Die bundesgesetzliche Bereitstellung von Betreuungsgeld ist auch nicht zur Wahrung der Wirtschaftseinheit erforderlich. Die Einführung eines Bundesbetreuungsgeldes war nicht Voraussetzung für die Funktionsfähigkeit des Wirtschaftsraums der Bundesrepublik. Unterschiedliche Landesregelungen oder das Untätigbleiben der Länder haben insoweit keine erkennbaren erheblichen Nachteile für die Gesamtwirtschaft mit sich gebracht. Somit sind die Regelungen weder zur Wahrung der Rechts- noch der Wirtschaftseinheit im gesamtstaatlichen Interesse erforderlich im Sinne von Art. 72 Abs. 2 GG.

Im Ergebnis liegen somit die Voraussetzungen des Art. 72 Abs. 2 GG nicht vor, so dass dem Bund für das Betreuungsgeldgesetz keine Gesetzgebungskompetenz zusteht *(siehe zu Nr. 17 insgesamt BVerfGE 140, 65 ff.)*.

18. Im Krankenversicherungsrecht kann die ärztliche Leistungserbringung nur durch sogenannte Vertragsärzte erfolgen, dh solche, die nach den einschlägigen Regelungen des SGB V und den diesen ergänzenden (insbesondere der Ärzte-Zulassungs-Verordnung) Bestimmungen als Vertragsarzt zugelassen sind. Wie ist diese für die Ärzte einschränkende Reglementierung verfassungsrechtlich einzuordnen?

Die Einschränkung ist hier zunächst darin zu sehen, dass nur die Vertragsärzte eine Leistungserbringung im Sinne des SGB V vornehmen können, während der frei praktizierende Arzt hiervon ausgeschlossen ist. Insofern muss sich die Reglementierung am Grundrecht der Berufsfreiheit gem. Art. 12 GG messen lassen. Bei diesem Grundrecht findet die Drei-Stufen-Theorie des Bundesverfassungsgerichts Anwendung, so dass zunächst die Eingriffsstufe ermittelt werden muss. Der Vertragsarzt ist hierbei anerkanntermaßen als Unterfall bzw. als Ausübungsform des frei praktizierenden Arztes einzuordnen, so dass die Reglementierung betreffend die Zulassung zum Vertragsarztwesen im Grunde eine bloße Berufsausübungsregelung darstellen würde. Dennoch ist aufgrund der Anzahl der in der gesetzlichen Krankenversicherung Versicherten und den damit verbundenen Auswirkungen auf die Möglichkeiten, ärztlich tätig zu sein, nach den Grundsätzen der Rechtsprechung anerkannt, dass ein Ausschluss von der vertragsärztlichen Tätigkeit einer Beschränkung der Berufswahlfreiheit zumindest nahekommt. Eine solche Beschränkung ist deshalb nur gerechtfertigt, wenn sie durch besonders wichtige Interessen der Allgemeinheit gefordert wird, die anders nicht geschützt werden können *(siehe hierzu BVerfGE 11, 30 und weitergehend zur Problematik der Vereinbarkeit der verordnungsrechtlichen Vorgaben mit der Verfassung BVerfG NZS 2016, 942).*

III. Sozialrechtsgeschichte

19. Können Sie stichpunktartig skizzieren, inwieweit es bis zur Mitte des 19. Jahrhunderts in Deutschland so etwas wie Sozialrecht nach modernem Begriffsverständnis gegeben hat?

63 Egal, ob man den formellen oder materiellen Sozialrechtsbegriff (siehe dazu Nr. 1) zugrunde legt, so haben diese beiden begrifflichen Ansätze gemeinsam, dass ein Leistungsträger – und zwar verstanden als ein „staatlich verfasster" Träger – Sozialleistungen erbringt und dass es ein Leistungsrecht gibt, dass – sofern die Leistungsvoraussetzungen erfüllt sind – auch einklagbare Leistungsansprüche bereithält. In dieser Form gab es Sozialrecht in Deutschland bis ins 19. Jahrhundert so gut wie gar nicht: Soziale Sicherung vollzog sich vorwiegend durch die gegenseitige Fürsorge der Familienangehörigen untereinander. Es existierte zudem eine Armenfürsorge, die vor allem aus Spenden und Wohlfahrtssteuern finanziert wurde. Rechtsansprüche auf diese Leistungen bestanden aber meist nicht. Weiterhin übernahm die Kirche in gewissem Maße die Organisation der Fürsorge für Bedürftige. In den Städten bildeten sich nach und nach mit den Zünften und Bruderschaften Selbsthilfeeinrichtungen heraus, deren Angehörige in eine gemeinsame Kasse einzahlten, aus der sich dann in Notlagen finanzielle Unterstützung bestreiten ließ. Dies kann man als historische Vorläufer zum späteren System der Sozialversicherung ansehen.

20. Inwieweit war die industrielle Revolution ab Mitte des 19. Jahrhunderts in Deutschland bedeutsam für die Entwicklung des Sozialrechts?

64 Im Zuge der Industrialisierung wuchs einerseits die Bevölkerung der Städte, andererseits bildete sich mit der Arbeiterschaft eine neue soziale Schicht. Die Arbeiterschaft verfügte meist nicht über Grundbesitz oder sonstiges Vermögen und musste sich daher durch Lohnarbeit versorgen. Um die Versorgung der ganzen Familie sicherzustellen, mussten so häufig auch Kinder arbeiten, außerdem verstärkte sich die Problematik des mangelnden Unfallschutzes. Diese Zeit war auch geprägt durch niedrige Löhne und fehlende Absicherung bei Krankheit. All dies führte zu Spannungen (sog. soziale Frage). Es bildete sich die Arbeiterbewegung, es kam zu Zusammenschlüssen erster Gewerkschaften. Für den damaligen Gesetzgeber stellte sich die Frage, inwiefern die genannten Umwälzungen auch durch Sozialgesetzgebung zu bewältigen waren.

B. Sozialrechtlicher Fragen- und Fallkatalog

21. Was ist unter der Bismarckschen Sozialgesetzgebung und der Kaiserlichen Botschaft zu verstehen?

Die von Bismarck initiierte sog. Kaiserliche Botschaft vom 17.11.1881 leitete die Bismarcksche Sozialgesetzgebung ein: Sie verhieß eine Verbesserung der Missstände und nahm das Wohl der Arbeiterschaft in den Blick. Sie skizzierte auch schon die drei Hauptzweige der Sozialversicherung, nämlich die Kranken-, Unfall- sowie Alters- und Invalidenversicherung. Nach der Kaiserlichen Botschaft folgten im Jahr 1883 das Gesetz für die Krankenversicherung der Arbeiter, im Jahr 1884 das Unfallversicherungsgesetz und im Jahr 1889 das Gesetz der Invaliditäts- und Altersversicherung.

22. Welches sind seit den 1880er Jahren bis gegenwärtig zentrale Kennzeichen und Merkmale des deutschen Sozialversicherungsrechts und -wesens?

Wichtigste Kennzeichen des Sozialversicherungsrechts bzw. -wesens sind nach wie vor: die Pflichtversicherung für große Personenkreise, die öffentlich-rechtliche Organisation auf Basis einer Selbstverwaltung und die Finanzierung durch Beiträge der Versicherten (zum Teil allerdings auch mit Staatszuschuss). Das Prinzip dieser Versicherung bestand und besteht darin, dass in dem jeweiligen Versicherungszweig ein bestimmtes Risiko abgesichert wird, zB Krankheit oder Alter. Bei Verwirklichung dieses Risikos im Einzelfall hat der betroffene Versicherte einen Anspruch auf Leistungen aus der jeweiligen Versicherung.

23. Was ist unter der Reichsversicherungsordnung (RVO) zu verstehen?

Mit der Reichsversicherungsordnung aus dem Jahr 1911 wurden die drei damals bestehenden Sozialversicherungszweige (Kranken-, Unfall- sowie Alters- und Invalidenversicherung) erstmals kodifikatorisch zusammengefasst. Die Reichsversicherungsordnung war wie das heutige Sozialgesetzbuch in einzelne Bücher gegliedert, die sich jeweils auf die einzelnen Zweige der Sozialversicherung bezogen, sowie die Bücher, die gemeinsame Vorschriften oder Verfahrensvorschriften enthielten.

24. Wann und aus welchem zentralen Grund wurde in Deutschland die Arbeitslosenversicherung eingeführt?

Im Jahr 1927 trat das Gesetz über Arbeitsvermittlung und Arbeitslosenversicherung in Kraft. Es erging in Reaktion auf die in den 1920er Jahren entstandene bzw. sich verschärfende Massenarbeitslosigkeit. Eine grundlegende Umgestaltung erhielt das Gesetz im Jahr 1969, als es in Arbeitsförderungsgesetz umbenannt wurde. Das Arbeitsförderungsgesetz war seinerseits das Vorläufergesetz des 1998 in Kraft getretenen SGB III.

25. Können Sie grundlegende, zentrale Entwicklungsetappen bzw. gesetzgeberische Maßnahmen auf dem Gebiet des Sozialrechts in der Zeit ab 1945 benennen?

Nach dem Ende des Zweiten Weltkrieges hatte der Weltkrieg erhebliche Auswirkungen auch für das Sozialrecht. Es stellte sich millionenfach die Frage nach einer Entschädigung infolge kriegerischer Handlung. Diese Frage wurde maßgeblich im Bundesversorgungsgesetz (BVG) aus dem Jahr 1950 normiert. Das Entschädigungsrecht entwickelte sich weiter, indem weitere Entschädigungsgesetze wie zB das Opferentschädigungsgesetz (OEG) und das Infektionsschutzschutz (IfSG) hinzutraten. Von großer Bedeutung war auch der Erlass des Bundessozialhilfegesetzes (BSHG) im Jahr 1961, das das Fürsorgerecht auf eine neue Grundlage stellte. Auch die soziale Förderung hat sich immer detaillierter entwickelt, zB durch Erlass des Bundesausbildungsförderungsgesetzes (BAföG) im Jahr 1971. Im Bereich des Sozialversicherungsrechts kam als einzige neue

Säule in der Zeit ab dem Ende des Zweiten Weltkrieges im Jahr 1995 die soziale Pflegeversicherung als sog. „fünfte Säule der Sozialversicherung" (neben der Arbeitslosen-, Kranken-, Renten- und Unfallversicherung) hinzu. Außerdem wurde im Zuge der Wiedervereinigung eine Rechtsvereinheitlichung im Sozialrecht vorgenommen. Im Wesentlichen vollzog sich diese dadurch, dass das ehemalige westdeutsche Sozialrecht auf die neuen Bundesländer erstreckt wurde.

IV. Allgemeines Sozialversicherungsrecht

26. Können Sie umschreiben, was mit dem Prinzip des sozialen Ausgleichs im Sozialversicherungsrecht gemeint ist? Können Sie insoweit gesetzliche Beispiele anführen?

70 Der soziale Ausgleich als Rechtsprinzip des Sozialversicherungsrechts ist nirgends ausdrücklich gesetzlich geregelt. Es handelt sich vielmehr um ein vom Schrifttum und von der Rechtsprechung abgeleitetes Prinzip, das den Sinn und Zweck zentraler Gestaltungsprinzipien des Sozialversicherungsrechts zum Ausdruck bringen möchte.

71 Das Prinzip des sozialen Ausgleichs im Sozialversicherungsrecht lässt sich als gerechte Umverteilung besonderer sozialer Risiken und Belastungen auf die Allgemeinheit beschreiben. Die Elemente des sozialen Ausgleichs sollen dem Abbau sozialer Ungerechtigkeiten dienen. Jeder Versicherte soll bei Eintritt eines Versicherungsfalles die notwendigen Leistungen erhalten und dafür so viele Beiträge zahlen, wie ihm aufgebürdet werden können. Es sollen gewissermaßen finanzielle Schwächen ausgeglichen werden durch eine Umverteilung der Kosten auf die breite Versichertengemeinschaft insgesamt. Auf diese Weise soll gewährleistet werden, dass jeder Versicherte, unabhängig von seiner finanziellen Leistungsfähigkeit, bei Eintreten des Versicherungsfalles die erforderliche Leistung tatsächlich erhält bzw. erhalten kann. So bemisst sich beispielsweise in der gesetzlichen Krankenversicherung (im Gegensatz zur privaten Krankenversicherung) der zu zahlende Beitrag nicht nach dem individuellen Risiko, sondern nach dem jeweiligen Arbeitsentgelt (vgl. §§ 226 ff. SGB V). Das Prinzip des sozialen Ausgleichs zeigt sich zB auch deutlich in der sog. Familienversicherung gem. § 10 SGB V (näher dazu Nr. 49), die ebenfalls Kennzeichen der gesetzlichen Krankenversicherung ist. Auch sie dient dem Ausgleich besonderer Belastungen, und zwar denen, die mit der Versorgung einer Familie zusammenhängen.

27. Wo sind die Begriffe „Arbeitsentgelt", „Arbeitseinkommen" und „Bezugsgröße" normiert und was besagen sie?

72 Der Begriff des Arbeitsentgelts ist in § 14 SGB IV normiert, der des Arbeitseinkommens in § 15 SGB IV und der Begriff der Bezugsgröße in § 18 SGB IV. Dabei sind unter Arbeitsentgelt jegliche Einnahmen aus einer Beschäftigung (§ 7 SGB IV) zu verstehen (vgl. § 14 SGB IV). Das Arbeitseinkommen hingegen erfasst den Gewinn, der aus einer selbstständigen Tätigkeit resultiert (vgl. § 15 SGB IV). Die Bezugsgröße meint das Durchschnittsentgelt der gesetzlichen Rentenversicherung im vorvergangenen Kalenderjahr, aufgerundet auf den nächsthöheren, durch 420 teilbaren Betrag (vgl. § 18 SGB IV).

28. Inwiefern sind die in Nr. 27 angesprochenen Begrifflichkeiten relevant für das gesamte Sozialversicherungsrecht bzw. inwiefern kommt ihnen praktische Bedeutung zu?

73 Die Begrifflichkeiten, die in §§ 14, 15, 18 SGB IV geregelt sind, sind von zentraler Bedeutung für das Sozialversicherungsrecht in seiner Gesamtheit, weil sie ua die Beitragsberechnung maßgebend beeinflussen (siehe zB § 226 SGB V). Die Relevanz erstreckt

sich dabei aber nicht nur auf die Beitragsberechnung, sondern die Begrifflichkeiten dienen auch an anderen Stellen als Anknüpfungspunkte für die Bestimmung von Leistungsansprüchen im Sozialversicherungsrecht, beispielsweise bei der Berechnung des Krankengeldes nach § 47 SGB V oder bei der Berechnung der Höhe einer Rente nach § 63 SGB VI oder des Verletztengeldes nach § 45 SGB VII.

29. Was bedeutet Mitgliedschaft und was Versicherteneigenschaft im Sozialversicherungsrecht? Können Sie anhand eines anschaulichen Beispiels aus dem Krankenversicherungsrecht erläutern, wann Mitgliedschaft und Versicherteneigenschaft auseinanderfallen?

Von Mitgliedschaft ist im Sozialversicherungsrecht die Rede, weil die Sozialversicherungsträger Körperschaften des öffentlichen Rechts sind (vgl. § 29 Abs. 1 SGB IV) und insoweit die Mitgliedschaft eine etablierte verwaltungsrechtliche Terminologie darstellt. Verbunden mit der Mitgliedschaft sind mitgliedschaftliche Rechte, beispielsweise das Wahlrecht oder andere Partizipationsrechte in der Selbstverwaltung. Die Versicherteneigenschaft bezeichnet demgegenüber lediglich, dass eine Person in der jeweiligen Versicherung versichert ist. Die Versicherteneigenschaft ist insbesondere maßgeblich für die Frage, ob eine Person sozialversicherungsrechtliche Leistungsansprüche hat, da diese nur versicherten Personen zustehen.

Mitgliedschaft und Versicherteneigenschaft fallen oftmals zusammen, mitunter aber auch nicht. Ein anschauliches Beispiel für ein Auseinanderfallen von Mitgliedschaft und Versicherteneigenschaft ist in der gesetzlichen Krankenversicherung die Familienversicherung gem. § 10 SGB V. Die dort umschriebenen Familienversicherten sind versichert und gehören somit zum leistungsberechtigten Personenkreis, sie sind aber keine Mitglieder der gesetzlichen Krankenversicherung. Mitglied ist nur der sog. Stammversicherte, aus dem sich die Familienversicherteneigenschaft der übrigen Familienmitglieder ableitet.

30. Ein Merkmal des deutschen Sozialversicherungssystems ist das Selbstverwaltungsprinzip. Können Sie dieses Prinzip kurz hinsichtlich seiner zentralen Merkmale und Ausprägungen erläutern?

§ 29 Abs. 1 SGB IV normiert, dass die Träger der Sozialversicherung (Versicherungsträger) rechtsfähige Körperschaften des öffentlichen Rechts mit Selbstverwaltung sind. Bei der Selbstverwaltung handelt es sich um öffentlich-rechtliche Organisationseinheiten, die gegenüber dem staatsunmittelbaren Behördensystem institutionell verselbstständigt sind. Mit der Selbstverwaltung geht eine eigenverantwortliche Aufgabenwahrnehmung einher; diese ist insbesondere dadurch gekennzeichnet, dass staatliche Aufsichtsbehörden das Handeln der Selbstverwaltung grundsätzlich nur auf Rechtmäßigkeit hin überwachen dürfen (sog. Rechtsaufsicht), nicht hingegen weitergehend auch auf Zweckmäßigkeit (daher keine sog. Fachaufsicht). Dies normiert für das Sozialversicherungsrecht § 87 Abs. 1 SGB IV (vgl. auch § 29 Abs. 3 SGB IV). Die organisatorische Selbstständigkeit der Sozialversicherungsträger äußert sich im Einzelnen in zahlreichen Bestimmungen der §§ 31 ff. SGB IV. Dort sind zB das Recht zum Satzungserlass und zur Wahl der Selbstverwaltungsorgane als klassische Ausprägungen eines Selbstverwaltungsrechts normiert.

31. Was versteht man unter Sozialversicherungswahlen, wo sind diese geregelt und welcher Sinn und Zweck wird durch sie verfolgt?

Sozialversicherungswahlen sind die Wahlen der Vertreterversammlungen der Träger der Sozialversicherungen, also ua der Unfallversicherung und der Rentenversicherung. Regelungen zu den Sozialversicherungswahlen finden sich in den allgemeinen Vorschriften für die Sozialversicherung in den §§ 43 ff. SGB IV. Diese Wahlen tragen der Eigenschaft und Organisation der Sozialversicherungsträger als Körperschaften des Öffentlichen Rechts mit Selbstverwaltung Rechnung und bilden somit auch die Basis einer demokratischen Organisation. Die Vertreter werden für sechs Jahre gewählt.

32. Können Sie erläutern, inwiefern die Beschäftigung bzw. das Beschäftigungsverhältnis von grundlegender Bedeutung für das Sozialversicherungsrecht ist?

77 Die Beschäftigung ist gesetzlich in § 7 SGB IV geregelt. Sie ist für das Sozialversicherungsrecht von grundlegender Bedeutung, denn das Bestehen eines Beschäftigungsverhältnisses im Sinne des § 7 Abs. 1 S. 1 SGB IV ist oftmals maßgebend für die Versicherteneigenschaft. So knüpfen die einzelnen Sozialversicherungszweige zur Bestimmung des versicherten Personenkreises in der Regel in erster Linie an das Vorliegen einer Beschäftigung (zum Teil auch nur an das Vorliegen einer entgeltlichen Beschäftigung) an, wie etwa § 5 Abs. 1 Nr. 1 SGB V, § 1 S. 1 Nr. 1 SGB VI, § 2 Abs. 1 Nr. 1 SGB VII zeigen.

33. Inwieweit ist das sozialrechtliche Beschäftigungsverhältnis deckungsgleich oder zumindest vergleichbar mit dem Arbeitsverhältnis im arbeitsrechtlichen Sinne und inwieweit unterscheiden sich beide voneinander?

78 Nach § 7 Abs. 1 S. 1 SGB IV ist Beschäftigung die nichtselbstständige Arbeit, insbesondere in einem Arbeitsverhältnis. Der Gesetzgeber knüpft damit zwar an den arbeitsrechtlichen Begriff des Arbeitsverhältnisses an, setzt aber die Beschäftigung mit dem Arbeitsverhältnis nicht gleich. Beschäftigung ist im Vergleich zum Arbeitsverhältnis der weitere, umfassendere Begriff. Das Arbeitsverhältnis bildet nur den typischen Regelfall des Beschäftigungsverhältnisses, wie durch das Wort „insbesondere" in § 7 Abs. 1 S. 1 SGB IV zum Ausdruck kommt. Ein Beispiel, bei dem kein Arbeitsverhältnis, aber eine Beschäftigung gegeben ist, stellt eine tatsächlich ausgeübte nichtselbstständige Tätigkeit ohne arbeitsvertragliche Grundlage dar. Die Anhaltspunkte, die § 7 Abs. 1 S. 2 SGB IV für das Vorliegen einer Beschäftigung normiert – nämlich: Tätigkeit nach Weisungen und Eingliederung in die Arbeitsorganisation des Weisungsgebers –, gelten für die Bestimmung eines Arbeitsverhältnisses hingegen in vergleichbarer Form.

34. G ist Geschäftsführer bei der E-GmbH. Die E-GmbH vermarktet in Deutschland Blumenzwiebeln, deren Produktion durch eine Muttergesellschaft erfolgt, die auch das Stammkapital der E-GmbH hält. G ist alleinvertretungsberechtigt und von den Beschränkungen des § 181 BGB befreit. Die Geschäftsführung durch G erstreckt sich auf alle zum gewöhnlichen Geschäftsbetrieb beitragenden Handlungen, darüber hinausgehende Handlungen sind laut dem Gesellschaftsvertrag nur mit Gesellschafterbeschluss zulässig. Ist G in den versicherten Personenkreis der gesetzlichen Unfallversicherung einbezogen? (nachgebildet BSG, NJW-RR 2002, 758 ff.)

79 G könnte nach § 2 Abs. 1 Nr. 1 SGB VII als Beschäftigter in den versicherten Personenkreis der gesetzlichen Unfallversicherung einbezogen sein. Beschäftigung ist gem. § 7 Abs. 1 S. 1 SGB IV nichtselbstständige Arbeit, insbesondere in einem Arbeitsverhältnis. Anhaltspunkte für eine Beschäftigung sind gem. § 7 Abs. 1 S. 2 SGB IV eine Tätigkeit

nach Weisungen und eine Eingliederung in die Arbeitsorganisation des Weisungsgebers. G ist Geschäftsführer der E-GmbH. Hierbei ist er alleinvertretungsberechtigt und sogar von den Beschränkungen des § 181 BGB befreit, so dass er grundsätzlich eine recht weitgehende Befugnis hat und in dieser Hinsicht auch nicht an Weisungen gebunden ist. Dies könnte gegen eine Einordnung des G als Beschäftigten im sozialversicherungsrechtlichen Sinne sprechen. Allerdings fehlt es nicht gänzlich an der für die Beschäftigung erforderlichen Weisungsgebundenheit, denn die Weisungsfreiheit des G erstreckt sich nur auf die Handlungen des gewöhnlichen Geschäftsbetriebes. Bei allen darüber hinausgehenden Handlungen ist G hingegen nicht weisungsfrei. Außerdem wird das Stammkapital der E-GmbH von der Muttergesellschaft gehalten, so dass auch hier von einer Eingliederung des G in die Gesellschaft ausgegangen werden muss, da G nicht über das Vermögen der GmbH verfügen kann, als wäre es sein eigenes. Somit ist sowohl eine Weisungsgebundenheit als auch eine Eingliederung des G gegeben und G ist damit Beschäftigter im Sinne von § 7 Abs. 1 SGB IV. Er ist daher nach § 2 Abs. 1 Nr. 1 SGB VII versichert. *(andere Auffassung mit entsprechender Argumentation durchaus vertretbar)*

35. Abwandlung (Nr. 34): *Wie ist die Versicherungspflichtigkeit des G, wenn dieser über ein Viertel des Stammkapitals der Gesellschaft und über eine von vier Stimmen in der Gesellschafterversammlung verfügt? Im Übrigen ergeben sich im Vergleich zu Nr. 34 keine Unterschiede zur Vertretungsbefugnis des G.; es ist davon auszugehen, dass G mit seiner Stimme in der Gesellschafterversammlung keine Alleinentscheidungen treffen kann.*

Es ergeben sich letztlich keine Unterschiede zum Ausgangsfall. Für die Frage der Versicherungspflichtigkeit ist allein das Vorliegen einer Beschäftigung im Sinne von § 7 I SGB IV maßgeblich und diese beurteilt sich grundsätzlich anhand des Kriteriums der persönlichen Abhängigkeit. Eine solche ist hier jedenfalls gegeben. Zwar erwecken die Kapitalverteilungsverhältnisse zunächst den Eindruck, dass G mehr Verfügungsgewalt habe, aber die Vertretungsbefugnisse sind auch hier weiterhin begrenzt auf die zum gewöhnlichen Geschäftsbetrieb beitragenden Handlungen; weiterreichende Handlungen bedürfen eines Gesellschafterbeschlusses. Zwar fällt hier eine von vier Stimmen dem G zu, mit dieser kann er jedoch keine Alleinentscheidungen treffen *(siehe BSG, NZS 2018, 670; LSG Schleswig-Holstein, NZS 2018, 287; BayLSG NZS 2018, 993).*

36. *M hat ein Elektro-Unternehmen mit zwölf Angestellten. Als die Auftragslage aufgrund staatlicher Subventionsregelungen floriert, benötigt er zusätzliche Arbeitskräfte. Den bisher in der Buchhaltung beschäftigen E setzt er daher nun vermehrt auch zur Bewältigung der Aufträge im Außendienst ein. Dadurch bleibt in der Buchhaltung allerdings einige Arbeit ungetan. M bittet daher seine Schwester S, die über Erfahrung im Bereich der Buchhaltung verfügt, um Hilfe. S ist einverstanden. Wann und wo sie die erforderlichen Buchhaltungsaufgaben erledigt, überlässt M der S. S erledigt die Buchhaltung überwiegend von zu Hause aus. Geld möchte S, die selbst über ein beträchtliches Vermögen verfügt und die für M in erster Linie aus der Motivation heraus tätig wird, ihm über den beschriebenen personellen Engpass hinwegzuhelfen, für ihre Tätigkeit nicht haben. M ist S jedoch sehr dankbar und macht ihr deshalb zu ihrem Geburtstag ein üppiges Geldgeschenk. Außerdem legt er ihr ab und an ein paar Scheine auf den Schreibtisch und bezeichnet auf dem beigefügten Zettel dieses Geld als „Taschengeld" und fügt hinzu, S solle sich einen schönen Tag machen. Liegt bei S eine Beschäftigung im Sinne von § 7 Abs. 1 SGB IV vor?*

80 Eine Beschäftigung nach § 7 Abs. 1 SGB IV könnte deshalb vorliegen, weil M und S womöglich ein Arbeitsverhältnis begründet haben und ein solches gem. § 7 Abs. 1 S. 1 am Ende SGB IV den Regelfall einer Beschäftigung darstellt. Einen schriftlichen Arbeitsvertrag haben M und S nicht abgeschlossen, was aber für die Begründung eines Arbeitsverhältnisses auch nicht unbedingt erforderlich ist. Auch ein mündlicher oder konkludenter Abschluss eines Arbeitsvertrags würde genügen. Für den Abschluss eines solchen Arbeitsvertrages müssten zwei dementsprechende Willenserklärungen von M und S vorliegen. Zwar waren sich M und S dahin gehend einig, dass S die Buchhaltungsaufgaben in dem Unternehmen des M übernehmen sollte. Ob beide darüber hinaus aber auch beabsichtigt haben, dass sie sich an die Rechte und Pflichten eines Arbeitsvertrages binden wollten, ist fraglich. Gerade S wollte dem M eher einen freundschaftlichen bzw. verwandtschaftlichen Dienst durch ihre Hilfe erweisen als dass es ihr auf die Entstehung der Rechte und Pflichten, die ein Arbeitsverhältnis begründet, ankam. Unter Berücksichtigung auch der familiären Nähebeziehung von M und S ist daher kein Arbeitsvertrag geschlossen worden, sondern es handelt sich um die bloße Übernahme einer Gefälligkeit. Es könnte aber trotz fehlenden Arbeitsvertrages eine Beschäftigung im Sinne des § 7 Abs. 1 S. 1 SGB IV gegeben sein. Auch diesbezüglich könnte allerdings die familiäre Verbindung von M und S zum Tragen kommen. Diese schließt an sich das Vorliegen eines Beschäftigungsverhältnisses im Sinne des § 7 Abs. 1 S. 1 SGB IV nicht aus. Es kommt vielmehr auch hier auf die Weisungsgebundenheit und die Eingliederung in den Betrieb an. Zur Abgrenzung der Beschäftigung von familiären Gefälligkeiten kommt es nach der Rechtsprechung auch gerade auf die Eingliederung in den Betrieb sowie auf eine praktizierte Entgeltvereinbarung in einer der Arbeitsleistung entsprechenden Höhe an *(vgl. BSG, NJW 1994, 341 ff.)*. Vorliegend handelt es sich um ein aushilfsweises Tätigwerden der S für M. S ist hierbei in der Art und Weise der Ausführung der Arbeiten vollkommen frei, sie untersteht gerade nicht den Weisungen des M. Es kommt damit im Weiteren auf die Eingliederung der S in den Betrieb des M an. S erledigt die anfallenden Arbeiten überwiegend von zu Hause aus und ist auch ansonsten nicht in die betrieblichen Abläufe des Unternehmens integriert, so dass es auch an der erforderlichen Eingliederung fehlt. Außerdem liegt keine Entgeltvereinbarung zwischen S und M vor, insbesondere das als Taschengeld überlassene Bargeld stellt kein Entgelt im erforderlichen Sinne dar *(BSG, NJW 1994, 341 ff.)*. Es liegt keine Beschäftigung im Sinne des § 7 Abs. 1 SGB IV vor.

37. Weil er sich sozial engagieren möchte, ist H in seiner Freizeit in geringem Umfang ehrenamtlich als Hausmeister tätig. Er erhält für diese Tätigkeit keine Vergütung, wohl aber eine geringfügige Aufwandsentschädigung, auf die H aber keineswegs finanziell angewiesen ist. Ist er sozialversicherungspflichtig beschäftigt?

81 H könnte allenfalls als Beschäftigter im Sinne von § 7 Abs. 1 SGB IV versicherungspflichtig sein. Hierfür ist in erster Linie maßgeblich, ob eine persönliche Abhängigkeit des H besteht. Die Entgeltlichkeit ist für das Bestehen einer solchen persönlichen Abhängigkeit zwar keine zwingende Voraussetzung, nichtsdestotrotz ist sie geradewegs typisch für die abhängige Beschäftigung, denn der Ausübung letzterer liegt regelmäßig ein Erwerbszweck zugrunde. Dies ist bei der von H ausgeübten Tätigkeit gerade nicht der Fall, da er keine Vergütung erhält. Vielmehr wird die von H ausgeübte Tätigkeit von ideellen Motiven geleitet, die gerade gegen eine für eine Beschäftigung typische Abhängigkeit sprechen. H ist demnach mangels persönlicher Abhängigkeit nicht als Beschäftigter versicherungspflichtig *(siehe dazu auch BSG, NZS 2018, 572)*.

38. Opernsäger O übernimmt für das Theater T eine krankheitsbedingt kurzfristig vakante Rolle für zwei Aufführungen. Dabei schließen T und O keinen schriftlichen Vertrag, sondern vereinbaren lediglich, dass O zu den zwei besagten Aufführungen im Theater mitwirken wird, ebenso wird O kurz in seine Rolle eingewiesen; zu den Proben muss der geübte O nicht erscheinen, sondern er bereitet sich alleine zu Hause auf die Auftritte vor. Handelt es sich bei der von O ausgeübten Tätigkeit um eine versicherungspflichtige Beschäftigung im Sinne von § 7 Abs. 1 SGB IV?

Für das Vorliegen einer Beschäftigung sind die persönliche Abhängigkeit und die Weisungsgebundenheit des die Verrichtung Ausübenden sowie seine Eingliederung in die fremde Arbeitsorganisation maßgebend. Hier wurde dem O von T vorgegeben, wann und wo er aufzutreten habe, so dass insofern zunächst von einer Weisungsgebundenheit des O ausgegangen werden könnte. Allerdings betreffen diese angesprochenen Vorgaben seitens T lediglich die "Eckpunkte" der zu verrichtenden Tätigkeit, sie erweisen sich damit lediglich als grobe Rahmenvorgaben – im Übrigen ist O, etwa hinsichtlich seiner Proben, die einen Hauptbestandteil seiner Arbeit ausmachen, vollkommen frei (sowohl in zeitlicher und örtlicher Hinsicht, als auch was die Dauer anbelangt; eine Überprüfung des Eingeübten ist ebenfalls nicht vereinbart). Bei Theateraufführungen sind derartige Rahmenvorgaben für konkrete Aufführungen unentbehrlich, die Notwendigkeit dieser Vorgaben ergibt sich hier gerade aus der besonderen Eigenart dieser künstlerischen Tätigkeit. Allein diese Vorgaben können daher eine Weisungsgebundenheit bzw. eine Eingliederung in die Arbeitsorganisation bei T nicht begründen. Die aushilfsweise Tätigkeit des O ist daher nicht als versicherungspflichtige Beschäftigung einzuordnen *(siehe dazu BSG, NZS 2018, 867)*.

82

39. Was ist unter geringfügiger Beschäftigung zu verstehen und wo ist diese geregelt?

Die geringfügige Beschäftigung ist in § 8 SGB IV geregelt. Sie kann entweder wegen sog. Entgeltgeringfügigkeit nach § 8 Abs. 1 Nr. 1 SGB IV oder wegen sog. Zeitgeringfügigkeit nach § 8 Abs. 1 Nr. 2 SGB IV bestehen. Ein Fall der Entgeltgeringfügigkeit liegt gem. § 8 Abs. 1 Nr. 1 SGB IV vor, wenn das Arbeitsentgelt aus der Beschäftigung regelmäßig 450 EUR nicht übersteigt. Eine Zeitgeringfügigkeit ist gegeben, wenn die Beschäftigung die in § 8 Abs. 1 Nr. 2 SGB IV festgesetzte Zeit im Jahr nicht überschreitet.

83

40. Welche Bedeutung bzw. Auswirkungen hat § 8 SGB IV für/auf das gesamte Sozialversicherungsrecht?

§ 8 SGB IV enthält zunächst die Legaldefinition der geringfügigen Beschäftigung. Die Vorschriften der jeweiligen Sozialversicherungszweige enthalten dann, anknüpfend an § 8 SGB IV, detaillierte Regelungen hinsichtlich der Rechtsfolgen einer geringfügigen Beschäftigung. Vor allem kann eine geringfügige Beschäftigung zur Versicherungsfreiheit im jeweiligen Versicherungszweig führen. Im Einzelnen ist dies von Versicherungszweig zu Versicherungszweig unterschiedlich ausgestaltet. Dies lässt sich beispielhaft anhand § 7 Abs. 1 S. 1 SGB V und § 5 Abs. 2 S. 1 SGB VI aufzeigen. So knüpft § 7 Abs. 1 S. 1 SGB V an § 8 SGB IV in Gänze an, dh gem. § 7 Abs. 1 S. 1 SGB V zieht das Vorliegen einer geringfügigen Beschäftigung im Sinne von § 8 SGB V grundsätzlich die Versicherungsfreiheit in der gesetzlichen Krankenversicherung nach sich (sofern nicht diese ausschließende Voraussetzungen nach Maßgabe des § 7 Abs. 1 S. 2 SGB V vorliegen). § 5 Abs. 2 S. 1 SGB VI hingegen wählt differenziertere Anknüpfungspunkte. So normiert zB § 5 Abs. 2 S. 1 Nr. 1 SGB VI die Versicherungsfreiheit in der gesetzlichen Rentenversicherung nur bei Vorliegen der Voraussetzungen des § 8 Abs. 1 Nr. 2

84

SGB IV, dh nur für den Fall der geringfügigen Beschäftigung wegen Zeitgeringfügigkeit.

41. Welcher Gedanke steht hinter einer Versicherungsfreiheit von geringfügig Beschäftigten?

85 Eine Versicherungsfreiheit aufgrund geringfügiger Beschäftigung trägt maßgeblich einer vom Gesetzgeber vermuteten geringeren sozialen Schutzbedürftigkeit geringfügig Beschäftigter Rechnung. Der Gesetzgeber geht mit einer typisierenden Sichtweise davon aus, dass geringfügig Beschäftigte regelmäßig ihren Lebensunterhalt sowie ihre soziale Absicherung anderweitig als durch eigene Sozialversicherung kraft geringfügiger Beschäftigung bestreiten können. Hinzu kommt ein arbeitsmarktpolitischer Gesichtspunkt: Da mit einer versicherungsfrei gestellten geringfügigen Beschäftigung keine Sozialversicherungsbeitragslast verbunden ist, werden die geringfügigen Beschäftigten nicht in illegale Beschäftigung (sog. Schwarzarbeit) gedrängt.

42. Gibt es rechtliche Vorgaben dafür, inwieweit die Sozialversicherung beitrags- und inwieweit sie steuerfinanziert sein muss bzw. darf?

86 Bei der Finanzierung der Sozialversicherung steht grundsätzlich die Finanzierung durch Beiträge (geregelt in §§ 20 ff. SGB IV) im Vordergrund, wobei eine Ergänzung durch eine Finanzierung aus dem Steueraufkommen stattfindet. Der Gesetzgeber ist frei darin zu entscheiden, wie er das Verhältnis von Beitrags- und Steuerfinanzierung zueinander in den einzelnen Sozialversicherungszweigen ausgestaltet. In der Kranken-, Renten- und Arbeitslosenversicherung ist eine Ergänzung durch Zuschüsse (die aus dem Steueraufkommen stammen) vorgesehen: In der Krankenversicherung ist diese Ergänzung durch die Zuschüsse der Höhe nach gesetzlich festgelegt (vgl. §§ 220, 221 SGB V). In der Rentenversicherung sehen §§ 153 Abs. 2, 213 Abs. 1 SGB VI die Zuschüsse als Teil der Finanzierung vor; den Umfang dieser Zuschüsse regelt hierbei § 213 Abs. 2, Abs. 2a SGB VI. In der Rentenversicherung gibt es zudem eine sog. Bundesgarantie (auch Liquiditätssicherung) gem. § 214 SGB VI, deren Ziel die Absicherung bzw. der Ausgleich von zu niedrig festgesetzten Beitragssätzen ist, um die Rentenansprüche gewährleisten zu können.

43. Wie und durch wen erfolgt die „technische Abwicklung" der Entrichtung der Sozialversicherungsbeiträge von Beschäftigten an die Sozialversicherungsträger?

87 Die Beiträge werden in Form eines sog. Gesamtsozialversicherungsbeitrags gezahlt (vgl. § 28d S. 1 SGB IV). Dieser umfasst den Arbeitgeberanteil und den Beschäftigtenanteil. Der Beschäftigtenanteil wird vom Arbeitgeber im sog. Lohnabzugsverfahren (vgl. § 28g S. 1, 2 SGB IV) geltend gemacht. Der Arbeitgeber ist derjenige, der den Gesamtsozialversicherungsbeitrag zu zahlen hat (vgl. § 28e Abs. 1 S. 1 SGB IV) und zwar an die Krankenkasse, die gem. § 28h Abs. 1 S. 1 SGB IV als sog. Einzugsstelle fungiert. Diese leitet sodann die Beiträge für den jeweiligen Sozialversicherungszweig an die anderen Versicherungsträger weiter (vgl. § 28k Abs. 1 S. 1 SGB IV).

44. Was besagt der sog. Halbteilungsgrundsatz im Sozialversicherungsrecht und inwieweit gilt er derzeit noch?

88 Der Halbteilungsgrundsatz im Sozialversicherungsrecht betrifft das Beitragsrecht und bedeutet, dass grundsätzlich die Beiträge für die Sozialversicherung je zur Hälfte von Arbeitgebern und Beschäftigten getragen werden. Von diesem Grundsatz gibt es allerdings auch Ausnahmen. Die gravierendste Ausnahme besteht im Unfallversicherungs-

recht, denn dort tragen die Arbeitgeber die Beiträge allein (§ 150 Abs. 1 S. 1 SGB VII). Hinter dieser Ausnahme vom Halbteilungsgrundsatz steht ua der Gedanke, dass die gesetzliche Unfallversicherung gerade auch dem Arbeitgeber zu Gute kommt, der durch sie – insbesondere durch die Regelung in § 104 SGB VI – von seiner privaten Haftung weitgehend freigestellt wird.

Der Halbteilungsgrundsatz wurde zum Teil leicht modifiziert. So ging die Beitragsregelung in § 249 Abs. 1 S. 1 SGB V in der bis 2018 gültigen Fassung für die gesetzliche Krankenversicherung vom Grundansatz her zwar ebenfalls vom Halbteilungsgrundsatz aus. Die dortige Regelung führte aber zu einem sog. „Einfrieren" des Arbeitgeberanteils zB im Falle der Erhebung eines kassenindividuellen Zusatzbeitrags, denn diesen hatte der Beschäftigte allein zu tragen. Im Jahr 2018 wurde § 249 SGB V indes wieder geändert und der Halbteilungsgrundsatz gilt derzeit wieder ohne die genannten Modifikationen.

45. Aus welchem Grund gehören Beamte nicht zum Kreis der Versicherungspflichtigen in den einzelnen Sozialversicherungszweigen?

Beamte gehören nicht zum versicherungspflichtigen Personenkreis in den einzelnen Sozialversicherungszweigen (vgl. § 6 Abs. 1 Nr. 2 SGB V, § 5 Abs. 1 S. 1 Nr. 1 SGB VI, § 4 Abs. 1 Nr. 1 SGB VII, § 27 Abs. 1 Nr. 1 SGB III, § 23 Abs. 3 SGB XI), da sie vom Gesetzgeber bereits als durch das Beamtenversorgungsrecht hinreichend sozial abgesichert angesehen werden. Das Beamtenversorgungsrecht enthält für Beamte eigenständige Regelungen zB im Falle einer Dienstunfähigkeit.

V. Recht der gesetzlichen Krankenversicherung

46. Welche Arten von Krankenkassen gibt es in der gesetzlichen Krankenversicherung?

In der gesetzlichen Krankenversicherung gibt es verschiedene Krankenkassenarten, eine allgemeine Aufzählung findet sich in § 21 Abs. 2 SGB I, nähere Regelungen enthalten §§ 143 ff. SGB V. Danach gibt es zunächst die allgemeinen Ortskrankenkassen, die für alle Versicherten offen stehen und für abgegrenzte Regionen bestehen (§ 143 Abs. 1 SGB V); die Betriebskrankenkassen, welche von den Arbeitgebern unter den in § 147 Abs. 1 SGB V näher bezeichneten Voraussetzungen eingerichtet werden können; weiterhin die Innungskrankenkassen, die, ähnlich den Betriebskrankenkassen, von Handwerksinnungen gem. § 157 SGB V errichtet werden können; ferner gibt es die Sozialversicherung für Landwirtschaft, Forsten und Gartenbau als landwirtschaftliche Krankenkasse (§ 166 SGB V) sowie die Deutsche Rentenversicherung Knappschaft-Bahn-See (§ 167 SGB V) und darüber hinaus die sog. Ersatzkassen gem. § 168 SGB V.

47. Inwieweit haben die in der gesetzlichen Krankenversicherung Versicherten ein Wahlrecht, bei welcher Krankenkasse sie versichert sein möchten?

Gem. §§ 173-175 SGB V haben die Versicherungspflichtigen (§ 5 SGB V) und die Versicherungsberechtigten (§ 9 SGB V) in der gesetzlichen Krankenversicherung ein Recht auf freie Kassenwahl. Die Versicherten können demnach grundsätzlich nach näherer Maßgabe von § 173 Abs. 2 SGB V zwischen den dort genannten Kassen wählen.

48. Was besagt die Jahresarbeitsentgeltgrenze im Recht der gesetzlichen Krankenversicherung und aus welchem zentralen Grund gibt es sie?

Die Jahresarbeitsentgeltgrenze ist in § 6 Abs. 1 Nr. 1, Abs. 6, 7 SGB V geregelt und besagt, dass die Versicherungspflicht des grundsätzlich gem. § 5 Abs. 1 Nr. 1 SGB V versicherungspflichtigen Arbeiters oder Angestellten, der gegen Arbeitsentgelt beschäftigt ist, dann entfällt, sofern die Jahresarbeitsentgeltgrenze überschritten wird. Diese Jahresarbeitsentgeltgrenze wird gem. § 6 Abs. 6 S. 4 SGB V iVm § 160 SGB VI jährlich von der Bundesregierung in einer Rechtsverordnung festgesetzt. Hinter dieser Regelung der Versicherungsfreiheit bei Überschreitung der Jahresarbeitsentgeltgrenze steht der Gedanke, dass höherverdienende Beschäftigte eine geringere Schutzbedürftigkeit gegenüber Beschäftigten mit geringerem Jahresverdienst aufweisen, so dass für sie der zwingende Krankenversicherungsschutz nicht mehr geboten erscheint.

49. Was ist unter der Familienversicherung im SGB V zu verstehen? Welche sozialpolitische Motivation ist mit ihr verbunden?

94 § 10 SGB V regelt die sog. Familienversicherung in der gesetzlichen Krankenversicherung. Danach sind die in § 10 SGB V aufgezählten Angehörigen eines Versicherten, des sog. Stammversicherten, automatisch und beitragsfrei mitversichert. Die Versicherung der Familienangehörigen knüpft dabei zwar an das Bestehen der Mitgliedschaft des Stammversicherten an (sog. abgeleiteter Versicherungsschutz, vgl. § 19 Abs. 3 SGB V), nichtsdestotrotz hat aber jeder Familienversicherte ein selbstständiges Versicherungsverhältnis – mit der Folge, dass er eigene Leistungsansprüche hat.

95 Die Familienversicherung ist Ausdruck des Solidarausgleichs: Dadurch, dass Familienangehörige beitragsfrei mitversichert sind und somit die Solidargemeinschaft der Versicherten für ihre Leistungen aufkommen muss, soll der verstärkten Schutzbedürftigkeit der Familien durch die höheren Belastungen aufgrund der Familiensituation Rechnung getragen werden.

50. Was besagt das sog. Sachleistungsprinzip, was das sog. Kostenerstattungsprinzip im Recht der gesetzlichen Krankenversicherung?

96 Die Leistungen der gesetzlichen Krankenversicherung werden grundsätzlich nach dem in § 2 Abs. 2 S. 2 SGB V verankerten Sachleistungsprinzip erbracht. Nach dem Sachleistungsprinzip haben die Versicherten im Rahmen der gesetzlichen Vorschriften einen Anspruch auf die entsprechenden Leistungen gegen ihre Krankenkassen und diese sind dafür verantwortlich, diese Leistungen zu beschaffen, indem sie sich der entsprechenden Leistungserbringer, etwa der Ärzte oder Krankenhäuser, bedienen. Demgegenüber folgt die private Krankenversicherung dem Kostenerstattungsprinzip, dh hier werden die Kosten für die Leistung, die sich der privat Versicherte zunächst selbst beschafft, im Nachhinein erstattet. In der gesetzlichen Krankenversicherung besteht ein Kostenerstattungsanspruch dieser Art in Abweichung vom Sachleistungsprinzip nur in Ausnahmefällen. Einzelheiten dazu normiert § 13 SGB V iVm speziellen Regelungen.

51. K beantragt bei ihrer Krankenkasse die Versorgung mit ambulanten Liposuktionsbehandlungen ("Fettabsaugungen") an Armen und Beinen. Daraufhin beauftragt die Krankenkasse den Medizinischen Dienst der Krankenkassen mit einer gutachterlichen Stellungnahme; von diesem Vorgang hat K keine Kenntnis. Nach Ablauf von drei Wochen beschafft sich K die begehrten Leistungen selbst. Nach Ablauf einer weiteren Woche lehnt die Krankenkasse den Antrag der K ab. Hat K einen Anspruch auf Kostenerstattung gegen ihre Krankenkasse? Von der Erforderlichkeit der Behandlung ist auszugehen.

97 In Betracht kommt ein Anspruch der K gegen ihre Krankenkasse auf Kostenerstattung für die selbstbeschafften Leistungen gem. § 13 Abs. 3a S. 7 SGB V. Ein solcher Anspruch setzt voraus, dass K einen Antrag auf Leistung gestellt hat, über den die Krankenkasse nicht in der gem. § 13 Abs. 3a S. 1 SGB V maßgeblichen Frist entschieden hat

und dass K sich die erforderlichen Leistungen selbst beschafft hat. Im gegebenen Fall handelt es sich laut Sachverhalt um erforderliche Leistungen und eine Selbstbeschaffung durch K ist ebenfalls erfolgt. Auch liegt eine Antragstellung seitens der K vor. Über diesen müsste die Krankenkasse in der vorgegebenen Frist nicht entschieden haben. Vorliegend hat die Krankenkasse den Antrag der K nach vier Wochen abgelehnt. Gem. § 13 Abs. 3 a S. 1 Alt. 1 SGB V muss sie über einen Antrag auf Leistungen grundsätzlich innerhalb von drei Wochen entscheiden, so dass diese Frist hier also nicht eingehalten wurde. Allerdings gilt gem. § 13 Abs. 3 a S. 1 Alt. 2 SGB V eine fünfwöchige Entscheidungsfrist in Fällen, in denen eine gutachtliche Stellungnahme, insbesondere des Medizinischen Dienstes der Krankenversicherung, eingeholt wird. Im hiesigen Fall hat die Krankenkasse gerade den Medizinischen Dienst mit einer entsprechenden Begutachtung beauftragt, so dass grundsätzlich diese fünfwöchige Frist maßgebend wäre und die Krankenkasse diese auch eingehalten hätte. Allerdings hatte K von diesem Vorgang keine Kenntnis, die Krankenkasse hat ihr die anstehende Begutachtung nicht mitgeteilt. Auf die fünfwöchige Frist kann sich die Krankenkasse aber nur berufen, wenn sie den Leistungsberechtigten innerhalb von drei Wochen nach Antragseingang darüber informiert, dass sie eine Stellungnahme des Medizinischen Dienstes einholen will. Das entspricht Wortlaut, Regelungssystem und -zweck (vgl. § 13 Abs. Abs. 3 a S. 2 SGB V). Dabei kommt es nicht auf den Zeitpunkt der behördeninternen Entscheidung an, sondern auf jenen der Bekanntgabe gegenüber dem Antragsteller. Es ist eine entsprechende Unterrichtung der K innerhalb von drei Wochen nicht erfolgt, so dass K nach drei Wochen annehmen konnte, dass ihr Antrag nicht fristgerecht beschieden wurde und daher als genehmigt gilt (Genehmigungsfiktion). Folglich steht K ein Kostenerstattungsanspruch für die selbst beschafften Leistungen zu *(siehe BSG, NZS 2019, 189; siehe zur Genehmigungsfiktion ferner BSG, NZS 2018, 815, 830 und 831; BSG, NZS 2019, 472 und 496 sowie Schneider, NZS 2018, 759; zu den umstrittenen Rücknahmemöglichkeiten nach Eintritt einer Genehmigungsfiktion siehe Spitzlei, NZS 2018, 759).*

52. Ist die These zutreffend, dass die gesetzliche Krankenversicherung nicht nur darauf ausgerichtet ist, Leistungen im Falle des Eintretens einer Krankheit zur Verfügung zu stellen, sondern auch, das Eintreten von Krankheit zu verhindern?

Diese These ist zutreffend, wie die §§ 20 ff. SGB V deutlich zeigen, in denen es gerade um Leistungen zur Verhütung von Krankheiten und Leistungen zur Vorsorge geht. Zudem gewährleisten die §§ 25, 26 SGB V Leistungen zur Früherkennung von Krankheiten. Durch diese Leistungen soll der Eintritt von Krankheiten verhindert bzw. eine frühzeitige Erkennung von Krankheiten ermöglicht werden.

53. Welchen wichtigen Leistungsgrundsatz im Recht der gesetzlichen Krankenversicherung regelt § 12 SGB V? Könnte man sagen, dass die eben (Nr. 52) genannten Leistungen zur Verhütung von Krankheit diesem Grundsatz gewissermaßen Rechnung tragen?

§ 12 SGB V normiert das sog. Wirtschaftlichkeitsgebot als Leistungsgrundsatz im Recht der gesetzlichen Krankenversicherung. Danach haben sich die Leistungen nach dem SGB V stets an der Wirtschaftlichkeit zu orientieren, dh die Leistungen müssen ausreichend und zweckmäßig sein und dürfen das Maß des Notwendigen nicht überschreiten (§ 12 Abs. 1 S. 1 SGB V). Diesem Grundsatz tragen auch die Leistungen zur Früherkennung und zur Verhinderung von Krankheiten Rechnung, denn in aller Regel fallen die notwendigen Behandlungsschritte und Maßnahmen weniger umfangreich und kostenträchtig aus, je früher die jeweilige Krankheit erkannt wird. Insofern lässt

54. Was meint der Versicherungsfall „Krankheit" im SGB V?

100 Der Begriff der Krankheit ist im SGB V nicht gesetzlich definiert, gleichwohl hat sich in Rechtsprechung und Schrifttum die folgende anerkannte Definition etabliert: Krankheit ist jeder regelwidrige Körper- oder Geisteszustand, dessen Eintritt Behandlungsbedürftigkeit oder Arbeitsunfähigkeit oder beides zur Folge hat *(siehe etwa BSGE 13, 134 ff.; 93, 252 ff.)*. Dabei ist regelwidrig, was vom Leitbild des gesunden Menschen abweicht, wobei bloße Schönheitsfehler, die zwar auch von diesem angesprochenen Leitbild abweichen, keine Krankheit in diesem Sinne darstellen, weil sie die Körperfunktionen nicht beeinträchtigen. Die Behandlungsbedürftigkeit liegt vor, wenn die Beeinträchtigung der körperlichen Funktionen zu ihrer Wiederherstellung ärztlicher Hilfe, dh Behandlung, bedarf *(vgl. BSGE 26, 240 ff.; 35, 10 ff.; 48, 258 ff.)*. Arbeitsunfähigkeit im Sinne der Definition ist gegeben, wenn der bisher ausgeübten Erwerbstätigkeit aufgrund des regelwidrigen Körper- oder Geisteszustandes nicht oder nur unter der Gefahr, dass eine Verschlimmerung eintritt, nachgegangen werden kann.

55. Man spricht auch vom sog. „normativen Krankheitsbegriff" im Recht der gesetzlichen Krankenversicherung. Was ist unter dieser Begrifflichkeit zu verstehen?

101 Vom sog. „normativen Krankheitsbegriff" ist die Rede, da für das Feststellen des Vorliegens einer Krankheit im Sinne der in Nr. 54 dargestellten Definition oftmals eine wertende Komponente hinzutritt, vor allem hinsichtlich des Vorliegens der Regelwidrigkeit des Körper- oder Geisteszustandes. Die Problematik, die sich hier insbesondere bei der Feststellung der Regelwidrigkeit ergibt, ist die Abgrenzung von bloßen Anomalien, die jedoch keine Krankheit im Sinne des SGB V darstellen. Nach der genannten Krankheitsdefinition bedarf es dazu einer Abweichung vom Leitbild des gesunden Menschen. Allerdings weichen auch rein äußerliche Merkmale vom Leitbild des gesunden Menschen ab. Hier ist die Abgrenzung zum bloßen Schönheitsfehler bzw. zur rein natürlichen Beeinträchtigung der Körperfunktionen ggf. schwierig. Insofern muss an dieser Stelle im Rahmen des normativen Krankheitsbegriffs eine wertende Betrachtung stattfinden.

56. Sind folgende Erscheinungen eine Krankheit im Sinne des SGB V:
– leicht schief stehende Zähne?
– eine Schwangerschaft?
– Kopfhaarlosigkeit?

102 Leicht schief stehende Zähne sind in der Regel keine Krankheit, es sei denn, mit der Schiefstellung ist eine erhebliche Einschränkung üblicher Körperfunktionen, wie etwa des Sprechens oder Kauens, verbunden *(vgl. BSGE 35, 10 ff.)*. Dass leicht schief stehende Zähne das optische Erscheinungsbild der betreffenden Person beinträchtigen, genügt nicht. Dafür ist bei wertender Betrachtung die Abweichung vom „perfekten Normmenschen" – nämlich dem mit in jeder Hinsicht makellosen Gebiss – von nicht hinreichendem Gewicht. Eine leicht unterschiedliche Zahnstellung von Mensch zu Mensch gehört vielmehr zu den normalen, gängigen „Variationen", die der menschliche Wuchs mit sich bringt.

103 Eine Schwangerschaft ist keine Krankheit im Sinne des SGB V, obwohl sie in gewissem Maße ärztliche Betreuung erfordert. Vielmehr ist die Schwangerschaft ein Versiche-

rungsfall eigener Art, wie §§ 21 Abs. 1 Nr. 3, 1. Alt. SGB I, 11 Abs. 1 Nr. 1, 1. Alt., 24 c ff. SGB V deutlich zeigen. In diesen Normen werden Schwangerschaft und Mutterschaft eindeutig neben die Krankheit gestellt, so dass die Schwangerschaft selbst keine Krankheit ist. Es ist möglich, dass im Schwangerschaftsverlauf Beschwerden auftreten, die ihrerseits dann eine Krankheit darstellen; gleichwohl ist es auch dann so, dass nicht die Schwangerschaft als solche eine Krankheit ist.

Kopfhaarlosigkeit stellt zwar eine Abweichung vom Leitbild des gesunden Menschen dar, jedoch sind nicht zwangsweise körperliche Funktionen durch sie beeinträchtigt, so dass fraglich ist, ob es sich hierbei um einen bloßen Schönheitsfehler handelt. Eine Krankheit im Sinne des SGB V kann bei äußerlich sichtbaren Abweichungen vom Leitbild des gesunden Menschen allerdings (ungeachtet der Beeinträchtigung körperlicher Funktionen) auch vorliegen, wenn objektiv eine erhebliche Auffälligkeit im Sinne einer Entstellung gegeben ist *(vgl. BSGE 93, 252 ff.)*. Nach ständiger Rechtsprechung ist bei Frauen Kopfhaarlosigkeit regelmäßig eine Krankheit im Sinne des SGB V *(BSG, SGb 2002, 612 f.)*, bei Männern hingegen nicht *(BSG, ZfSH/SGB 1982, 152 f.)*. Nach jüngster Rechtsprechung ist bei Männern auch zu berücksichtigen, dass diese typischerweise im Laufe des Alterns von Haarverlust betroffen sind, was der Annahme einer die Krankheitswertigkeit begründenden entstellenden Wirkung, je nach Alter und den übrigen Umständen, entgegensteht. Grundsätzlich kann ein über den typischen männlichen Haarverlust hinausgehender Haarverlust krankheitswertig sein, im Falle eines über 70 Jahre alten Mannes hat das Bundessozialgericht allerdings das Vorliegen einer Krankheit unter Berücksichtigung der Gesamtumstände verneint *(BSG, NZS 2015, 662 ff.)*. Vor dem Hintergrund dieser Kasuistik erscheint im Hinblick auf Kopfhaarlosigkeit eine Verallgemeinerung kaum möglich. Es ist daher der jeweilige Einzelfall zu betrachten. Ungeachtet dessen kann bei Vorliegen von Schönheitsfehlern ggf. eine psychische Störung eintreten, die ihrerseits eine Krankheit darstellen kann *(vgl. BSGE 72, 96 ff.)*.

104

57. Die 22-jährige N ist seit Kurzem in einer Werbeagentur angestellt. Im Rahmen dieser Anstellung muss N auch Öffentlichkeitsarbeit tätigen. N hat schon immer eine außergewöhnlich unterentwickelte weibliche Brust gehabt und hieran auch gelitten. Körperliche Funktionen sind hierbei jedoch nicht beeinträchtigt. Trotzdem möchte N, insbesondere aufgrund ihres neuen Berufes, eine operative Vergrößerung ihrer Brust vornehmen lassen. Hat N einen Anspruch auf Vornahme des operativen Eingriffs gegen ihre Krankenkasse? (angelehnt an BSGE 93, 252 ff.)

N könnte einen Anspruch auf Durchführung des operativen Eingriffs im Rahmen einer Krankenbehandlung nach § 27 Abs. 1 SGB V haben. N gehört als Beschäftigte zum versicherten Personenkreis (vgl. § 5 Abs. 1 Nr. 1 SGB V). Es müsste außerdem der Versicherungsfall der Krankheit vorliegen. Dabei ist unter Krankheit jeder regelwidrige Körper- oder Geisteszustand zu verstehen, der zur Behandlungsbedürftigkeit oder zur Arbeitsunfähigkeit führt (vgl. Nr. 54). Bezugspunkt für die Beurteilung der Regelwidrigkeit ist im Rahmen dieses normativen (vgl. Nr. 55) Krankheitsbegriffes das Leitbild des gesunden Menschen. N hat eine besonders schwach ausgebildete weibliche Brust. Dies stellt durchaus eine Abweichung vom normalen, weiblichen Menschen in ihrem Alter dar. Allerdings ist hier fraglich, ob es sich bei dieser Abweichung um eine Krankheit im Sinne des SGB V handelt oder aber lediglich um eine Ausprägung einer bestimmten körperlichen Erscheinungsform, die sich noch innerhalb der normalen Variationsbreite des Menschen bewegt, anders gesagt, um einen bloßen Schönheitsfehler.

105

Eine derartige ungewöhnliche Ausprägungsform ist nicht als Krankheit zu beurteilen, wenn mit ihr nicht erhebliche Einschränkungen der körperlichen Funktionen einhergehen. Dies ist bei der schwach ausgeprägten Brust der N nicht der Fall, insbesondere gibt es keinerlei Anhaltspunkte dafür, dass N im Falle einer Mutterschaft Einschränkungen hinsichtlich des Stillens hinnehmen müsste. Gerade im Hinblick auf die Ausprägung der weiblichen Brust ist zudem eine sehr große Variationsbreite im Erscheinungsbild von Frauen gegeben. Es handelt sich damit um eine Abweichung, die sich noch im Rahmen dieser Variationsbreite bewegt. Eine solche kann höchstens dann als Krankheit eingestuft werden, wenn sie zu einer derartigen Entstellung führt, dass diese in alltäglichen Situationen schon bei flüchtiger Begegnung, dh im Vorbeigehen, bemerkbar ist *(BSGE 93, 252 ff.)*. Dies ist bei N nicht der Fall. Für gewöhnlich liegt das Augenmerk bei flüchtiger Begegnung nicht unbedingt auf der Ausprägung der Brust. Zudem kann N ihren Schönheitsfehler durch das Tragen entsprechender Kleidung kaschieren. Es handelt sich somit nicht um eine Krankheit im Sinne des SGB V und N hat demzufolge keinen Anspruch gegen ihre Krankenkasse auf Durchführung des operativen Eingriffes.

58. Können Sie stichpunktartig und überblicksartig benennen, welche Leistungsarten die Krankenbehandlung umfasst?

106　Die Leistungsarten in der gesetzlichen Krankenversicherung orientieren sich vor allem daran, inwieweit eine etwaige Behandlung bzw. Versorgung notwendig ist, um Krankheiten zu erkennen, zu heilen, zu verhüten oder zu lindern (vgl. § 27 Abs. 1 S. 1 SGB V). Die Leistungsarten der Krankenbehandlung sind überblicksartig in § 27 Abs. 1 S. 2 SGB V geregelt und umfassen: ärztliche Behandlung einschließlich Psychotherapie als ärztliche und psychotherapeutische Behandlung (Nr. 1), zahnärztliche Behandlung (Nr. 2), die Versorgung mit Zahnersatz einschließlich Zahnkronen und Suprakonstruktionen (Nr. 2a), die Versorgung mit Arznei-, Heil-, Verband- und Hilfsmitteln (Nr. 3), häusliche Krankenpflege und Haushaltshilfe (Nr. 4), Krankenhausbehandlung (Nr. 5) sowie Leistungen zur medizinischen Rehabilitation und ergänzende Leistungen (Nr. 6). Näher konkretisiert werden diese Leistungsarten in den §§ 28 ff. SGB V. Zudem enthält § 27a SGB V die an die dortigen Voraussetzungen geknüpften Leistungen zur Herbeiführung einer Schwangerschaft.

59. Die 30-jährige K ist seit sieben Jahren sozialversicherungspflichtig als Arbeitnehmerin bei U beschäftigt, als sie plötzlich an heftigen Rückenschmerzen leidet, so dass sie während der Dauer ihres Arbeitstages nur noch unter starken Schmerzen an ihrem Arbeitsplatz sitzen kann. Eine Besserung ihres Gesundheitszustandes ist vorerst nicht zu erwarten. Hat K einen Anspruch auf ärztliche Behandlung?

107　K könnte einen Anspruch auf Krankenbehandlung gem. § 27 Abs. 1 S. 1, 2 Nr. 1 iVm § 28 SGB V haben. Dazu müsste sie zunächst zum versicherten Personenkreis gehören. K ist bei U als Arbeitnehmerin beschäftigt und damit nach § 5 Abs. 1 Nr. 1 SGB V in der gesetzlichen Krankenversicherung versichert. Des Weiteren müsste der Versicherungsfall der Krankheit eingetreten sein (vgl. § 27 Abs. 1 S. 1 SGB V). Unter Krankheit ist jeder regelwidrige Körper- oder Geisteszustand zu verstehen, der zur Behandlungsbedürftigkeit und/oder Arbeitsunfähigkeit führt. Die Regelwidrigkeit bemisst sich hierbei nach dem Leitbild des gesunden Menschen. K leidet an heftigen Rückenschmerzen und kann deswegen kaum sitzen. Dieser körperliche Zustand entspricht nicht dem Leitbild des gesunden Menschen, ist also regelwidrig in diesem Sinne. Er müsste außerdem zur Behandlungsbedürftigkeit und/oder Arbeitsunfähigkeit der K führen. Vorliegend kommt Behandlungsbedürftigkeit in Betracht. Diese ist gegeben, wenn durch den regelwidrigen Gesundheitszustand die körperlichen (oder psychischen) Funktionen derart beeinträchtigt sind, dass zu ihrer Wiederherstellung ärztliche Hilfe erforderlich ist *(vgl. BSGE 26, 240 ff.).* K kann nur unter starken Schmerzen sitzen und es ist nicht absehbar, dass eine Besserung ihres Zustandes von selbst eintreten wird, so dass zur Wiederherstellung ihrer Gesundheit ärztliche Hilfe notwendig ist und demzufolge ist auch die Behandlungsbedürftigkeit gegeben. Somit ist der Versicherungsfall der Krankheit bei K gegeben. Gem. § 27 Abs. 1 S. 1 SGB V müsste letztlich die Krankenbehandlung notwendig sein, um die Krankheit zu erkennen, zu heilen, ihre Verschlimmerung zu verhüten oder ihre Beschwerden zu lindern. Bei K muss zunächst eine Diagnose erstellt werden, so dass eine Behandlung im weiteren Verlauf ermöglicht wird. K hat demnach einen Anspruch auf Krankenbehandlung gem. §§ 27 Abs. 1 S. 2 Nr. 1, 28 SGB V, die mit einer Diagnostizierung beginnt.

60. Gegen wen besteht der Anspruch der K in Nr. 59?

Der Anspruch der K auf Krankenbehandlung besteht gegen ihre Krankenkasse als zuständigen Leistungsträger. Die Krankenkasse bedient sich zur Erfüllung dieses Anspruchs aber der entsprechenden Leistungserbringer, also im vorliegenden Fall des Vertragsarztes.

61. Können Sie umschreiben, wem unter welchen Voraussetzungen ein Anspruch auf Krankengeld zusteht und wie sich das Krankengeld im Hinblick auf Dauer und Höhe bemisst?

Einen Anspruch auf Krankengeld haben gem. § 44 Abs. 1 SGB V Versicherte, wenn der Versicherungsfall der Krankheit eingetreten ist und der Versicherte aufgrund der Krankheit arbeitsunfähig ist oder eine stationäre Aufnahme in einem Krankenhaus oder Teilnahme an einer Leistung der medizinischen Rehabilitation vorliegt. Voraussetzung für die Entstehung des Anspruchs ist dabei auch ein Kausalzusammenhang zwischen der Krankheit und der Arbeitsunfähigkeit. Außerdem darf kein Ausschluss des Anspruchs nach § 44 Abs. 2 SGB V vorliegen. So sind zB gem. § 44 Abs. 2 SGB V Versicherte nach § 10 SGB V vom Kreis der Anspruchsberechtigten ausgeschlossen, lediglich der Stammversicherte (näher zum Begriff des Stammversicherten in der Familienversicherung Nr. 49) hat einen Anspruch auf Krankengeld (vgl. § 44 Abs. 2 S. 1 Nr. 1 SGB V).

Die Höhe des Krankengeldes beträgt gem. § 47 Abs. 1 S. 1 SGB V im Regelfall 70 vom Hundert des Regelentgelts. Hinsichtlich der Dauer des Krankengeldanspruchs gilt, dass dieser zunächst ohne zeitliche Begrenzung besteht, eine Höchstdauer ist allerdings festgelegt, wenn das Krankengeld aufgrund derselben Krankheit gewährt wird und beträgt in dem Fall 78 Wochen (vgl. § 48 Abs. 1 S. 1 SGB V).

Außerdem kann der Anspruch gem. § 49 SGB V ruhen, etwa wenn der Versicherte über § 3 Abs. 1 EFZG Entgeltfortzahlung von seinem Arbeitgeber erhält (§ 49 Abs. 1 Nr. 1 SGB V).

62. Fortführung (Nr. 59): Bei K wird im Zuge der ärztlichen Behandlung zunächst eine Fehlstellung der Wirbelsäule diagnostiziert und K wird physiotherapeutisch sowie mit Schmerzmitteln gegen die akuten Schmerzzustände behandelt. Trotz der Behandlung verbessert sich ihr Zustand nicht, sondern es tritt im Gegenteil eine weitere Verschlimmerung ein und K kann nun plötzlich aufgrund der starken Schmerzen gar nicht mehr arbeiten. Sie erhält von U Entgeltfortzahlung gem. § 3 Abs. 1 EFZG. Hat K, direkt nachdem sie ihre Arbeit ruhen lassen muss, einen Anspruch auf eine Geldleistung nach dem SGB V?

112 In Betracht kommt ein Anspruch der K auf Zahlung von Krankengeld gem. § 44 Abs. 1 SGB V. Die erforderliche Versicherteneigenschaft der K liegt wie im Ausgangsfall vor. Ebenso ist der Versicherungsfall der Krankheit bei K gegeben. Für einen Anspruch auf Krankengeld ist gem. § 44 Abs. 1 SGB V allerdings erforderlich, dass die Krankheit zur Arbeitsunfähigkeit führt (oder eine stationäre Behandlung im Sinne des § 44 Abs. 1 am Ende SGB V vorliegt). K kann wegen der eingetretenen Verschlimmerung ihres Gesundheitszustandes und vor allem wegen der starken Schmerzen inzwischen gar nicht mehr arbeiten, so dass eine Arbeitsunfähigkeit infolge der Krankheit gegeben ist. Damit liegen die Voraussetzungen für den Anspruch auf Krankengeld gem. § 44 Abs. 1 SGB V dem Grunde nach vor.

113 Der Krankengeldanspruch könnte allerdings gem. § 49 Abs. 1 Nr. 1 SGB V ruhen. Gem. § 49 Abs. 1 Nr. 1 SGB V ruht der Krankengeldanspruch, soweit und solange Versicherte beitragspflichtiges Arbeitsentgelt oder -einkommen erhalten. K ist Versicherte. Sie ist zwar nicht arbeitsfähig, erhält allerdings von U Entgeltfortzahlung gem. § 3 Abs. 1 EFZG. Gem. § 14 Abs. 1 S. 1 SGB IV sind Arbeitsentgelt alle laufenden oder einmaligen Einnahmen aus einer Beschäftigung, gleichgültig, ob ein Rechtsanspruch auf die Einnahmen besteht, unter welcher Bezeichnung oder in welcher Form sie geleistet werden und ob sie unmittelbar aus der Beschäftigung oder im Zusammenhang mit ihr erzielt werden. Die Entgeltfortzahlung, die K von U erhält, stellt eine solche Einnahme aus ihrer Beschäftigung bei U dar. Nach dem Wortlaut von § 49 Abs. 1 Nr. 1 SGB V ist es unerheblich, ob der Anspruch gem. § 3 Abs. 1 EFZG besteht, sondern es kommt maßgeblich darauf an, ob der Versicherte die Entgeltfortzahlung tatsächlich erhält. Dies ist bei K der Fall. Demzufolge besteht der Anspruch der K gegen ihre Krankenkasse auf Zahlung von Krankengeld gem. § 44 Abs. 1 SGB V, er ruht aber soweit und solange sie Entgeltfortzahlung von U erhält.

63. Fortführung (Nr. 62): Trotz zunächst positiver Prognose ihres Arztes verbessert sich der Gesundheitszustand der K in der folgenden Zeit nicht. Nach sechs Wochen stellt U die Zahlungen ein. Welche Ansprüche hat K gegen Sozialleistungsträger?

114 In dem geschilderten Szenario hat K einen Anspruch gegen ihre Krankenkasse auf Zahlung von Krankengeld nach § 44 Abs. 1 SGB V, da die Anspruchsvoraussetzungen des § 44 Abs. 1 SGB V wie im fortgeführten Fall (Nr. 62) vorliegen. Nun erhält K von U kein Arbeitsentgelt im Wege der Entgeltfortzahlung, so dass ein Ruhenstatbestand nach § 49 Abs. 1 Nr. 1 SGB V für den vorliegenden Fall nicht gegeben ist. K hat einen Anspruch auf Zahlung von Krankengeld gem. § 44 Abs. 1 SGB V.

64. Fortführung (Nr. 63): Der Gesundheitszustand der K verbessert sich auch im Weiteren nicht. K kann mittlerweile fast gar nicht mehr sitzen und muss zudem ständig ihre Körperhaltung verändern, insbesondere muss sie sich oftmals hinlegen. Nachdem K nun 70 Wochen wegen der Krankheit nicht gearbeitet hat, fragt sie sich, wie lange ihr das Krankengeld noch gezahlt werden wird und welche sozialversicherungsrechtlichen Leistungen sie ggf. nach Ende des Krankengeldanspruchs bekommen kann?

Dem Grunde nach liegen die Voraussetzungen für einen Anspruch der K auf Zahlung von Krankengeld wie im vorangegangenen Fall auch nach 70 Wochen noch vor. Die Dauer des Krankengeldanspruchs bemisst sich allerdings nach § 48 SGB V und ist für den Fall der Arbeitsunfähigkeit wegen derselben Krankheit zeitlich befristet. Nach § 48 Abs. 1 S. 1 SGB V besteht der Anspruch höchstens für die Dauer von 78 Wochen. K leidet die ganze Zeit über an den Folgen und Begleiterscheinungen der Wirbelsäulenfehlstellung und diese sind ausschließliche Ursache der Arbeitsunfähigkeit der K. Demzufolge greift für K die zeitliche Befristung des § 48 Abs. 1 S. 1 SGB V. Es sind bereits 70 Wochen vergangen, der Anspruch besteht also noch für die Dauer weiterer acht Wochen. Danach hat K keinen Anspruch mehr gem. § 44 Abs. 1 SGB V.

115

Sie könnte dann aber einen Anspruch auf eine Rentenleistung nach Maßgabe des SGB VI haben. In Betracht kommt eine Rente wegen voller Erwerbsminderung nach § 43 Abs. 2 SGB VI. Dazu müsste K zunächst zum versicherten Personenkreis der gesetzlichen Rentenversicherung gehören. Dies ist der Fall, K ist als Beschäftigte nach § 1 S. 1 Nr. 1 SGB VI versichert. Weiterhin müsste eine volle Erwerbsminderung bei K eingetreten sein. Nach § 43 Abs. 2 S. 2 SGB VI ist voll erwerbsgemindert, wer wegen Krankheit oder Behinderung auf nicht absehbare Zeit außerstande ist, unter den üblichen Bedingungen des allgemeinen Arbeitsmarktes mindestens drei Stunden täglich erwerbstätig zu sein. K kann nicht mehr sitzen und muss ständig ihre Körperhaltung verändern, insbesondere muss sie sich sehr oft hinlegen. Dies ist mit den üblichen Bedingungen des allgemeinen Arbeitsmarktes nicht vereinbar, so dass K nicht in der Lage ist, unter diesen Bedingungen mindestens drei Stunden erwerbstätig zu sein. Ursache dafür ist ihr Rückenleiden, so dass diese Erwerbsminderung auch wegen Krankheit vorliegt. K müsste gem. § 43 Abs. 2 S. 1 Nr. 3 SGB VI außerdem die allgemeine Wartezeit erfüllt haben. Diese beträgt nach § 50 Abs. 1 S. 1 Nr. 2 SGB VI fünf Jahre. K hat schon sieben Jahre bei U gearbeitet, die allgemeine Wartezeit ist daher erfüllt. K müsste nach § 43 Abs. 2 S. 1 Nr. 2 SGB VI weiterhin in den letzten fünf Jahren vor Eintritt der Erwerbsminderung drei Jahre Pflichtbeiträge für die versicherte Beschäftigung haben. Wegen der sozialversicherungspflichtigen Beschäftigung der K bei U ist davon auszugehen. Letztlich dürfte K die Regelaltersgrenze noch nicht erreicht haben (vgl. § 43 Abs. 2 S. 1 SGB VI). K war bei Eintritt ihrer Erkrankung 30 Jahre alt, in dem Zeitpunkt, an dem der Anspruch auf Krankengeld nach Maßgabe des SGB V entfällt, ist K demnach 31 oder 32 Jahre alt. Somit hat sie jedenfalls die Regelaltersgrenze nach §§ 35, 235 SGB VI noch nicht erreicht. Sie hat demnach einen Anspruch auf Rente wegen voller Erwerbsminderung nach § 43 Abs. 2 S. 1 SGB VI.

116

65. Können Sie kurz umreißen, inwieweit der sog. Gemeinsame Bundesausschuss mittels Richtlinien (mit-)bestimmt, was zum Leistungsumfang der gesetzlichen Krankenversicherung gehört?

Der Gemeinsame Bundesausschuss (§ 91 SGB V) erlässt Richtlinien, die den Leistungsumfang der gesetzlichen Krankenversicherung konkretisieren (siehe § 92 SGB V). Ziel ist die Sicherung der ärztlichen Versorgung und die Gewährleistung einer ausreichen-

117

den, zweckmäßigen und wirtschaftlichen Versorgung der Versicherten (vgl. § 92 Abs. 1 S. 1, 1. Hs. SGB V). § 92 Abs. 1 S. 2 SGB V zeigt auf, für welche Behandlungsgebiete der Gemeinsame Bundesausschuss diese Richtlinien erlassen soll. Von Bedeutung ist dies insbesondere bei neuen Behandlungsmethoden, denn diese dürfen nur in die vertrags(zahn)ärztliche Behandlung aufgenommen werden, sofern der Gemeinsame Bundesausschuss ihre Anerkennung empfohlen hat (§ 135 Abs. 1 SGB V).

66. Welche Rechtsnatur haben die Richtlinien des Gemeinsamen Bundesausschusses?

118 Die Rechtsnatur dieser Richtlinien des Gemeinsamen Bundesausschusses ist insgesamt umstritten, allerdings stellen die Richtlinien nach heute herrschende Ansicht Rechtsnormen dar (wie auch die gesetzgeberische Wertung in § 92 Abs. 8 SGB V zeigt), die bindend für den Bereich der gesetzlichen Krankenversicherung sind. Aufgrund dieser Bewertung sind die Richtlinien von erheblicher Bedeutung und bestimmen somit gleich einem Gesetz den Leistungsumfang der gesetzlichen Krankenversicherung mit.

67. Wer sind die Leistungserbringer im Recht der gesetzlichen Krankenversicherung? Beschreiben sie in knappen Worten den Mechanismus, mittels dessen die Leistungserbringung in der gesetzlichen Krankenversicherung erfolgt.

119 Der Anspruch eines Versicherten richtet sich in der gesetzlichen Krankenversicherung gegen die Krankenkassen als Träger der gesetzlichen Krankenversicherung. Die Krankenkasse erbringt die Krankenversicherungsleistungen aber nicht selbst, sondern bedient sich sog. Leistungserbringer. Leistungserbringer sind ua Vertragsärzte, Krankenhäuser und andere stationäre Einrichtungen, Physiotherapeuten sowie Apotheken oder Hilfsmittelversorger. Das Leistungserbringungsrecht ist in §§ 69 ff. SGB V normiert. Das Grundprinzip dieses Leistungserbringungsrechts besteht darin, dass die Krankenkassen mit den Leistungserbringern Verträge abschließen. Auf diese Weise ergibt sich insgesamt ein sog. Leistungsdreieck (bei der kassenärztlichen Versorgung aufgrund der zusätzlich eingebundenen kassenärztlichen Vereinigungen sogar ein Leistungsviereck), das aus dem Versicherten, der Krankenkasse und dem jeweiligen Leistungserbringer besteht.

68. B ist bei U sozialversicherungspflichtig beschäftigt. Er ist mit F verheiratet und aus dieser Ehe geht die Tochter T hervor, die derzeit drei Jahre alt ist. T bekommt eine Erkältung und der Kinderarzt verordnet ihr daraufhin ein verschreibungsfreies Medikament zur Linderung der Symptome. Hat T gegen ihre Krankenkasse einen Anspruch auf Versorgung mit dem Medikament?

120 T könnte einen derartigen Anspruch im Rahmen der Versorgung mit einem Heilmittel nach § 32 Abs. 1 S. 1 SGB V haben. Hierfür ist zunächst fraglich, ob T Versicherte in der gesetzlichen Krankenversicherung ist. T könnte nach § 10 SGB V im Rahmen der sog. Familienversicherung in den versicherten Personenkreis einbezogen sein. Hier kommt eine Versicherung der T über den Stammversicherten B in Betracht. B ist als Beschäftigter nach § 5 Abs. 1 Nr. 1 SGB V versichert und die T ist als sein Kind gem. § 10 Abs. 1 S. 1 SGB V versichert. Der Versicherungsfall der Krankheit ist bei T wegen der Erkältung eingetreten, so dass grundsätzlich ein Anspruch auf Krankenbehandlung nach § 27 Abs. 1 S. 1 SGB V besteht. Nach § 27 Abs. 1 S. 2 Nr. 3 iVm § 32 SGB V umfasst dieser auch die Versorgung mit Heilmitteln, soweit kein Ausschluss nach § 34 SGB V vorliegt. Problematisch ist hier, dass es sich um ein verschreibungsfreies Medikament handelt, das gem. § 34 Abs. 1 S. 1 SGB V grundsätzlich von der Versorgung nach § 32 SGB V ausgeschlossen ist. Allerdings ist T drei Jahre alt, dh sie hat das

B. Sozialrechtlicher Fragen- und Fallkatalog

zwölfte Lebensjahr noch nicht vollendet, so dass der Ausschluss von verschreibungsfreien Arzneimitteln von der Heilmittelversorgung gem. § 34 Abs. 1 S. 5 Nr. 1 SGB V für T nicht greift. Damit hat T einen Anspruch auf die Versorgung mit dem Medikament gem. § 32 Abs. 1 S. 1 SGB V.

69. Fortführung (Nr. 68): *Als F mit T einen Spaziergang unternimmt, stürzt F und zieht sich eine erhebliche Verletzung am Rücken zu. F benötigt für eine schnellstmögliche Genesung ein orthopädisches Korsett, um ihren Rücken stabilisieren zu können. Bei Unterbleiben einer derartigen mechanischen Unterstützung durch ein Korsett könnte bei F außerdem eine bleibende Fehlstellung die Folge sein. F, die immer sehr aktiv war und auch keine Zeit in ihrer Kindererziehung verpassen und dafür auch möglichst agil sein möchte, möchte schnellstmöglich ein Korsett, das in gleichgelagerten Fällen für gewöhnlich von der Krankenkasse gewährt wird, bekommen. Sie will sich diesbezüglich vergewissern und fragt bei der Krankenkasse an, ob diese ihr das Korsett beschaffen werde. Dies lehnt die Krankenkasse allerdings ab. F ist frustriert und sieht sich gezwungen, damit sie weiterhin ihrer Erziehungsaufgabe bestmöglich nachkommen kann, das besagte Korsett selbst zu beschaffen. Die Kosten, die F zunächst selbst getragen hat, möchte sie nun von der Krankenkasse ersetzt bekommen. Hat F einen derartigen Anspruch?*

F könnte einen Anspruch gegen ihre Krankenkasse auf Erstattung der Kosten für das Korsett gem. § 13 Abs. 3 S. 1, 2. Alt. SGB V haben, wenn die Krankenkasse eine Leistung für F zu Unrecht abgelehnt hat und der F dadurch für die selbstbeschaffte Leistung Kosten entstanden sind. F gehört gem. § 10 Abs. 1 S. 1 SGB V als Ehegattin des B zum versicherten Personenkreis in der gesetzlichen Krankenversicherung. S hat sich auch das Korsett, also möglicherweise ein Hilfsmittel im Sinne des SGB V, selbst beschafft, wodurch ihr die entsprechenden Kosten entstanden sind. Der Erstattungsanspruch gegen die Krankenkasse besteht allerdings nur, wenn die Krankenkasse die Leistung, also die Beschaffung des Korsetts, zu Unrecht abgelehnt hat. Dies wäre dann der Fall, wenn F einen Anspruch auf die Versorgung mit dem Korsett hatte. Hier kommt ein Anspruch im Rahmen der Krankenbehandlung in Betracht. Mit der Rückenverletzung der F war der Versicherungsfall der Krankheit eingetreten und F war auch zu dem Zeitpunkt in der gesetzlichen Krankenversicherung versichert, so dass ein Anspruch auf Krankenbehandlung grundsätzlich nach § 27 Abs. 1 S. 1 SGB V bestand. Dieser umfasst gem. § 27 Abs. 1 S. 2 Nr. 3 iVm § 33 SGB V auch die Versorgung mit Hilfsmitteln. Gem. § 33 Abs. 1 S. 1 SGB V zählen orthopädische Hilfsmittel grundsätzlich zu den Hilfsmitteln im Sinne des SGB V, so dass das Korsett ein Hilfsmittel ist. Nach § 33 Abs. 1 S. 1 SGB V müsste das Hilfsmittel allerdings auch im Einzelfall erforderlich sein, um den Erfolg der Krankenbehandlung zu sichern, einer drohenden Behinderung vorzubeugen oder eine Behinderung auszugleichen. Bei F kann einerseits durch das Tragen des Korsetts ihre Mobilität im Alltag erhalten bleiben, andererseits wird dadurch auch eine ansonsten möglicherweise eintretende dauerhafte Fehlstellung verhindert. Dementsprechend ist das Korsett erforderlich, um für F den Erfolg der Krankenbehandlung zu sichern. Letztlich handelt es sich bei dem Korsett auch nicht um einen allgemeinen Gebrauchsgegenstand des täglichen Lebens im Sinne des § 33 Abs. 1 S. 1 am Ende SGB V, so dass F einen Anspruch auf die Versorgung mit dem Korsett als zulässigem Hilfsmittel gegen ihre Krankenkasse nach §§ 27 Abs. 1 S. 1, 2 Nr. 3, 33 Abs. 1 S. 1 SGB V hatte. Die Ablehnung dieser Hilfsmittelversorgung durch die Krankenkasse erfolgte damit auch zu Unrecht im Sinne von § 13 Abs. 3 S. 1, 2. Alt. SGB V. Damit hat F einen Anspruch auf Erstattung der Kosten für das selbstbeschaffte Korsett.

121

70. Die sozialversicherungspflichtig Beschäftigte K lässt sich in einem Tattoo-Studio tätowieren. Es kommt hierbei aufgrund einer Unverträglichkeit der K mit der Tätowierungsfarbe zu Komplikationen und K erleidet schwere Entzündungsreaktionen und muss sich einer umfangreichen Heilbehandlung unterziehen. Hat K einen Anspruch auf die entsprechende Heilbehandlung gegen ihre Krankenkasse, die ihrerseits aufgrund des „Mitverschuldens" der K am liebsten gar nicht für die Kosten der Heilbehandlung aufkommen möchte?

122 K könnte einen Anspruch auf Krankenbehandlung gem. § 27 Abs. 1 SGB V haben. Dieser Anspruch besteht für die Versicherte K dem Grunde nach. Allerdings könnte eine Leistungsbeschränkung bei Selbstverschulden gem. § 52 Abs. 2 SGB V gegeben sein. Eine derartige Leistungsbeschränkung greift ein, wenn die Krankheit durch einen der dort genannten Fälle des Selbstverschuldens eingetreten ist. K hat eine Tätowierung vornehmen lassen, die in § 52 Abs. 2 SGB V explizit aufgeführt ist. Zu der Entzündungsreaktion der K kam es gerade durch die Tätowierung, auf die K mit einer Unverträglichkeit reagiert hat. Es liegt damit ein Fall der Leistungsbeschränkung bei Selbstverschulden vor. Nach § 52 Abs. 2 SGB V hat die Krankenkasse K an den Kosten in angemessener Höhe zu beteiligen. Bei dem Normmerkmal „angemessene Höhe" handelt es sich um einen unbestimmten Rechtsbegriff. Ein solcher unbestimmter Rechtsbegriff ist maßgeblich nach dem Sinn und Zweck, den die jeweilige Gesetzesnorm verfolgt, auszufüllen. Sinn und Zweck der Leistungsbeschränkung gem. § 52 Abs. 2 SGB V ist es, die Komplikationsgefahren, die mit den dort umschriebenen Verhaltensweisen einhergehen, nicht alleine bei der Versichertengemeinschaft zu belassen, sondern den jeweils einzelnen Versicherten daran zu beteiligen. Vor diesem Hintergrund ist im Falle der K maßgeblich, wie komplikationsträchtig die verwendete Tätowierungsfarbe ist. Dies kann aufgrund der Sachverhaltsangaben nicht näher beurteilt werden, so dass auch keine eindeutige Aussage dazu möglich ist, wie das Merkmal „angemessene Höhe" im Falle der K auszulegen ist.

71. Abwandlung (Nr. 70): K lässt sich nicht tätowieren, sondern beim Juwelier ein Ohrloch im Ohrläppchen stechen. Auch hierbei kommt es zu Komplikationen mit weitreichenden Folgen. Greift hier ebenso eine Leistungsbeschränkung wegen Selbstverschuldens der K nach § 52 Abs. 2 SGB V ein?

123 In diesem Fall ist problematisch, ob das Ohrlochstechen ein Selbstverschulden im Sinne des § 52 Abs. 2 SGB V darstellen kann. In Betracht zu ziehen ist die Variante des Piercings im Sinne von § 52 Abs. 2, 3. Alt. SGB V. Allerdings ist fraglich, ob das Durchstechen des Ohrläppchens als Piercing eingeordnet werden kann.

124 Legt man § 52 Abs. 2 SGB V dem Wortlaut nach aus, könnte man Piercing definieren als das Durchführen eines (Schmuck-) Gegenstandes durch eine zuvor dafür geschaffene Körperöffnung. Insoweit könnte der Wortlautauslegung nach auch das Ohrlochdurchstechen ein Piercing im Sinne des § 52 Abs. 2 SGB V darstellen. Andererseits ist es so, dass der allgemein übliche Sprachgebrauch dahin geht, dass von „Ohrringen" und nicht etwa von „Ohrpiercings" die Rede ist (anders als bei Bauchnabel-Piercing, Nasen-Piercing etc). Insoweit könnte die Wortlautauslegung auch dagegen sprechen, dass im Falle der K ein Piercing im Sinne von § 52 Abs. 2 SGB V gegeben ist. Letztlich führt somit die Wortlautauslegung zu keinem eindeutigen Ergebnis.

125 Legt man § 52 Abs. 2 SGB V nach seinem Sinn und Zweck aus, so kann man diesen darin sehen, dass der Gesetzgeber besonders gefahrträchtige und zugleich neuartige, noch nicht gesamtgesellschaftlich übliche bzw. akzeptierte Verhaltensweisen in Form

von Leistungsbeschränkungen erfassen möchte. Vor diesem Hintergrund muss man sagen, dass das Tragen „klassischer" Ohrringe seit langem gesellschaftlich weit verbreitet und anerkannt ist. Es entspricht daher nicht dem Sinn und Zweck von § 52 Abs. 2 SGB V, auch einen Ohrring als Piercing zu verstehen.

Legt man § 52 Abs. 2 SGB V weiterhin systematisch aus, so ist er in seiner Gesamtstruktur zu betrachten, dh das Piercing ist im Vergleich zu den übrigen zwei Tatbestandsvarianten der Selbstverschuldensfälle zu sehen. Die übrigen Varianten erfassen Tätowierungen sowie medizinisch nicht indizierte ästhetische Operationen, dh vorwiegend Schönheitsoperationen. Bei diesen handelt es sich im Gegensatz zum Ohrring um weniger gesellschaftlich verbreitete bzw. anerkannte Körpermodifikationen. Hinzu kommt, dass die übrigen Fälle, die von § 52 Abs. 2 SGB V erfasst werden, regelmäßig mit größeren Risiken einhergehen als sie beim Stechen eines Ohrloches gegeben sind. So sind bei Operationen generell viel mehr Komplikationsmöglichkeiten gegeben, etwa allein schon aufgrund der Narkotisierung oder andernfalls örtlichen Betäubung, die hingegen beim Durchstehen des Ohrläppchens nicht erfolgt. 126

Im Ergebnis sprechen daher die besseren Argumente dafür, dass im Falle der K kein Piercing im Sinne von § 52 Abs. 2 SGB V gegeben ist. Es liegt demnach keine Leistungsbeschränkung bei Selbstverschulden vor und K kann die entsprechende Heilbehandlung von ihrer Krankenkasse in Anspruch nehmen *(mit entsprechender Begründung ist auch eine andere Auffassung vertretbar, es kommt hier vor allem auf das Problembewusstsein sowie die Auslegung der unbestimmten Rechtsbegriffe an)*. 127

72. § 52 Abs. 2 SGB V greift mit Piercings, Tätowierungen und medizinisch nicht indizierten ästhetischen Operationen drei konkrete Fallgruppen "selbstgefährdenden Verhaltens" auf, welche zu einer Leistungsbeschränkung in Form von ua einer Kostenbeteiligung führen. Ist das Herausgreifen gerade dieser drei Fallgruppen vor dem Hintergrund des allgemeinen Gleichheitssatzes verfassungsrechtlich gerechtfertigt?

Das Herausgreifen gerade dieser drei genannten Fallgruppen ist zunächst als Ungleichbehandlung einzuordnen gegenüber anderen selbstgefährdenden Verhaltensweisen, beispielsweise andere Körpermodifizierungen. Für die insoweit bestehende Ungleichbehandlung existiert aber ein sachlicher Grund. Bei der ästhetischen Operation, der Tätowierung und dem Piercing handelt es sich um die am häufigsten vorkommenden Erscheinungsformen der Körpermodifikation. Andere mögliche und hiermit vergleichbare Eingriffe, wie etwa das Hinzufügen von Gewebeschnitten (cutting), stellen – nach wie vor – kleinere und damit finanziell für die gesetzliche Krankenversicherung nicht so bedeutsame Randerscheinungen dar und konnten vom Gesetzgeber im Rahmen seines weiten Gestaltungs- und Pauschalierungsspielraums ohne Verstoß gegen den allgemeinen Gleichbehandlungsgrundsatz außer Betracht gelassen werden. Auch die Ungleichbehandlung gegenüber Personen, die sich anderweitig bewusst besonderen gesundheitlichen Risiken ausgesetzt haben, etwa durch den Konsum von Drogen, ungesunde Ernährung oder Extremsport, ist mit Blick auf den weiten Gestaltungsspielraum des Gesetzgebers sachlich gerechtfertigt. Im Unterschied zu dem „abstrakten" Verhalten bei sogenannter risikobehafteter Lebensführung knüpft § 52 Abs. 2 SGB V an konkrete Handlungen an, die individuell zurechenbar sind *(siehe SG Berlin, NZS 2019, 231)*.

VI. Recht der gesetzlichen Pflegeversicherung

73. Was ist unter dem Versicherungsfall der Pflegebedürftigkeit zu verstehen?

128 Der Versicherungsfall der Pflegebedürftigkeit ist in § 14 SGB XI normiert. Gem. § 14 Abs. 1 S. 1 SGB XI sind Personen pflegebedürftig, die gesundheitlich bedingte Beeinträchtigungen der Selbständigkeit oder der Fähigkeiten aufweisen und deshalb der Hilfe durch andere bedürfen. Die Kriterien für das Vorliegen von gesundheitlich bedingten Beeinträchtigungen der Selbstständigkeit oder der Fähigkeiten werden in § 14 Abs. 2 Nr. 1–6 SGB XI näher definiert.

129 Sie sind in die folgenden sechs Bereiche gegliedert: Mobilität, kognitive und kommunikative Fähigkeiten, Verhaltensweisen und psychische Problemlagen, Selbstversorgung, Bewältigung von und selbstständiger Umgang mit krankheits- oder therapiebedingten Anforderungen und Belastungen, Gestaltung des Alltagslebens und sozialer Kontakte. Dabei sind Beeinträchtigungen, die dazu führen, dass die Haushaltsführung nicht oder nicht mehr ohne Hilfe bewältigt werden kann, gem. § 14 Abs. 3 SGB XI innerhalb dieser Bereiche zu berücksichtigen.

74. Das Recht der gesetzlichen Pflegeversicherung unterscheidet Pflegegrade. Können Sie diese Pflegegrade erläutern?

130 § 15 Abs. 3 S. 4 SGB XI nimmt eine Einteilung in fünf Pflegegrade vor. Für diese Einteilung der Pflegebedürftigen in die jeweiligen Pflegegrade sehen die §§ 14, 15 SGB XI ein differenziertes System vor. Es werden dafür die gem. § 14 Abs. 2 Nr. 1-6 SGB XI detaillierten Kriterien zur Ermittlung der gesundheitlich bedingten Beeinträchtigungen der Selbstständigkeit oder der Fähigkeiten mit den dargestellten sechs Bereichen *(siehe dazu bereits Nr. 73)* festgelegt. § 15 Abs. 2 SGB XI nimmt sodann eine Einteilung in Module, die sich an den Kriterien des § 14 Abs. 2 SGB XI orientieren, vor und legt ein Punktesystem dergestalt fest, dass eine Punktevergabe in den Modulen je nach Schwere der Beeinträchtigung erfolgt und die einzelnen Module einer unterschiedlichen Gewichtung bei der Bildung einer Gesamtpunktzahl unterliegen. Anhand der durch dieses System ermittelten Gesamtpunktzahl (vgl. § 15 Abs. 3 S. 3 SGB XI) legt dann § 15 Abs. 3 S. 4 Nr. 1-5 SGB XI die Einteilung in die Pflegegrade 1–5 fest. § 15 Abs. 4-7 SGB XI treffen zudem weitere Sonderregelungen bezüglich etwaiger weiterer zu berücksichtigender Kriterien.

75. Die Pflegegrade sind ein Ergebnis einer grundlegenden Reform des SGB XI. Können Sie diese kurz erläutern und dabei auch auf die zentralen Beweggründe für die Änderungen eingehen? Welche Änderungen ergeben sich durch die Reform im Hinblick auf den Begriff der Pflegebedürftigkeit und die Einteilung der Pflegebedürftigen?

131 Ende 2015 ist das sog. Pflegestärkungsgesetz II verabschiedet worden. Mit ihm gingen Änderungen im SGB XI einher. In weiten Teilen traten die Änderungen aber erst mit Wirkung zum 1.1.2017 in Kraft. Dies betraf auch die Neufassung des Begriffs der Pflegebedürftigkeit sowie die Neuregelung der Pflegegrade. Davor erfolgte eine Einteilung in sog. Pflegestufen. Im Rahmen des alten Pflegebedürftigkeitsbegriffs wurde der Bereich der menschlichen Kommunikation nicht berücksichtigt, es kam insoweit nur auf die Hilfebedürftigkeit im Hinblick auf die Verrichtungen im Ablauf des täglichen Lebens an. Der neue Pflegebedürftigkeitsbegriff erfasst demgegenüber nun auch kognitive Fähigkeiten sowie Beeinträchtigungen im Hinblick auf die Kommunikation im Alltag *(siehe bereits Nr. 73)*. Diese Ausweitung des Pflegebedürftigkeitsbegriffs war eine bewusste Entscheidung des Gesetzgebers, der eine lange Reformdiskussion vorausging.

Nach dem bis Ende 2016 gültigen Pflegebedürftigkeitsbegriff fiel es insbesondere schwer, Demenzkranke als pflegebedürftig einzustufen, was seit langem als verfehlt angesehen wurde. Insgesamt ist das neue System zur Ermittlung der Pflegegrade deutlich differenzierter als das davor maßgebliche Pflegestufensystem.

76. Wie erfolgt in der Praxis die Zuordnung der Pflegebedürftigen in den jeweiligen Pflegegrad?

Ist der Versicherungsfall der Pflegebedürftigkeit eingetreten, so hat der Pflegebedürftige gem. § 33 Abs. 1 S. 1 SGB XI zunächst einen Antrag bei der Pflegekasse auf Leistungen nach Maßgabe des SGB XI zu stellen. Die Pflegekasse beauftragt dann den Medizinischen Dienst der Krankenversicherung, der daraufhin einerseits das Vorliegen der Pflegebedürftigkeit selbst prüft sowie eine Zuordnung des Betroffenen in den entsprechenden Pflegegrad vornimmt (§ 18 Abs. 1 S. 1 SGB XI). Für diese Prüfung haben die Gutachter des Medizinischen Dienstes in der Regel einen Hausbesuch bei dem Betroffenen vorzunehmen (vgl. § 18 Abs. 2 S. 1 SGB XI).

132

77. Wofür ist die Einteilung in Pflegegrade praktisch bedeutsam?

Praktisch bedeutsam ist die Zuordnung des Pflegebedürftigen zu einem Pflegegrad vor allem für den Umfang der Leistungen aus der Pflegeversicherung (vgl. beispielsweise § 36 Abs. 3 Nr. 1-4, § 37 Abs. 1 S. 3 Nr. 1-4, § 41 Abs. 2 S. 2 Nr. 1-4 SGB XI).

133

78. Welche allgemeinen Leistungsgrundsätze der gesetzlichen Pflegeversicherung normieren §§ 2, 3 SGB XI?

§ 2 SGB XI regelt den in der gesetzlichen Pflegeversicherung geltenden Selbstbestimmungsgrundsatz. Demnach sollen die Leistungen der gesetzlichen Pflegeversicherung den Pflegebedürftigen trotz ihres Hilfebedarfs zu einer möglichst selbstständigen und selbstbestimmten Lebensführung verhelfen (vgl. § 2 S. 1 SGB XI). Gem. § 3 S. 1 SGB XI genießen die häusliche Pflege und die Pflegebereitschaft der Angehören und Nachbarn grundsätzlich Vorrang vor der stationären Pflege, gem. § 3 S. 2 SGB XI sind Kurzzeitpflege und teilstationäre Pflege vorrangig vor vollstationärer Pflege. Damit stellt die Regelung des § 3 SGB XI einen allgemeinen Leistungsgrundsatz dar, der das Verhältnis der Leistungsarten des SGB XI regelt. Durch den Vorrang der häuslichen Pflege soll den Pflegebedürftigen möglichst lange ein Leben in ihrem gewohnten Umfeld, dh vor allem zu Hause, ermöglicht werden (vgl. § 3 S. 1 aE SGB XI). Auf diese Weise trägt das Prinzip des Vorrangs der häuslichen Pflege gem. § 3 SGB XI wieder dem Selbstbestimmungsgrundsatz des § 2 SGB XI Rechnung.

134

79. Wie sind die Leistungsgrundsätze der §§ 2, 3 SGB XI im Verhältnis zu den §§ 36 ff. SGB XI zu sehen?

Die Leistungsgrundsätze der §§ 2, 3 SGB XI kommen in den §§ 36 ff. SGB XI zum Ausdruck. Der Gesetzgeber beginnt in den §§ 36 ff. SGB XI mit den Leistungen bei häuslicher Pflege, was man gesetzessystematisch bereits so deuten kann, dass diese Leistungen bewusst an die Spitze gestellt werden. Zudem kommt in den einzelnen Regelungen betreffend die stationären Leistungen die angesprochene „Hierarchie" dieser Leistungen zum Ausdruck. So sind §§ 41 Abs. 1 S. 1, 42 Abs. 1 S. 1 SGB XI jeweils so gefasst, dass die dortigen stationären Leistungen nur dann gewährt werden, wenn häusliche Pflege nicht möglich ist.

135

80. Welche grundlegenden Leistungsarten der gesetzlichen Pflegeversicherung, die gegenüber den Pflegebedürftigen erbracht werden, kann man unterscheiden?

136 Die Leistungsarten sind in den §§ 28 ff. SGB XI geregelt; einen Überblick enthält § 28 Abs. 1 SGB XI. Unterschieden werden kann grundlegend zwischen Leistungen bei häuslicher Pflege gem. §§ 36 ff. SGB XI, Leistungen bei teilstationärer Pflege und Kurzzeitpflege gem. §§ 41, 42 SGB XI, Leistungen bei vollstationärer Pflege gem. § 43 SGB XI, Pflege in vollstationären Einrichtungen der Hilfe für behinderte Menschen gem. § 43 a SGB XI und zusätzlicher Betreuung und Aktivierung in stationären Pflegeeinrichtungen gem. § 43 b SGB XI.

81. Was meint Pflegesachleistung, was Pflegegeld und wie stehen die beiden Begrifflichkeiten im Verhältnis zueinander?

137 Im Rahmen der häuslichen Pflege gibt es im Rahmen der gesetzlichen Pflegeversicherung einerseits die Möglichkeit der Inanspruchnahme einer Pflegesachleistung, andererseits die Möglichkeit, das sog. Pflegegeld zu beziehen. Es besteht hierbei grundsätzlich eine Wahlmöglichkeit des Versicherten (vgl. § 37 Abs. 1 S. 1 SGB XI). Im Rahmen der Pflegesachleistung gem. § 36 SGB XI besteht ein Anspruch unmittelbar auf körperbezogene Pflegemaßnahmen und pflegerische Betreuungsmaßnahmen sowie auf Hilfen bei der Haushaltsführung (§ 36 Abs. 1 S. 1 SGB XI). Der Umfang der zu erbringenden Leistung richtet sich nach der Einteilung in den jeweiligen Pflegegrad, wie § 36 Abs. 3 SGB XI zeigt. Bei der Beziehung von Pflegegeld nach § 37 SGB XI hat der Pflegebedürftige die Möglichkeit, sich die erforderliche Grundpflege selbst zu organisieren, zB durch Angehörige. Das Pflegegeld, das der Pflegebedürftige selbst erhält, soll letzterem die Möglichkeit geben, der pflegenden Person Anerkennung zu leisten. Dies ist auch ein Grund dafür, dass das Pflegegeld gem. § 37 Abs. 1 S. 3 SGB XI niedriger ist als die Pflegesachleistung gem. § 36 Abs. 3 SGB XI. Die Höhe des Pflegegeldes knüpft wiederum an den Pflegegrad des Betroffenen an (vgl. § 37 Abs. 1 S. 3 Nr. 1-4 SGB XI). Der Pflegebedürftige kann die Pflegesachleistung und das Pflegegeld gem. § 38 SGB XI auch miteinander kombinieren, dh er kann jeweils anteilig Pflegesachleistung und Pflegegeld beziehen. Dementsprechend schließen sich Pflegesachleistung und Pflegegeld nicht gegenseitig aus.

82. Sieht das SGB XI auch Leistungen für andere Personen als die Pflegebedürftigen vor?

138 Das SGB XI sieht in den §§ 44-45 SGB XI auch Leistungen für Pflegepersonen vor, dh für die Personen, die die Pflege der Pflegebedürftigen übernehmen. Es handelt sich hierbei zB um Leistungen, die die soziale Sicherung der Pflegeperson selbst zum Gegenstand haben, aber zB auch um Leistungen, die die Qualität der Pflege sichern sollen – so zB durch unentgeltliche Pflegeschulungskurse nach Maßgabe des § 45 SGB XI oder Angebote zur Unterstützung im Alltag gem. § 45 a SGB XI.

83. Schlagwortartig wird mitunter gesagt, die gesetzliche Pflegeversicherung sei keine „Vollkaskoversicherung". Was soll damit zum Ausdruck gebracht werden?

139 Die gesetzliche Pflegeversicherung verfolgt das soziale Anliegen, Pflegebedürftigen Hilfestellungen zu geben, die in erster Linie eine Ergänzung zu selbst organisierter, zB familiärer oder nachbarschaftlicher, Betreuung darstellen sollen. Die Leistungen der gesetzlichen Pflegeversicherung sollen an dieser Stelle unterstützende Wirkung entfalten. Dass die soziale Pflegeversicherung nicht im Sinne einer „Vollkaskoversicherung" jedwede Aufwendungen, die im Zusammenhang mit einer Pflegebedürftigkeit entstehen können, abdecken soll, zeigt sich besonders deutlich bei der Leistungsausgestaltung

von Schwerstpflegebedürftigen (also den Personen des Pflegegrads 5): Selbst für Pflegegrad 5 gelten Leistungsdeckelungen, die sich in Eurobeträgen für die jeweilige einzelne Pflegeleistung ausdrücken. Der insoweit überschießende Pflegeaufwand muss vom Pflegebedürftigen selbst bestritten werden und ist nicht durch das SGB XI abgedeckt.

84. In mancherlei Hinsicht ist das SGB XI mit dem SGB V verzahnt. Können Sie dafür markante Beispiele nennen?

Ein wichtiges Beispiel für die Verzahnung zwischen dem SGB XI und dem SGB V liegt in der Bestimmung des versicherungspflichtigen Personenkreises: Nach § 1 Abs. 2 S. 1 SGB XI sind grundsätzlich alle Personen versicherungspflichtig, die auch in der gesetzlichen Krankenversicherung versichert sind. Darüber hinaus ergibt sich ein markanter Zusammenhang bei der Organisation der Pflegeversicherung: Die Pflegekassen als Träger der Pflegeversicherung (§ 46 Abs. 1 S. 1 SGB XI) sind bei den Krankenkassen zu errichten (§ 46 Abs. 1 S. 2 SGB XI). Es besteht insoweit ein organisatorischer Gleichlauf zwischen Kranken- und Pflegekassen.

140

85. Wie ist das Leistungserbringungsrecht in der gesetzlichen Pflegeversicherung ausgestaltet? Ist es dem Leistungserbringungsrecht in der gesetzlichen Krankenversicherung strukturähnlich?

Das Leistungserbringungsrecht stellt eine weitere strukturelle Gemeinsamkeit des SGB XI mit dem SGB V dar. Vergleichbar dem Leistungserbringungsrecht in der gesetzlichen Krankenversicherung besteht nämlich in der gesetzlichen Pflegeversicherung ein Anspruch des Versicherten im Versicherungsfall gegen die Pflegekasse, die sich zur Erfüllung dieses Anspruchs der Pflegeeinrichtungen bedient (vgl. §§ 69 ff. SGB XI). Die Pflegekassen trifft hier also hinsichtlich der Versorgung der Pflegebedürftigen ein sog. Sicherstellungsauftrag (§ 69 S. 1 SGB XI), dh sie haben die Versorgung der Pflegebedürftigen zu sichern. Erfüllt wird der Anspruch dann durch die Leistungserbringer. Auch hier entsteht also ein Leistungsdreieck ähnlich dem Leistungserbringungsrecht in der gesetzlichen Krankenversicherung *(siehe dazu näher Nr. 67)*. Strukturähnlichkeit ist somit gegeben.

141

VII. Recht der gesetzlichen Unfallversicherung

86. Beschreiben Sie, was unter „echter" und was unter „unechter" Unfallversicherung zu verstehen ist.

Die Begrifflichkeiten der echten und unechten Unfallversicherung tauchen im Gesetzestext des SGB VII nirgends auf. Es handelt sich vielmehr um maßgeblich vom sozialrechtlichen Schrifttum entwickelte Bezeichnungen, die folgende grundlegende Unterschiede kennzeichnen: Die gesetzliche Unfallversicherung ist – historisch bedingt – zunächst darauf ausgerichtet, sozialen Schutz zu gewährleisten, wenn sich ein Arbeitsunfall oder eine Berufskrankheit im Zusammenhang mit einer abhängigen Arbeit ereignet. Auf diesen unfallversicherungsrechtlichen „Normalfall" ist das Unfallversicherungsrecht insoweit zugeschnitten, als dass der Arbeitgeber (der in der unfallversicherungsrechtlichen Terminologie Unternehmer heißt) die Beiträge entrichtet, aus denen dann die Versicherungsleistungen finanziert werden. Die echte Unfallversicherung ist somit kurz gesagt im engeren Wortsinne im Hinblick auf den Finanzierungsmechanismus eine Versicherungsleistung und sie ist zudem bezogen auf die Arbeitstätigkeit.

142

Seit langem und in zahlreichen Einzelschritten ist das Unfallversicherungsrecht aber ausgeweitet worden. Mittlerweile sind auch zahlreiche Personenkreise in den Versiche-

143

rungsschutz einbezogen, bei denen gar keine abhängige Arbeit gegeben ist. Beispiele dafür sind etwa Kinder, Schüler und Studierende während des Besuchs einer Tagedeinrichtung bzw. Schule bzw. Hochschule (vgl. § 2 Abs. 1 Nr. 8 a)-c) SGB VII). Zur Finanzierung ihres Unfallversicherungsschutzes werden von der öffentlichen Hand Steuermittel entrichtet. Dieser mangelnde Bezug zur abhängigen Arbeit und auch die Steuerfinanzierung sind die beiden Kerngesichtspunkte, die aus klassischer Sicht den Unfallversicherungsschutz „unecht" erscheinen lassen. Es sprechen daher gute Gründe dafür, dass die unechte Unfallversicherung im Hinblick auf die sozialrechtliche Binnenstruktur dem Recht der sozialen Entschädigung zuzurechnen ist, obwohl es dem äußeren Anschein nach – weil im SGB VII als einem Sozialversicherungszweig normiert – Sozialversicherungsrecht zu sein scheint.

87. Beschreiben Sie mit wenigen Worten, was unter sog. Haftungsprivilegierungen im SGB VII zu verstehen ist.

144 Haftungsprivilegierungen sind in den §§ 104 ff. SGB VII normiert. Diese Haftungsprivilegierungen erfassen kurz und vergröbert gesagt folgende Grundkonstellation: Wenn bestimmte Personen (insbesondere der Unternehmer und andere im Betrieb tätige Personen, vgl. dazu §§ 104 Abs. 1 S. 1, 105 Abs. 1 S. 1 SGB VII) einen unfallversicherungsrechtlichen Versicherungsfall (Arbeitsunfall oder Berufskrankheit) verursachen, dann haften sie für Personenschäden, die aus diesem Versicherungsfall resultieren, nur eingeschränkt. Diese eingeschränkte Haftung äußert sich vor allem darin, dass grundsätzlich nicht für Fahrlässigkeit, sondern nur für Vorsatz gehaftet wird. Damit wird insbesondere der Haftungsmaßstab des § 276 BGB, der ansonsten gelten würde, modifiziert.

88. Welche Grundgedanken liegen diesem Haftungsprivilegierungssystem zugrunde?

145 Es lassen sich insoweit mehrere Aspekte anführen: Erstens das sog. Finanzierungsargument. Der Unternehmer finanziert durch seine Beiträge die Unfallversicherungsleistungen. Insofern erscheint es stimmig, dass er „dafür" durch § 104 SGB VII haftungsmäßig begünstigt wird, dh nicht neben seiner Beitragslast außerdem noch eine zivilrechtliche Haftungslast zu tragen hat, wenn sich ein Versicherungsfall ereignet. Dieses Finanzierungsargument kann jedoch nur die Haftungsprivilegierung gem. § 104 SGB VII erklären. Es tritt aber zweitens das sog. Betriebsfriedensargument hinzu. Darunter ist zu verstehen, dass der Sinn und Zweck der Haftungsprivilegierungen auch darin zu sehen ist, dass Streitigkeiten innerhalb eines Betriebes wegen Geltendmachung zivilrechtlicher Schadensersatzansprüche der Kollegen untereinander vermieden werden sollen. Der Betriebs- und Kollegenbegriff ist insoweit weit zu verstehen und erfasst zB auch Hochschulen und die dortigen Studierenden. So erklären sich dann auch die Haftungsprivilegierungen gem. §§ 105, 106 SGB VII. Drittens kommt auch noch ein sog. Liquiditätsargument hinzu. Dadurch, dass der Geschädigte sich an den Unfallversicherungsträger und daneben im Grundsatz nicht auch noch an den Unfallverursacher halten kann, erhält er einen solventen Anspruchsgegner. Gerade der Arbeitsunfall und die Berufskrankheit können hohe Schadenskosten nach sich ziehen, so dass oftmals fraglich wäre, ob diese Folgen von Anspruchsgegnern nach Maßgabe des Bürgerlichen Gesetzbuchs getragen werden könnten.

89. Ist es denn dann vor dem Hintergrund des in Nr. 88 Ausgeführten stets so, dass der Schädiger – salopp formuliert – „fein raus ist", dh in keiner Form einem Haftungsrisiko ausgesetzt ist?

Nein. Nach Maßgabe von § 110 SGB VII kann es sein, dass der leistungsverpflichtete Unfallversicherungsträger seinerseits beim Schädiger Regress nehmen kann. Dies ist aber nur unter den eingeschränkten Voraussetzungen des § 110 SGB VII möglich. Selbst wenn dieser Regress erfolgt, bleibt es aber bei dem, was unter Nr. 88 ausgeführt wurde: Der Geschädigte kann sich – wenn die Haftungsprivilegierung greift – nicht direkt an den Schädiger halten.

146

90. Der bei dem Unternehmer U im Gastronomiebereich beschäftigte A erleidet während der Arbeitszeit, als er für einen Gast einen Milchkaffee mit der dafür vorgesehenen Maschine herstellen möchte, heftige Verbrennungen aufgrund austretenden heißen Wasserdampfes. Das Austreten des Wasserdampfes beruht auf einem Defekt der Maschine, der durch eine nicht ordnungsgemäße Handhabung seines Arbeitskollegen K verursacht wurde, wobei K leicht fahrlässig handelte. Hat A wegen seiner Verbrennungen einen Anspruch gegen K?

In Betracht kommt ein Anspruch des A gegen K nach § 823 Abs. 1 BGB. Dafür müsste zunächst eine Handlung des K vorliegen. K hat die Maschine nicht ordnungsgemäß bedient, dabei hat er den Defekt verursacht, eine Handlung seitens des K liegt damit vor. Weiterhin müsste eine Rechtsgutsverletzung an einem Rechtsgut im Sinne des § 823 Abs. 1 BGB vorliegen. Hier hat A Verbrennungen erlitten, also einen Gesundheitsschaden davongetragen, somit ist eine Rechtsgutsverletzung am Leib des A eingetreten. Diese beruht auch kausal auf der Handlung, dh der nicht ordnungsgemäßen Bedienung der Maschine durch K (haftungsbegründende Kausalität). Ein Anspruch gem. § 823 Abs. 1 BGB setzt grundsätzlich Vorsatz oder Fahrlässigkeit des Schädigers voraus (§ 276 Abs. 1 BGB). Es könnte aber ein anderer Haftungsmaßstab gem. § 105 Abs. 1 S. 1 SGB VII gelten. Gem. § 105 Abs. 1 S. 1 SGB VII sind Personen, die durch eine betriebliche Tätigkeit einen Versicherungsfall von Versicherten desselben Betriebes verursachen, diesen zum Ersatz des Personenschadens nach anderen gesetzlichen Vorschriften nur im Falle einer vorsätzlichen Verursachung oder bei Verursachung auf einem gem. § 8 Abs. 2 Nr. 1-4 SGB VII versicherten Weg verpflichtet. Damit die Haftungsprivilegierung auf den vorliegenden Fall durchgreift, müsste die Verletzung des A zunächst auf einen durch K verursachten Versicherungsfall im Sinne des SGB VII zurückzuführen sein. Vorliegend kommt ein Arbeitsunfall nach §§ 7 Abs. 1, 8 Abs. 1 SGB VII in Betracht. Das Verbrühen des A infolge des austretenden Wasserdampfes stellt einen Unfall nach § 8 Abs. 1 S. 2 SGB VII dar. Dieser ereignete sich auch bei der Tätigkeit des A in der Gastronomie, also der versicherten Tätigkeit. Auch die konkrete unfallverursachende Handlung des A, nämlich das Bedienen der Kaffeemaschine, ist dieser Tätigkeit zuzurechnen, so dass der Unfall sich auch infolge der versicherten Tätigkeit ereignete. Durch die nicht ordnungsgemäße Handhabung der Maschine hat K zudem den Defekt und damit auch den Arbeitsunfall des A verursacht. Es handelt sich bei K und A ferner um Kollegen, so dass A Versicherter desselben Betriebes ist. Schließlich stellt der Schadensersatzanspruch gem. § 823 Abs. 1 BGB einen Anspruch nach anderen gesetzlichen Vorschriften im Sinne von § 105 Abs. 1 S. 1 SGB VII dar. Demnach haftet K gem. § 105 Abs. 1 S. 1 SGB VII dem A nach Maßgabe des § 823 Abs. 1 BGB nur für Vorsatz (ein Wegeunfall im Sinne des § 105 Abs. 1 S. 1 SGB VII kommt nicht in Betracht). K hat jedoch den Defekt der Maschine nur durch leicht

147

fahrlässiges Handeln verursacht. Demzufolge ist seine Haftung nach § 823 Abs. 1 BGB gegenüber A ausgeschlossen. A stehen gegen K keine Ansprüche zu.

91. Was ist unter der sog. „Wie-Beschäftigung" im Recht der gesetzlichen Unfallversicherung zu verstehen und unter welchen Voraussetzungen ist sie gegeben?

148 Die sog. „Wie-Beschäftigten" sind die gem. § 2 Abs. 2 SGB VII versicherten Personen, die wie Versicherte gem. § 2 Abs. 1 Nr. 1 SGB VII, also wie Beschäftigte, tätig werden. Damit diese sog. „Wie-Beschäftigung" nach § 2 Abs. 2 SGB VII bejaht werden kann, müssen allerdings die folgenden vier von der Rechtsprechung *(siehe BSGE 5, 168 ff.)* entwickelten Voraussetzungen erfüllt sein: Es muss sich erstens um eine ernstliche, einem fremden Unternehmen dienende Tätigkeit handeln; diese muss zweitens mit dem (wirklichen oder mutmaßlichen) Willen des Unternehmers übereinstimmen; die Tätigkeit muss drittens ihrer Art nach von Personen verrichtet werden können, die in einem Beschäftigungsverhältnis stehen; sie muss viertens unter Umständen erfolgen, die einer Tätigkeit aufgrund eines Beschäftigungsverhältnisses ähnlich sind.

92. Bauer B fährt mit seiner Ehefrau für zwei Wochen in den Urlaub. Er hat mit seinem Schwager S vereinbart, dass dieser sich während dieser Zeit um seinen Hof kümmert, dh insbesondere die vorhandenen Tiere versorgt. S hält sich an die Vereinbarung. Ist S während der Verrichtung dieser Tätigkeiten in der gesetzlichen Unfallversicherung versichert? (angelehnt an BSG, SGb 1979, 435 ff.)

149 In Erwägung zu ziehen ist zunächst eine Versicherung des S als Beschäftigter nach § 2 Abs. 1 Nr. 1 SGB VII iVm § 7 SGB IV. Beschäftigung in diesem Sinne ist die nichtselbstständige Arbeit, insbesondere in einem Arbeitsverhältnis. Ein Arbeitsverhältnis ist vorliegend nicht gegeben: Es handelt sich bei dem verwandtschaftlichen Dienst, den S für B vornimmt, um eine Gefälligkeit, so dass mangels Rechtsbindungswillen keine dementsprechenden Willenserklärungen vorliegen, die auf die Entstehung eines Arbeitsverhältnisses gerichtet sind. Ein Beschäftigungsverhältnis im genannten Sinne liegt vor bei einer Eingliederung in die Organisation des Betriebes sowie beim Vorliegen einer persönlichen Abhängigkeit in dem Sinne, dass der Beschäftigte einem Weisungsrecht unterworfen ist (vgl. § 7 Abs. 1 S. 2 SGB IV). Dies trifft auf S gerade nicht zu, da er durch das Versorgen des Hofes nicht in die Betriebsorganisation des B eingegliedert ist, sondern die Tierversorgung während des Urlaubs seines Schwagers selbstständig organisiert. Er unterliegt auch hinsichtlich der Art und Zeit der Versorgung des Hofes nicht den Weisungen des B, sondern es steht im vielmehr frei, wie und wann er für den Hof sorgt. Es liegt also keine Beschäftigung vor, so dass S nicht gem. § 2 Abs. 1 Nr. 1 SGB VII iVm § 7 SGB IV versichert ist.

150 S könnte aber gem. § 2 Abs. 2 SGB VII als sog. „Wie-Beschäftigter" versichert sein. Dies erfordert, dass es sich um eine einem fremden Unternehmen dienende Tätigkeit handelt. S versorgt den Hof des B, damit dient er dem Unternehmen (Hof), indem er den Betrieb des Hofes aufrechterhält. Außerdem müsste das Tätigwerden des S mit dem wirklichen oder mutmaßlichen Willen des B übereinstimmen. B hat mit S dessen Tätigwerden vereinbart. Es entspricht somit dem wirklichen Willen des B. Die von S verrichtete Tätigkeit könnte auch ihrer Art nach von Personen verrichtet werden, die in einem Beschäftigungsverhältnis stehen, etwa von in der Land- und Viehwirtschaft Angestellten. Auch erfolgte die Tätigkeit unter Umständen, die einer Tätigkeit aufgrund eines Beschäftigungsverhältnisses ähnlich sind, denn wäre S als Angestellter am

Hofe tätig, würde er unter denselben Umständen die entsprechenden Arbeiten verrichten. S ist damit als „Wie-Beschäftigter" versichert gem. § 2 Abs. 2 SGB VII.

93. Beschreiben Sie, inwieweit das Recht der gesetzlichen Unfallversicherung Präventionsleistungen enthält.

§ 1 Nr. 1 SGB VII stellt die Prävention im Rahmen der gesetzlichen Unfallversicherung in den Vordergrund. Danach ist vorrangig das Eintreten von Versicherungsfällen (Arbeitsunfällen und Berufskrankheiten) zu verhüten. Die §§ 14 ff. SGB VII regeln die einzelnen Leistungen der Prävention. Dabei sind insbesondere die Unfallverhütungsvorschriften zu nennen, die von den Unfallversicherungsträgern als autonomes Satzungsrecht erlassen werden können (vgl. § 15 SGB VII). Durch diese Unfallverhütungsvorschriften soll gesichert werden, dass die Prävention sachnah und individuell in der jeweiligen Branche geregelt werden kann. 151

94. In welchem Verhältnis stehen diese Präventionsleistungen des SGB VII zu arbeitsrechtlichen Schutzvorschriften?

Arbeitsrechtliche Schutzvorschriften (insbesondere die des Arbeitsschutzgesetzes) stehen neben den unfallversicherungsrechtlichen Präventionsvorschriften, dh sie ergänzen sich einander. 152

95. Welches sind die beiden Versicherungsfälle der gesetzlichen Unfallversicherung?

Die zwei Versicherungsfälle der gesetzlichen Unfallversicherung sind gem. § 7 Abs. 1 SGB VII der Arbeitsunfall (§ 8 SGB VII) und die Berufskrankheit (§ 9 SGB VII). 153

96. Benennen Sie überblicksartig in Form von anerkannten Prüfungsschritten die Voraussetzungen für das Vorliegen eines Arbeitsunfalls.

Voraussetzung für das Vorliegen eines Arbeitsunfalls nach § 8 SGB VII ist erstens ein Unfallereignis im Sinne des § 8 Abs. 1 S. 2 SGB VII, also ein von außen auf den Körper einwirkendes Ereignis, das zum Gesundheitsschaden oder zum Tod führt. Dieses muss sich zweitens bei einer versicherten Tätigkeit ereignet haben. Erforderlich ist hierfür nach der Rechtsprechung *(BSGE 58, 76 ff.; 61, 127 ff.)* ein sog. innerer Zusammenhang zwischen der zum Unfall führenden Verhaltensweise und der versicherten Tätigkeit. Weiterhin muss drittens der Unfall auf die versicherte Tätigkeit zurückzuführen sein, es muss also ein Kausalzusammenhang bestehen. Viertens muss der Arbeitsunfall ursächlich für den geltend gemachten Körperschäden sein. Die genannten Kausalitätserfordernisse ergeben sich aus dem Wortlaut des § 8 Abs. 1 S. 1 SGB VII, in dem es „infolge" heißt. 154

97. Was ist unter einem Wegeunfall im Recht der gesetzlichen Unfallversicherung zu verstehen und in welchem Verhältnis steht der Wegeunfall zum Arbeitsunfall?

Der sog. Wegeunfall nach § 8 Abs. 2 Nr. 1-4 SGB VII ist ein Unterfall des Arbeitsunfalls. Gem. § 8 Abs. 2 Nr. 1 SGB VII ist auch das Zurücklegen des mit der versicherten Tätigkeit zusammenhängenden unmittelbaren Weges nach und von dem Ort der Tätigkeit versichert. Es geht hier hauptsächlich um den Weg von der Wohnung zur Arbeitsstätte bzw. um den umgekehrten Weg (dh von der Arbeitsstätte zur Wohnung). § 8 Abs. 2 Nr. 2-4 SGB VII zählen darüber hinaus weitere versicherte Wege auf. Bei diesen handelt es sich um speziellere Wege, etwa um den vom unmittelbaren Wege abweichenden Weg nach und von dem Ort der Tätigkeit, um mit anderen Berufstätigen oder 155

Versicherten ein Fahrzeug zu nutzen (§ 8 Abs. 2 Nr. 2 b) SGB VII). § 8 Abs. 2 Nr. 1 SGB VII regelt also gewissermaßen den „Kernfall" des Wegeunfalls.

156 Abzugrenzen ist der Wegeunfall von Unfällen, die sich auf sog. Betriebswegen ereignen, also zB im Zusammenhang mit Kundenbesuchen o.ä., die schon der versicherten Tätigkeit an sich zuzuordnen sind und daher einen Arbeitsunfall gem. § 8 Abs. 1 SGB VII darstellen.

98. Was versteht man unter einem sog. dritten Ort?

157 Die Begrifflichkeit des sog. dritten Ortes betrifft den Wegeunfall. Über den Wegeunfall (siehe soeben Nr. 97) wird vor allem das Zurücklegen des Weges von der Wohnung zur Arbeitsstätte sowie der umgekehrte Weg vom Unfallversicherungsschutz erfasst. § 8 Abs. 2 SGB VII knüpft seinem Wortlaut nach allerdings nicht zwingend ausschließlich an diesen Weg an. Anerkannt ist darüber hinaus weiterhin eine Ausdehnung des Versicherungsschutzes dahin gehend, dass eben auch der Weg zu einem dritten Ort versichert ist. Es handelt sich dann typischerweise gerade nicht um den Weg des Versicherten zu oder von seinem häuslichen Wirkungskreis (also zu/von seiner eigenen Wohnung), sondern zB um den Weg zur Wohnung des Partners oder zur Wohnung von Verwandten. Voraussetzung für den Unfallversicherungsschutz auf diesen Wegen ist allerdings, dass ein Aufenthalt von mindestens zwei Stunden an diesem Ort stattfindet *(vgl. BSGE 82, 138 ff.; BSG, NJW 2003, 2044 ff.)* und dass ein wesentlicher Zusammenhang zwischen der Zurücklegung des Weges und der versicherten Tätigkeit besteht und dass ein angemessenes Verhältnis zum üblichen Arbeitsweg besteht, wobei hier die Umstände des Einzelfalles maßgebend sind *(vgl. BSGE 8, 53 ff.; 62, 113 ff.).*

99. A ist bei dem Telekommunikationsunternehmen T beschäftigt und zuständig für die Kundenbetreuung. Er macht sich an einem verschneiten Tag von seinem Arbeitsplatz aus mit seinem PKW auf den Weg in einen nahegelegenen Ortsteil, um den Kunden K zu beraten. Aufgrund der dünnen Schneedecke ist die Straße glatt und als A rechts in eine Seitenstraße abbiegen will, gerät er ins Rutschen und prallt mit einem entgegenkommenden PKW zusammen. Durch den Aufprall erleidet A einen Genickbruch und verstirbt noch am Unfallort. Liegt ein Arbeitsunfall vor?

158 Der Verkehrsunfall, durch den A den Genickbruch erleidet, könnte einen Arbeitsunfall gem. § 8 Abs. 1 SGB VII darstellen, wenn A als versicherte Person einen Unfall gem. § 8 Abs. 1 S. 2 SGB VII bei einer versicherten Tätigkeit erleidet und dieser sich auch infolge der versicherten Tätigkeit ereignet. Als Beschäftigter ist A Versicherter in der gesetzlichen Unfallversicherung (§ 2 Abs. 1 Nr. 1 SGB VII iVm § 7 SGB IV). Der Verkehrsunfall müsste ein Unfall im Sinne des § 8 Abs. 1 S. 2 SGB VII sein, also ein von außen auf den Körper einwirkendes Ereignis, das zu einem Gesundheitsschaden oder zum Tod führt. Durch den Aufprall im Rahmen des Unfalls wirken Kräfte von außen auf den Körper des A ein, diese Krafteinwirkung führt bei A zum Genickbruch und in der Folge zum Tod, ein Unfall liegt mithin vor. Damit es sich um einen Arbeitsunfall handelt, müsste dieser Unfall sich auch bei der Ausübung der versicherten Tätigkeit ereignen. Als sich der Unfall ereignet, befindet sich A nicht an seinem Arbeitsplatz, sondern auf dem Weg zu dem Kunden K. Insofern erscheint zunächst der erforderliche sog. innere Zusammenhang (siehe Nr. 96) problematisch. Dieser erfordert, dass die konkrete unfallbringende Verhaltensweise im Zusammenhang mit der versicherten Tätigkeit steht, dieser also zugerechnet werden kann. A ist gerade mit der Kundenbetreuung des Unternehmens betraut, so dass zu seinen Aufgaben auch das Aufsuchen von

B. Sozialrechtlicher Fragen- und Fallkatalog

Kunden zur Durchführung von Beratungsgesprächen gehört. Dazu muss A zwangsläufig auch den Weg zu den Kunden zurücklegen, so dass es sich bei dem von A zurückgelegten Weg um einen wesentlichen Bestandteil seiner versicherten Tätigkeit handelt. Damit ist der innere Zusammenhang gegeben. Es müsste außerdem die haftungsbegründende Kausalität gegeben sein, dh der Unfall müsste gerade auf die versicherte Tätigkeit zurückzuführen sein in dem Sinne, dass die versicherte Tätigkeit die wesentliche Ursache für dieses Unfallereignis ist. Dies ist vorliegend der Fall, denn A begibt sich nur auf den Weg, um seiner beruflichen Pflicht (Beratung des K) nachzukommen. Die darüber hinaus erforderliche haftungsausfüllende Kausalität, die zwischen dem Unfall und dem Körperschaden bestehen muss, ist ebenfalls gegeben, da es wegen des Aufpralls zur Verletzung bzw. zum Tod des A kommt. Damit liegt ein Arbeitsunfall vor.

100. Abwandlung (Nr. 99): Wie verhält es sich, wenn A nicht beim Abbiegevorgang den Unfall erleidet, sondern unterwegs kurz anhält, um sich an einem Kiosk ein Päckchen Zigaretten und einen Kaffee zu kaufen und anschließend eine kurze Weile mit Kaffee und Zigarette pausiert? Während A sich auf diese Weise die Beine vertritt, rutscht er aus und bricht sich einen Arm.

In diesem Fall stellt der Sturz des A ebenfalls einen Unfall nach § 8 Abs. 1 S. 2 SGB VII dar, fraglich ist aber, ob hier der innere Zusammenhang gegeben ist, dh ob der Unfall sich bei der versicherten Tätigkeit ereignet. Auch wenn der von A zurückgelegte Weg zu dem Kunden grundsätzlich eine versicherte Tätigkeit ist, so müsste aber auch die konkrete unfallbringende Verhaltensweise der versicherten Tätigkeit zuzuordnen sein. Maßgebend ist hier die von der Rechtsprechung *(vgl. BSG, NJW 1998, 3292 ff.)* entwickelte sog. Handlungstendenz des Versicherten, dh vereinfacht formuliert die Motivation des Handelns. Hier hält A an, um Zigaretten und Kaffee zu kaufen und um kurz zu pausieren. Mit diesem Zigarettenkauf verfolgt A ein rein privates Interesse, das mit der versicherten Tätigkeit in keinem Zusammenhang steht und der versicherten Tätigkeit auch nicht dient. Bei rein privatwirtschaftlichen Tätigkeiten besteht kein Versicherungsschutz. Es liegt daher kein Arbeitsunfall vor.

101. Wäre folgende Abwandlung (zu Nr. 99, 100) anders zu beurteilen: A, der seit längerem an Asthma leidet, erleidet nach dem Zigarettenkauf, bedingt durch das anschließende Rauchen, während der Weiterfahrt einen Asthmaanfall. Dadurch reißt er das Lenkrad plötzlich herum, kommt von der Fahrbahn ab und stürzt einen Abhang hinunter, wobei sich sein PKW überschlägt und A sich schwere Verletzungen zuzieht.

Hier ist der innere Zusammenhang fraglich. Als Ursache für den Unfall kommen sowohl das Asthma als auch das Rauchen der Zigarette als auch das Zurücklegen des Weges in Betracht. Bei den beiden erstgenannten Ursachen handelt es sich aber um privatnützige Tätigkeiten bzw. Umstände. Wäre der Unfall auf diese allein zurückzuführen, so entfiele daher mangels inneren Zusammenhangs der Versicherungsschutz und es läge kein Arbeitsunfall vor. Maßgeblich für die Ursächlichkeit ist anerkanntermaßen die Theorie der wesentlichen Bedingung *(siehe BSGE 1, 72 ff.; BSG, NZA 1988, 894 ff.)*. Danach sind nur die Ursachen kausal, die nach der Anschauung des praktischen Lebens die wesentliche Bedeutung für den Eintritt des Erfolges haben. Welcher der drei genannten Ursachen die wesentliche Bedeutung nach der Theorie der wesentlichen Bedingung zukommt, ist fraglich. Würde A nicht an Asthma leiden, wäre es eventuell nicht zu dem Asthmaanfall, der zum unfallauslösenden Herumreißen des Lenkrades führte, gekommen. Andererseits wäre ohne das Rauchen der Zigarette unmittelbar vor Fahrtantritt eventuell der Asthmaanfall unterblieben. Ohne die Autofahrt wäre es aber auch nicht zu dem Unfall gekommen. Insofern bedingen sich die Ursachen wechselseitig. Wäre A allerdings nicht als Autofahrer Teilnehmer im Straßenverkehr gewesen, hätten der Asthmaanfall und die dadurch ausgelöste, reflexartige Armbewegung (hier das Herumreißen des Lenkrades) jedenfalls nicht zu dem Unfall und zu dessen derartig erheblichen Folgen geführt. Das Führen des Fahrzeuges im Straßenverkehr und die damit verbundenen erhöhten Risiken haben somit den Unfallhergang maßgebend beeinflusst, so dass das Zurücklegen des Weges die wesentliche Ursache für den Unfall darstellt. Damit besteht der innere Zusammenhang und es liegt auch hier ein Arbeitsunfall vor *(andere Auffassung mit entsprechender Begründung vertretbar)*.

102. Arbeitnehmerin A nimmt an einer Tagung ihres Arbeitgebers teil. Das Tagungsprogramm beinhaltet betriebsdienliche Programmpunkte und wird vom Arbeitgeber finanziert. Am Ende des Tagungsprogramms ist der Workshop "Fechten" für einen sportlichen und entspannenden Ausklang der Veranstaltung organisiert, an dem A auf freiwilliger Basis teilnimmt. Bei diesem Workshop kommt es zu einem Zusammenstoß und in diesem Zuge zu einer Verletzung der A. Besteht Versicherungsschutz?

161 Es ist fraglich, ob A während des Workshops unfallversichert war, da es sich bei dem Workshop nicht um eine betriebsdienliche Tätigkeit handelte. Der Workshop fand zwar im Rahmen der betrieblichen Tagung statt; allerdings verfolgte der Workshop keinerlei betriebsdienliche Interessen, sondern stand alleine in dem Lichte, den Tagungsteilnehmern einen angenehmen und ausgleichenden Ausklang der Veranstaltung zu ermöglichen. Auch ist er nicht als teambildende Maßnahme anzusehen, da bereits die Teilnahme den Tagungsteilnehmern freigestellt war. Bei der Teilnahme an dem Workshop hat A daher rein privatwirtschaftliche Interessen verfolgt; allein die räumliche und zeitliche Nähe können eine versicherungsdienliche Tätigkeit nicht begründen *(siehe LSG Bayern, NZS 2016, 710; siehe ferner zu ähnlicher Problematik BSG, NZS 2017, 625)*.

103. Arbeitnehmerin A ist im Betrieb des U, der aus drei Abteilungen besteht, beschäftigt. In der Adventszeit ermutigt U die Abteilungsleiter, in ihren Abteilungen während der Kernarbeitszeit eine Weihnachtsfeier zu veranstalten, um den "Teamgeist" in den Abteilungen zu fördern. In der Abteilung der A wird die Weihnachtsfeier in Form eines Kaffeetrinkens mit anschließender Wanderung durchgeführt, wobei alle Beschäftigten der Abteilung sowie die Abteilungsleitung anwesend sind; U ist nicht anwesend. Bei der Wanderung rutscht A aus, stürzt und zieht sich einen Beinbruch zu. Liegt ein Arbeitsunfall vor?

162 A gehört als Beschäftigte zum versicherten Personenkreis; auch handelt es sich bei dem Sturz um ein Unfallereignis im Sinne von § 8 Abs. 1 S. 2 SGB VIII. Fraglich ist aber, ob dieser sich auch im Zusammenhang mit einer versicherten Tätigkeit (sog. innerer Zusammenhang) ereignet hat. Hier ereignete sich der Unfall während der Weihnachtsfeier. Die Weihnachtsfeier fand während der Kernarbeitszeit statt und ihre Veranstaltung war von U selbst angeregt worden, so dass von dessen Billigung auszugehen ist, vielmehr hat U ausdrücklich zu der Feier ermutigt, damit der "Teamgeist" in den Abteilungen des Unternehmens gefördert würde. Somit handelt es sich bei der Weihnachtsfeier um eine betriebliche Veranstaltung und es bestand Versicherungsschutz. Die im Rahmen der Feier durchgeführte Wanderung war auch die wesentliche Ursache für den Sturz der A und dieser führte auch zu der Verletzung in Form des Beinbruchs, welcher behandelt werden muss und daher liegen die erforderlichen Kausalitäten ebenfalls vor. Dass U selbst nicht an der Feier teilgenommen hat, ist angesichts seiner vorherigen

ausdrücklichen Billigung der Veranstaltung unerheblich *(angelehnt an BSG, NZS 2017, 25; siehe zu ähnlicher Problematik weiterhin BSG, NZS 2017, 192).*

104. Der als Tischler bei der Y-GmbH beschäftigte X verlässt am Freitag nach der Arbeit das Betriebsgelände und begibt sich wie üblich mit seinem Fahrrad auf den Weg zu seiner nahe gelegenen Wohnung. Unterwegs kommt X, der sich vor einem plötzlich tieffliegenden Vogel erschreckt, von dem direkt neben der Ortsumgehungsstraße gelegenen Radweg ab und gerät auf die PKW-Fahrbahn. Der Fahrer des mit einer Geschwindigkeit von 70 km/h herannahenden PKW kann so schnell nicht reagieren und erfasst den X, der durch den Aufprall gegen einen nahestehenden Baum geschleudert wird und sofort verstirbt. Handelt es sich bei dem beschriebenen Vorfall um einen Arbeitsunfall?

Es handelt sich um einen Arbeitsunfall, wenn die Voraussetzungen des § 8 Abs. 1 SGB VII gegeben sind. X ist als Beschäftigter versichert, § 2 Abs. 1 Nr. 1 SGB VII iVm § 7 SGB IV. Der beschriebene Vorfall stellt auch einen Unfall im Sinne eines von außen auf den Körper einwirkenden Ereignisses im Sinne des § 8 Abs. 1 S. 2 SGB VII dar. Fraglich ist, ob dieser sich auch bei einer versicherten Tätigkeit ereignet, mithin ob der erforderliche innere Zusammenhang vorliegt. Der X hat seinen Arbeitstag schon beendet und das Betriebsgelände verlassen, so dass er keine versicherte Tätigkeit mehr ausübt, als sich der Unfall ereignet. Ein Arbeitsunfall nach § 8 Abs. 1 SGB VII scheidet damit aus. Es könnte aber ein sog. Wegeunfall als Unterfall des Arbeitsunfalls nach § 8 Abs. 2 SGB VII vorliegen. In Betracht kommt ein Wegeunfall gem. § 8 Abs. 2 S. 1 Nr. 1 SGB VII. Danach ist auch das Zurücklegen des mit der versicherten Tätigkeit zusammenhängenden unmittelbaren Weges nach und von dem Ort der Tätigkeit erfasst, also vor allem der Weg vom Arbeitsplatz zur Wohnung. Der X verlässt das Betriebsgelände und fährt danach auf direktem Wege nach Hause, es handelt sich also um den unmittelbaren Weg von dem Ort seiner versicherten Tätigkeit zu seinem häuslichen Wirkungskreis, so dass das Zurücklegen dieses Weges nach § 8 Abs. 2 S. 1 Nr. 1 SGB VII versichert ist. Der Unfall ereignet sich gerade auf dem zurückgelegten Weg und der Unfall führt auch zu dem Tod des X. Es handelt sich bei dem Vorfall mithin um einen Wegeunfall gem. § 8 Abs. 2 S. 1 Nr. 1 SGB VII.

105. Abwandlung (Nr. 104): Wie wäre der Fall zu bewerten, wenn X nach seiner Arbeitsschicht nicht zu seiner Wohnung, sondern zum Badmintontraining fährt, welches in der gleichen Stadt stattfindet und zweieinhalb Stunden dauert? Für den Weg zur Sporthalle benötigt X 15 statt zehn Minuten, die er für seinen üblichen Heimweg benötigt. Der Unfall ereignet sich auf dem Weg zu der Trainingshalle.

Es ist fraglich, ob es sich um einen versicherten Weg nach § 8 Abs. 2 S. 1 Nr. 1 SGB VII handelt, da sich X nicht auf dem Weg nach Hause, sondern zum Training befindet, als sich der Unfall ereignet. Es könnte sich um den Weg zu einem sog. dritten Ort (siehe Nr. 98) handeln. Dafür dürften der Weg, dh die Entfernung des Weges bzw. die Dauer der Zurücklegung des Weges, im Vergleich zu dem üblichen Weg des X nicht außer Verhältnis stehen und es müsste ein Aufenthalt, der zwei Stunden überschreitet, an dem Ort stattfinden. Das Training, das X besuchen möchte, dauert zweieinhalb Stunden, ein Aufenthalt von der geforderten Dauer ist damit gegeben. Der Weg, den X zu der Sporthalle zurücklegen muss, ist fünf Minuten länger als der Weg zu seiner Wohnung, welcher der übliche Weg ist. Zwar stellt dies prozentual betrachtet eine nicht unerhebliche Verlängerung des Weges dar, allerdings sind hier die konkreten Umstände des Einzelfalles zu berücksichtigen *(vgl. BSGE 8, 53 ff.)* und im vorliegenden Fall befindet sich die Sporthalle in derselben Stadt, also in unmittelbarer Nähe und die zeitliche Abweichung ist mit fünf Minuten absolut betrachtet ebenfalls als gering anzusehen, so dass der zurückgelegte Weg in angemessenem Verhältnis zum üblichen Weg steht. Ein Arbeitsunfall nach § 8 Abs. 2 S. 1 Nr. 1 SGB VII liegt somit vor.

106. Wie wirkt es sich aus, wenn X in Nr. 105 statt zum zweieinhalbstündigen Badmintontraining zu fahren, unterwegs (ohne einen Umweg zu fahren) anhält, um mit einer Lauftreffgruppe 30 Minuten joggen zu gehen, bevor er wieder auf sein Rad steigt, um nach Hause zu fahren? Bei dieser Weiterfahrt ereignet sich dann der Unfall.

165 In dem Fall ist die Zwei-Stunden-Grenze (siehe dazu Nr. 98) nicht überschritten, der Ort des Joggens ist damit nicht als Dritter Ort zu bewerten, sondern es handelt sich vielmehr um eine Unterbrechung des unmittelbaren, versicherten Weges. Die Unterbrechung erfolgt zum Joggen, also aus einer rein privaten Motivation heraus, hierbei besteht kein Versicherungsschutz. Der Unfall ereignet sich aber auf dem anschließenden Weg nach Hause. Dieser ist, weil X keinen Umweg gewählt hat, der unmittelbare Weg zum häuslichen Wirkungskreis, so dass der Versicherungsschutz mit Beendigung der Unterbrechung und Beginn der Weiterfahrt wieder auflebt. Es liegt demgemäß auch hier ein Wegeunfall im Sinne des § 8 Abs. 2 S. 1 Nr. 1 SGB VII vor.

107. Der in der gesetzlichen Unfallversicherung versicherte E befindet sich auf dem Heimweg von seiner Arbeitsstelle und hält unterwegs kurz an, um Erdbeeren an einem Verkaufsstand zu kaufen. Dieser Stand befindet sich auf einem Privatgrundstück. Um dorthin zu gelangen, muss E – abweichend von seinem direkten Heimweg – links abbiegen. In Vorbereitung des Abbiegevorgangs bremst E wegen des Gegenverkehrs bis zum Stillstand ab. Der Fahrer des nachfolgenden PKW kann nicht mehr rechtzeitig abbremsen und kollidiert mit dem PKW des E. Durch die Kollision erleidet E eine Halswirbelverletzung. Liegt ein Wegeunfall nach § 8 Abs. 2 Nr. 1 SGB VII vor? (angelehnt an BSG, NZS 2013, 872 f.)

166 Der Heimweg an sich stellt einen versicherten Weg nach § 8 Abs. 2 Nr. 1 SGB VII dar. Auch ist in dem Verkehrsunfall ein Unfall gem. § 8 Abs. 1 S. 2 SGB VII zu sehen. Allerdings ist fraglich, ob sich der Unfall während einer nicht versicherten Unterbrechung ereignet. Der Erdbeerkauf erfolgt aus rein privater Motivation, so dass die Unterbrechung nicht versichert ist. Zu dem Unfall kommt es allerdings bereits bei dem Abbremsen in Vorbereitung des Abbiegevorgangs. Fraglich ist damit, ob zu dieser Zeit noch Versicherungsschutz besteht oder ob dieser bereits unterbrochen ist. E befindet sich noch auf der ursprünglichen Fahrbahn, eine Abweichung vom unmittelbaren Weg ist damit noch nicht eingetreten. Maßgeblich für die Abgrenzung ist nach der Rechtsprechung die sog. Handlungstendenz des Versicherten (siehe dazu Nr. 100) bzw. bei E genau der Moment, in dem er diese nach außen hin sichtbar in ein für Dritte beobachtbares „objektives" Handeln umsetzt. Dies ist bei E das Abbremsen auf der Straße, um das privatwirtschaftliche Vorhaben „Erdbeerkauf" durchzuführen. Dies zeigt, dass der Versicherte, hier E, den versicherten Weg unterbrechen will. Damit hat die Unterbrechung bereits begonnen und der Versicherungsschutz ist entfallen, so dass ein Wegeunfall nach § 8 Abs. 2 Nr. 1 SGB VII nicht vorliegt *(so das BSG, andere Auffassung mit entsprechender Begründung ebenso vertretbar).*

108. F ist als Beschäftigter in der gesetzlichen Unfallversicherung versichert. Als er sich auf dem Weg zu seiner Arbeitsstätte befindet, muss er tanken. Nach Beendigung des Tankvorgangs muss er die Gegenfahrbahn überqueren, um wieder auf seine Fahrspur zu gelangen. Als sich F gerade auf der Gegenfahrbahn befindet, kommt es zur Kollision mit einem Fahrzeug auf der Gegenfahrbahn und F zieht sich dabei mehrere erhebliche Verletzungen zu. Ist der Unfall ein Wegeunfall gem. § 8 Abs. 2 Nr. 1 SGB VII? (angelehnt an BSG, SGb 2014, 392 ff.)

Der Weg zur Arbeit ist an sich ein nach § 8 Abs. 2 Nr. 1 SGB VII versicherter Weg und die Kollision ist ein Unfall im Sinne von § 8 Abs. 1 S. 2 SGB VII. Fraglich ist allein, ob sich der entsprechende Unfall auf diesem unmittelbaren, versicherten Weg ereignet oder aber während einer Unterbrechung dieses Weges. Der Tankvorgang ist nämlich eine rein privat motivierte und damit nicht versicherte Unterbrechung dieses Weges. Zur Kollision kommt es allerdings bereits nach dem durchgeführten Tankvorgang, als F sich wieder im öffentlichen Straßenraum bewegt. Allerdings ist F bei genauer Betrachtung noch nicht auf den ursprünglichen, direkten Weg zurückgekehrt, denn er befindet sich zur Zeit des Unfallereignisses noch auf der zu überquerenden Gegenfahrbahn. Es stellt sich die Frage nach dem genauen Zeitpunkt, in dem die rein private Unterbrechung endet, so dass damit der Versicherungsschutz wieder auflebt. Dies ist nach Ansicht des Bundessozialgerichts bei Verlassen des Tankstellengeländes nach Beendigung des Tankvorgangs zwecks Weiterfahrt zur Arbeitsstelle der Fall. Damit ereignet sich der Unfall vorliegend auf einem gem. § 8 Abs. 2 Nr. 1 SGB VII versicherten Weg *(so das BSG, andere Auffassung mit entsprechender Begründung ebenso vertretbar).*

167

109. A ist erst seit Kurzem bei U angestellt. Er begibt sich morgens auf den direkten Weg zu seiner Arbeitsstelle. Weil es dunkel und zudem nebelig ist, übersieht er ein schlecht sichtbares Schild und biegt unterwegs in die falsche Richtung ab. Kurz darauf kollidiert sein Wagen mit einem die Straße kreuzenden Reh. Bei der Kollision erleidet A eine Gehirnerschütterung. Liegt ein Wegeunfall vor?

Grundsätzlich ist gem. § 8 Abs. 2 Nr. 1 SGB VII ua der Weg des Beschäftigten zu seiner Arbeitsstätte versichert. Allerdings gilt dies ausweislich des Wortlauts nur für den unmittelbaren Weg. A ist jedoch falsch abgebogen und befand sich nicht (mehr) auf dem unmittelbaren Weg zur Arbeitsstelle, sondern bereits auf einem Abweg, der grundsätzlich unversichert ist. Demnach wäre hier kein Wegeunfall anzunehmen. Nun verhält es sich aber in diesem speziellen Fall so, dass A irrtümlich auf den Abweg gelangt ist. Die Umstände, die diesen Irrtum bei A hervorriefen, stehen außerdem im konkreten Zusammenhang mit dem Zurücklegen des Weges. Zudem ereignete sich der Unfall alsbald, nachdem A vom direkten Wege abgekommen ist, so dass der Abweg zum Zeitpunkt des Unfallereignisses nur geringfügig vom unmittelbaren Wege abgewichen ist. In diesem Fall bleibt der Versicherungsschutz ausnahmsweise bestehen; es liegt ein Wegeunfall im Sinne von § 8 Abs. 2 Nr. 1 Alt. 1 SGB VII vor *(siehe BSG, NZS 2017, 313, mAnm Boerner).*

168

110. Welche Voraussetzungen müssen erfüllt sein, damit eine Berufskrankheit gegeben ist?

Damit der Versicherungsfall der Berufskrankheit gem. § 9 SGB VII bejaht werden kann, muss zunächst eine Berufskrankheit vorliegen. Hier gilt es, zwei Unterfälle der Berufskrankheiten zu unterscheiden: zum einen die Listen-Berufskrankheiten, zum anderen die sog. Wie-Berufskrankheiten (auch Quasi-Berufskrankheiten). Grundsätzlich

169

muss eine Krankheit gem. § 9 Abs. 1 S. 1 SGB VII als solche in der Berufskrankheiten-Verordnung (BKV) festgesetzt sein (Listen-Berufskrankheit). Es besteht aber darüber hinaus die Möglichkeit, außerhalb dieser Verordnung weitere, sog. Wie- oder Quasi-Berufskrankheiten als Versicherungsfall der Berufskrankheit anzuerkennen. Gem. § 9 Abs. 2 SGB VII und unter den dort genannten näheren Voraussetzungen ist eine Krankheit als Berufskrankheit zu behandeln, die (noch) nicht in der BKV aufgeführt ist. Weiterhin ist es erforderlich, dass es sich um eine Krankheit handelt, die nicht dem allgemeinen Lebensrisiko zuzuschreiben ist, sondern die sich der Versicherte infolge (vgl. § 9 Abs. 1 S. 1 SGB VII) einer den Versicherungsschutz begründenden Tätigkeit zuzieht. Erforderlich sind demnach Kausalitätsbeziehungen, wie sie auch der Versicherungsfall des Arbeitsunfalles erfordert. Es muss also eine haftungsbegründende Kausalität in dem Sinne vorliegen, dass die schädigende Einwirkung ursächlich auf die versicherte Tätigkeit zurückzuführen ist. Außerdem muss eine haftungsausfüllende Kausalität vorliegen, dh die schädigende Einwirkung muss auch die Krankheit verursacht haben.

111. S ist seit 20 Jahren in der Putenzucht tätig und ist dort zuständig für die Reinigung der Zuchtbatterien. In eine schon bestehende kleine Wunde an seinem Arm gelangt bei der Reinigung einer Zuchtbatterie etwas Blut eines verletzten Tieres und S infiziert sich. Einige Tage nach dem Vorfall treten grippeähnliche Symptome auf, bei einer ärztlichen Untersuchung wird eine Erkrankung des S an der sog. Vogelgrippe festgestellt. Die Krankheit endet bei S tödlich. Liegt der Versicherungsfall der Berufskrankheit gem. § 9 SGB VII vor?

170 Damit der Versicherungsfall der Berufskrankheit gem. § 9 SGB VII vorliegt, müssten die dort genannten Voraussetzungen gegeben sein. Gem. § 9 Abs. 1 S. 1 SGB VII ist für die Bestimmung der Berufskrankheiten die entsprechende Verordnung der Bundesregierung mit Zustimmung des Bundesrates maßgeblich. Die Bundesregierung hat hierzu die Berufskrankheiten-Verordnung (BKV) erlassen. Nach § 1 BKV sind Berufskrankheiten die in Anlage 1 der BKV festgeschriebenen Krankheiten, die Versicherte infolge einer den Versicherungsschutz begründenden Tätigkeit erleiden. S ist als Beschäftigter gem. § 2 Abs. 1 Nr. 1 SGB VII versichert. Er ist an der sog. Vogelgrippe erkrankt. Diese müsste in der Anlage 1 der BKV aufgeführt sein. Nummer 3102 der Anlage 1 der BKV führt „von Tieren auf Menschen übertragbare Krankheiten" auf. Die Vogelgrippe ist von Geflügel auf den Menschen übertragbar, es handelt sich also um eine derartige Erkrankung. Diese müsste auch infolge der versicherten Tätigkeit, dh vorliegend infolge der Tätigkeit in der Putenzucht, eingetreten sein. Es müsste also zunächst eine Gefährdung durch eine schädigende Einwirkung gegeben sein, die ursächlich auf die versicherte Tätigkeit zurückzuführen ist. Die schädigende Einwirkung ist durch das Blut des infizierten Tieres gegeben, das über die kleine Wunde des S in dessen Blutkreislauf gelangt ist. Die Gefährdung geht also von dem infizierten Tierblut aus. Diese Einwirkung steht auch gerade im Zusammenhang mit der Tätigkeit des S in der Putenzucht, so dass die haftungsbegründende Tätigkeit vorliegt. Das infizierte Blut des Tieres als schädigende Einwirkung hat auch gerade die Krankheit bei S hervorgerufen, so dass ebenso die haftungsausfüllende Kausalität gegeben ist. Damit liegt der Versicherungsfall der Berufskrankheit bei S vor.

112. B arbeitet in einer Marketingfirma, sein Arbeitsplatz befindet sich in einem Großraumbüro. Seit einem halben Jahr verbreiten zwei Kollegen zahlreiche Gerüchte über B, der daraufhin im Unternehmen von den übrigen Kollegen gemieden wird. B wird von vielen Kollegen ignoriert oder verbal angegriffen. Weil dieser Zustand andauert, wirkt er sich mit der Zeit negativ auf das Wohlbefinden des B aus, außerdem leidet B teilweise an Angstzuständen und Panikattacken. B ist der Ansicht, das „Mobbing" an seinem Arbeitsplatz bzw. seine psychischen Folgeerkrankungen begründen eine Berufskrankheit im Sinne des SGB VII. Trifft seine Ansicht zu? (angelehnt an: LSG Hessen, UV Recht & Reha Aktuell 2013, 55 ff.)

Eine Berufskrankheit gem. § 9 Abs. 1 S. 1 SGB VII iVm § 1 BKV, Anlage 1 BKV liegt nicht vor, da weder Mobbing noch psychische Folgeerkrankungen des Mobbings als sog. Listenberufskrankheiten in der Berufskrankheiten-Verordnung aufgenommen sind. In Erwägung gezogen werden könnte allenfalls eine sog. Wie-Berufskrankheit (auch Quasi-Berufskrankheit) nach § 9 Abs. 2 SGB VII. Nach § 9 Abs. 2 SGB VII haben die Unfallversicherungsträger eine Krankheit, die keine Listen-Berufskrankheit ist, wie eine Berufskrankheit anzuerkennen, wenn nach den neuesten Erkenntnissen der medizinischen Wissenschaft die Voraussetzungen für eine Bezeichnung nach § 9 Abs. 1 S. 2 SGB VII erfüllt sind. § 9 Abs. 1 S. 2 SGB VII fordert für das Vorliegen von Berufskrankheiten, dass die Krankheiten durch besondere Einwirkungen verursacht sind, denen bestimmte Personengruppen durch ihre versicherte Tätigkeit in erheblich höherem Grade als die übrige Bevölkerung ausgesetzt sind. Eine derartige Anerkennung kommt vorliegend nicht Betracht: Dafür, dass bei einer Marketingfirma Beschäftigte Mobbing bzw. den darauf folgenden psychischen Leiden in erheblich höherem Maße ausgesetzt sind als die übrige Bevölkerung, gibt es keine Anhaltspunkte; vielmehr muss in sämtlichen Lebensbereichen und Berufen damit gerechnet werden, dass Mobbing auftreten kann, so dass dies dem allgemeinen Lebensrisiko zuzurechnen ist und keine Berufskrankheit vorliegt.

171

113. Beschreiben Sie überblicksartig, welche Leistungen das Recht der gesetzlichen Unfallversicherung im Falle des Vorliegens eines Versicherungsfalles bereithält.

Bei Vorliegen eines Versicherungsfalles werden in der gesetzlichen Unfallversicherung verschiedenartige Leistungen gewährt, die die §§ 26 ff. SGB VII normieren. Es lässt sich hier eine Kategorisierung vornehmen in die Leistungen, die darauf abzielen, den Gesundheitsschaden möglichst schnell und umfassend zu beseitigen und so die Erwerbsfähigkeit wiederherzustellen. Hierbei handelt es sich um Leistungen in Form von Heilbehandlung, Rehabilitation und dergleichen (§§ 26-55 a SGB VII). Weiterhin gibt es Entschädigungsleistungen, die den Ausgleich der Einbußen durch den Versicherungsfall bezwecken; zu nennen sind insoweit zB Rentenleistungen, Abfindungen und Beihilfen für die Versicherten oder ggf. für deren Hinterbliebene. Diese sind in den §§ 56-80 SGB VII normiert. Nach § 26 Abs. 3 SGB VII gilt der Grundsatz, dass Leistungen zur Wiederherstellung des Gesundheitszustandes Vorrang haben vor den Entschädigungsleistungen („Rehabilitation vor Rente").

172

114. Welche Leistungsvoraussetzungen hat eine Verletztenrente?

Die Verletztenrente ist in § 56 SGB VII geregelt. Anspruchsvoraussetzung gem. § 56 Abs. 1 S. 1 SGB VII ist, dass die Erwerbsfähigkeit des Versicherten infolge eines Versicherungsfalles über die 26. Woche nach dem Versicherungsfall hinaus um mindestens 20% gemindert ist. Gem. § 56 Abs. 1 S. 2 SGB VII wird eine Rente außerdem gewährt,

173

wenn infolge mehrerer Versicherungsfälle die Erwerbsfähigkeit insgesamt um mindestens 20% gemindert ist. Die Minderung der Erwerbsfähigkeit richtet sich gem. § 56 Abs. 2 S. 1 SGB VII nach dem Umfang der sich aus der Beeinträchtigung des körperlichen und geistigen Leistungsvermögens ergebenden verminderten Arbeitsmöglichkeiten auf dem gesamten Gebiet des Arbeitslebens.

115. Es wird vielfach gesagt, die Verletztenrente folge dem Prinzip der abstrakten Schadensberechnung. Was ist damit gemeint?

174 Das Prinzip der abstrakten Schadensberechnung folgt maßgeblich aus der bereits in Nr. 114 angesprochenen Regelung in § 56 Abs. 2 S. 1 SGB VII: Die Minderung der Erwerbsfähigkeit hat mit den verminderten Arbeitsmöglichkeiten auf dem gesamten Gebiet des Arbeitslebens einen „abstrakten" Bezugspunkt. Es kommt nicht darauf an, ob der jeweils Versicherte seiner („konkret") bislang ausgeübten Berufstätigkeit nicht mehr (voll) nachgehen kann und ob er demzufolge Gehaltseinbußen hat.

116. Welches sind die Berechnungsfaktoren für die Verletztenrente?

175 Für die Höhe der Rente legt § 56 Abs. 3 SGB VII die Minderung der Erwerbsfähigkeit und das Jahresarbeitsentgelt des Versicherten als maßgebliche Berechnungsfaktoren fest. Bei Verlust der Erwerbsfähigkeit wird eine Vollrente gewährleistet. Diese beträgt gem. § 56 Abs. 3 S. 1 SGB VII zwei Drittel des Jahresarbeitsverdienstes. Bei Minderung der Erwerbsfähigkeit erhält der Versicherte gem. § 56 Abs. 3 S. 2 SGB VII eine Teilrente, die der Minderung der Erwerbsfähigkeit angepasst wird. Es ergibt sich demzufolge letztlich folgende Formel zur Berechnung der Rente: Jahresrente = 2/3 Jahresarbeitsverdienst mal Minderung der Erwerbsfähigkeit in %.

117. X möchte Verwandte in der Nachbarstadt besuchen und fährt dorthin mit seinem PKW über eine Landstraße. Unterwegs sieht er nach einer scharfen Kurve ein anderes Fahrzeug rechts neben der Straße im Graben liegen. Er hält am rechten Fahrbahnrand an und geht zu dem Fahrzeug, in dem er den verletzten Fahrer F auffindet. X ruft einen Krankenwagen sowie die Polizei, weiß aber, dass es aufgrund der Entfernung zum nächsten Ort einige Zeit dauern wird, bis diese eintreffen. Also macht X sich selbst daran, den F aus dem Wagen zu befreien. Um den sich in einem Schockzustand befindenden F warm zu halten, wickelt X den F in seine stets im PKW mitgeführte Wolldecke ein. Diese wird durch das Blut des F stark verschmutzt und schließlich durch die Berührung mit Teilstücken des Autowracks beschädigt. Stehen S Ansprüche aus der gesetzlichen Unfallversicherung zu?

176 X könnte einen Anspruch auf Ersatz des ihm entstandenen Sachschadens an der Wolldecke nach § 13 S. 1 SGB VII haben. Dazu müsste er zunächst zu dem in § 13 S. 1 SGB VII genannten versicherten Personenkreis gehören. In Betracht kommt eine Versicherung des X nach § 2 Abs. 1 Nr. 13 a SGB VII als Person, die bei einem Unglücksfall Hilfe leistet. Der Unfall stellt einen Unglücksfall dar und durch das Befreien des F aus dessen Auto und das Einwickeln in die Wolldecke hat X hier auch Hilfe geleistet. X ist also Versicherter nach § 2 Abs. 1 Nr. 13 a SGB VII. Der weiterhin erforderliche Schaden an im Besitz des X stehenden Sachen entsteht durch die beschädigte Decke. Dieser Schaden müsste auch infolge der versicherten Tätigkeit eingetreten sein (vgl. § 13 S. 1 SGB VII). Es müsste also eine Kausalitätsbeziehung zwischen der versicherten Tätigkeit und dem Schaden gegeben sein. Auch hier gilt die sozialrechtsspezifische Theorie der rechtlich wesentlichen Bedingung. Die versicherte Tätigkeit ist die Hilfeleistung, dh das Befreien des F aus dem Auto und das Einwickeln des F in die Wolldecke. Genau bei

dieser Handlung wird die Decke beschädigt. Demzufolge ist die versicherte Tätigkeit auch wesentliche Ursache für den Schaden. Gem. § 13 S. 1 SGB VII müsste X noch einen Antrag stellen. Dann steht ihm gem. § 13 S. 1 SGB VII ein Anspruch auf Ersatz wegen der beschädigten Decke zu.

VIII. Recht der gesetzlichen Rentenversicherung

118. Welche Leistungen zur Teilhabe (Rehabilitationsleistungen) enthält das Recht der gesetzlichen Rentenversicherung und welches Ziel verfolgen diese?

Die gesetzliche Rentenversicherung gewährt Leistungen zur Teilhabe gem. §§ 9 ff. SGB VI. Es handelt sich hier um Leistungen zur medizinischen Rehabilitation (§ 15 SGB VI), Leistungen zur Teilhabe am Arbeitsleben (§ 16 SGB VI) und ergänzende Leistungen. Diese Leistungen verfolgen das Ziel der Erhaltung, Verbesserung und Wiederherstellung der Erwerbsfähigkeit der Versicherten und haben gem. § 9 Abs. 1 S. 2 SGB VI grundsätzlich Vorrang vor den Rentenleistungen. Auch hier gilt also – wie im Recht der gesetzlichen Unfallversicherung – der Grundsatz „Rehabilitation vor Rente".

177

119. Schildern Sie überblicksartig, welche Rentenarten das SGB VI beinhaltet und was für diese Rentenarten der jeweilige Anknüpfungspunkt ist.

Im Recht der gesetzlichen Rentenversicherung ist zu unterscheiden zwischen Renten wegen Alters, Renten wegen verminderter Erwerbsfähigkeit und Renten wegen Todes (vgl. § 33 Abs. 1 SGB VI). Diese Rentenarten unterscheiden sich mithin in ihrem Anknüpfungspunkt. Die Renten wegen Alters knüpfen an das Alter des Versicherten an; gem. § 35 S. 1 SGB VI ist grundsätzlich das Erreichen der Regelaltersgrenze anspruchsbegründend. Die Renten wegen Erwerbsminderung knüpfen an die Minderung der Erwerbsfähigkeit an; sie werden nur bis zum Erreichen der Regelaltersgrenze geleistet, so dass sie nicht gleichzeitig zu einer Rente wegen Alters gewährt werden können (§ 43 Abs. 1 S. 1 SGB VI). Die Renten wegen Todes nach §§ 46 ff. SGB VI knüpfen an den Tod des Versicherten an und werden dementsprechend an seine Hinterbliebenen geleistet, also an Witwen/Witwer und (Halb-)Waisen.

178

120. Was bedeutet im Recht der gesetzlichen Rentenversicherung eine Wartezeit?

Die Wartezeit stellt im Recht der gesetzlichen Rentenversicherung eine anspruchsbegründende Voraussetzung für einen Rentenanspruch dar (vgl. § 50 SGB VI). Demnach muss der Versicherte, damit ein Anspruch auf die jeweilige Rente besteht, die Wartezeit, die für die jeweilige Rente erforderlich ist, erfüllt haben. Bei der Wartezeit handelt es sich – anschaulich gesagt – um eine Mindestversicherungszeit.

179

121. Was ist der Sinn und Zweck, dass für einen Rentenanspruch eine Wartezeit erfüllt sein muss?

Die Erfüllung der Wartezeit als Anspruchsvoraussetzung für die Rentenansprüche soll grundsätzlich sicherstellen, dass der Versicherte im Rahmen seiner Mindestversicherungszeit mit seinen gezahlten Beiträgen zur Leistungsfähigkeit der Versichertengemeinschaft beigetragen hat. Man kann dies als ein Element des Versicherungsprinzips im Recht der gesetzlichen Rentenversicherung begreifen.

180

122. Was bedeuten im Recht der gesetzlichen Rentenversicherung folgende Zeiten: Beitragszeiten, beitragsfreie Zeiten, Berücksichtigungszeiten?

181 Bei Beitragszeiten, beitragsfreien Zeiten und Berücksichtigungszeiten handelt es sich gem. § 54 Abs. 1 Nr. 1-3 SGB VI um die drei Untertypen der sog. rentenrechtlichen Zeiten. Diese rentenrechtlichen Zeiten sind relevant, um zu bestimmen, ob die Wartezeit erfüllt ist. § 51 SGB VI trifft insoweit differenzierte Regelungen, welche Zeiten auf die Wartezeit anrechenbar sind. Weiterhin sind die rentenrechtlichen Zeiten relevant für die Berechnung einer Rente; dies zeigt besonders deutlich § 66 SGB VI, der für die Ermittlung der persönlichen Entgeltpunkte als ein Rentenberechnungsfaktor bestimmt, wie die einzelnen rentenrechtlichen Zeiten zu behandeln sind.

182 Was Beitragszeiten sind, ist näher in § 55 SGB VI geregelt. Es handelt sich, wie die Bezeichnung bereits vermuten lässt, um Zeiten, für die Beiträge gezahlt wurden (vgl. § 55 Abs. 1 S. 1 SGB VI). Beitragsfreie Zeiten sind in § 54 Abs. 4 SGB VI näher geregelt, Berücksichtigungszeiten näher in § 57 SGB VI.

123. Welche Voraussetzungen müssen erfüllt sein, damit ein Versicherter in der gesetzlichen Rentenversicherung einen Anspruch auf die Regelaltersrente hat?

183 Ein Versicherter hat gem. § 35 S. 1 SGB VI Anspruch auf die Regelaltersrente, wenn er die Regelaltersgrenze erreicht hat und die allgemeine Wartezeit erfüllt hat.

124. Wie ist die Regelaltersgrenze ausgestaltet? Hat es im Hinblick auf die Ausgestaltung der Regelaltersgrenze in jüngerer Vergangenheit bedeutsame Änderungen gegeben?

184 Gem. § 35 S. 2 SGB VI wird die Regelaltersgrenze mit Vollendung des 67. Lebensjahres erreicht. Zu beachten sind aber außerdem die Regelungen in § 235 SGB VI. Dort sind Übergangsregelungen zur Regelaltersgrenze normiert. Die Vollendung des 67. Lebensjahres ist erst seit einigen Jahren die Regelaltersgrenze („Rente mit 67"), zuvor lag sie bei der Vollendung des 65. Lebensjahres. Um die Anhebung der Regelaltersgrenze nicht zu abrupt auszugestalten, hat sich der Gesetzgeber zu einer stufenweisen Anhebung entschlossen. Einzelheiten lassen sich § 235 Abs. 2 S. 2 SGB VI entnehmen, wo in Tabellenform und nach Geburtsjahrgängen gestaffelt eine Anhebung der Altersgrenze in Ein- bzw. Zweimonatsschritten erfolgt.

125. Für welche Personengruppen gibt es jenseits der Regelaltersrente eigenständige Regelungen für den Bezug einer Rente wegen Alters?

185 Unabhängig von der Regelaltersrente gibt es Renten wegen Alters für langjährig Versicherte gem. §§ 36, 236 SGB VI, Rente für schwerbehinderte Menschen gem. §§ 37, 236a SGB VI sowie Renten für langjährig unter Tage beschäftigte Bergleute gem. §§ 40, 238 SGB VI. Eine weitere Sonderregelung zur Altersrente besteht für versicherte Frauen (§ 237a SGB VI) und für Altersrente wegen Arbeitslosigkeit oder nach Altersteilzeitarbeit (§ 237 SGB VI).

126. Der 1954 geborene O ist seit seinem 31. Lebensjahr und daher mittlerweile seit 34 Jahren einer sozialversicherungspflichtigen Beschäftigung nachgegangen. Er fragt sich, ob ihm nun, am Tag nach seinem Geburtstag im Jahre 2019, ein Anspruch auf eine Rente nach dem Recht der gesetzlichen Rentenversicherung zusteht.

186 In Betracht kommt ein Anspruch des zum versicherten Personenkreis gehörenden O auf eine Regelaltersrente nach Maßgabe der §§ 35, 235 SGB VI. Dazu müsste O die Regelaltersgrenze erreicht haben (§ 35 S. 1 Nr. 1 SGB VI). Gem. § 35 S. 2 SGB VI wird

diese grundsätzlich mit Vollendung des 67. Lebensjahres erreicht. O wird im Jahre 2019 65 Jahre alt, so dass die Regelaltersgrenze gem. § 35 S. 2 SGB VI noch nicht erreicht ist. Gem. § 235 SGB VI könnte für O allerdings eine von § 35 S. 2 SGB VI abweichende Altersgrenze gelten. Für den 1954 und somit nach dem 31. Dezember 1946 geborenen O gilt die Anhebungsregelung des § 235 Abs. 2 S. 2 SGB VI. Danach wird die Regelaltersgrenze entsprechend dem Geburtsjahr des Versicherten angehoben. Für O bedeutet dies, dass er die Regelaltersgrenze mit 65 Jahren und acht Monaten erreichen wird. Am Tag nach Vollendung seines 65. Lebensjahres hat O daher noch keinen Anspruch auf eine Regelaltersrente nach Maßgabe des SGB VI.

127. Abwandlung (Nr. 126): Welche Ansprüche hat O, wenn er seit seinem 17. Lebensjahr (dh nun bereits seit 48 Jahren) einer sozialversicherungspflichtigen Beschäftigung nachgegangen ist?

In dem Fall kommt für O auch ein Anspruch auf eine Rente für besonders langjährig Versicherte nach §§ 38, 236 b SGB VI in Betracht. Gem. § 38 SGB VI muss er dafür das 65. Lebensjahr vollendet und eine Wartezeit von 45 Jahren erfüllt haben. O ist seit 48 Jahren sozialversicherungspflichtig beschäftigt, hat also die Wartezeit des § 38 Nr. 2 SGB VI erfüllt. Für den 1954 geborenen O gilt dabei in Abweichung zu § 38 Nr. 1 SGB VI die Altersgrenze des § 236 b Abs. 2 S. 2 SGB VI, er müsste also das 63. Lebensjahr plus vier Monate vollendet haben. Dies trifft auf O zu. Er hat daher einen Anspruch auf Altersrente für besonders langjährig Versicherte.

187

128. Welche Leistungsvoraussetzungen gibt es für eine Rente wegen teilweiser, welche für eine Rente wegen voller Erwerbsminderung?

Voraussetzungen für das Bestehen eines Anspruchs wegen teilweiser Erwerbsminderung gem. § 43 Abs. 1 SGB VI sind, dass der Versicherte wegen Krankheit oder Behinderung auf nicht absehbare Zeit außerstande ist, mindestens sechs Stunden täglich zu arbeiten (§ 43 Abs. 1 S. 2 SGB VI) und dass er in den letzten fünf Jahren vor Eintritt der Erwerbsminderung drei Jahre Pflichtbeiträge für eine versicherte Tätigkeit oder Beschäftigung hat und vor Eintritt der Erwerbsminderung die allgemeine Wartezeit erfüllt hat (§ 43 Abs. 1 S. 1 Nr. 1-3 SGB VI).

188

Für eine Rente wegen voller Erwerbsminderung muss der Versicherte voll erwerbsgemindert sein, was gem. § 43 Abs. 2 S. 2 SGB VI der Fall ist, wenn er wegen Krankheit oder Behinderung auf nicht absehbare Zeit außerstande ist, unter den üblichen Bedingungen des allgemeinen Arbeitsmarktes mindestens drei Stunden täglich erwerbstätig zu sein. Im Übrigen decken sich die Voraussetzungen grundsätzlich mit denen für einen Anspruch wegen teilweiser Erwerbsminderung, wobei ggf. die Ausnahmevorschrift des § 50 Abs. 2 SGB VI im Hinblick auf die Wartezeit zu beachten ist.

189

129. Die 41-jährige X ist seit sechs Jahren sozialversicherungspflichtig als Bankkauffrau beschäftigt, als sie während einer Fahrradtour am Wochenende auf einer berüchtigten Downhill-Strecke stürzt. X ist irreversibel erblindet und beide Arme sind komplett versteift. Hat X einen Anspruch auf eine Rente nach dem SGB VI? Auf die Anspruchsdauer und Anspruchshöhe ist nicht einzugehen.

X könnte einen Anspruch auf Rente wegen Erwerbsminderung gem. § 43 SGB VI haben. In Betracht kommt ein Anspruch wegen voller Erwerbsminderung gem. § 43 Abs. 2 S. 1 SGB VI. X gehört zum versicherten Personenkreis (§ 1 S. 1 Nr. 1 SGB VI) und sie ist 41 Jahre alt, so dass sie die Regelaltersgrenze gem. § 35 S. 2 SGB VI noch nicht erreicht hat. Sie müsste des Weiteren voll erwerbsgemindert sein, in den letzten

190

fünf Jahren vor Eintritt der Erwerbsminderung drei Jahre Pflichtbeiträge für eine versicherte Beschäftigung oder Tätigkeit haben und vor Eintritt der Erwerbsminderung die allgemeine Wartezeit erfüllt haben (§ 43 Abs. 2 S. 1 Nr. 1-3 SGB VI). Voll erwerbsgemindert sind gem. § 43 Abs. 2 S. 2 SGB VI Versicherte, die wegen Krankheit oder Behinderung auf nicht absehbare Zeit außerstande sind, unter den üblichen Bedingungen des allgemeinen Arbeitsmarktes mindestens drei Stunden täglich erwerbstätig zu sein. Der allgemeine Arbeitsmarkt in diesem Sinne erfasst grundsätzlich alle Tätigkeiten, die mit Gewinnerzielungsabsicht auf dem deutschen Arbeitsmarkt ausgeübt werden können. Unter den üblichen Bedingungen kann eine Person auf diesem arbeiten, wenn sie dem üblichen Anforderungsprofil in Bezug auf die konkrete Ausgestaltung der Arbeit genügt, dh beispielsweise hinsichtlich der zeitlichen Ausgestaltung (Pausenregelungen etc). Mit der irreversiblen Erblindung und der Versteifung der Arme liegt bei X eine Behinderung vor. Auf dem allgemeinen verfügbaren Arbeitsmarkt ist eine Tätigkeit für X wegen dieser Behinderung nicht ersichtlich, insbesondere kann X nicht unter den üblichen Bedingungen einer solchen Tätigkeit nachgehen. Auch wegen der Erblindung kann X nicht ohne Hilfsmittel unter den üblichen Bedingungen arbeiten. Damit ist X voll erwerbsgemindert im Sinne von § 43 Abs. 2 S. 2 SGB VI. Die erforderlichen Pflichtbeiträge im Sinne von § 43 Abs. 2 S. 1 Nr. 2 SGB VI liegen vor. Die allgemeine Wartezeit für eine Rente wegen Erwerbsminderung beträgt gem. § 50 Abs. 1 S. 1 Nr. 2 SGB VI fünf Jahre. X war bereits sechs Jahre sozialversicherungspflichtig beschäftigt, somit erfüllt sie auch diese Voraussetzung. Es besteht im Ergebnis ein Anspruch der X auf eine Rente wegen voller Erwerbsminderung gem. § 43 Abs. 2 S. 1 SGB VI.

130. Der gelernte Fliesenleger und versicherte T ist vor Spracherwerb ertaubt und besitzt daher kaum Sprachkompetenz; er kann nur bei einem direkt gegenüber gerichteten Kommunikationspartner (antlitzgerichtet) und nur bei sehr langsamer Sprachgeschwindigkeit von den Lippen ablesen und nur sehr undeutlich und verwaschen sprechen. T begehrt eine Erwerbsminderungsrente und fragt sich daher, ob er trotz seiner Behinderung einer Tätigkeit "unter den üblichen Bedingungen des allgemeinen Arbeitsmarktes" (vgl. § 43 SGB VI) nachgehen kann.

191 Es ist zwar zunächst festzustellen, dass T den Beruf des Fliesenlegers erlernt hat, die rein handwerklichen Fähigkeiten sind also bei T gegeben. Fraglich ist allerdings, ob T auch unter den üblichen Bedingungen des allgemeinen Arbeitsmarktes und mithin unter den in Betrieben üblichen Bedingungen arbeiten kann. T kann mündliche Äußerungen nur dann von den Lippen ablesen, wenn die Sprechgeschwindigkeit extrem verlangsamt wird und die Sprechenden antlitzgerichtet sprechen. Hinzu kommt, dass er keine verständlichen mündlichen Anweisungen und/oder Äußerungen abgeben kann. Er spricht eine sehr stark verwaschene Sprache.

Die auf dem allgemeinen Arbeitsmarkt und damit unter betriebsüblichen Bedingungen zu verrichtenden Tätigkeiten setzen aber ein Mindestmaß an Kommunikationsfähigkeit voraus. So müsste T als angestellter Fliesenleger etwa in der Lage sein, die ihm unter den üblichen Bedingungen entgegengebrachten Anweisungen auszuführen. Dies ist indes nicht der Fall, sondern T bräuchte vielmehr eine konkrete Bezugsperson, die das Arbeitsumfeld jeweils vorbereitet, die Abläufe in der ihm angepassten Kommunikation erklärt und ggf. Missverständnisse ausräumt. Eine solche Bezugsperson ist jedoch unter den üblichen betrieblichen Bedingungen nicht gegeben. T kann daher unter diesen Bedingungen keiner Tätigkeit nachgehen *(siehe dazu LSG BW, NZS 2017, 872; siehe*

B. Sozialrechtlicher Fragen- und Fallkatalog

zur Auslegung des Normmerkmals "unter den üblichen Bedingungen des allgemeinen Arbeitsmarktes" ferner LSG Sachsen, NZS 2017, 793).

131. Können Sie in wenigen Worten überblicksartig umschreiben, welche Renten wegen Todes das Recht der gesetzlichen Rentenversicherung kennt?

Im Recht der gesetzlichen Rentenversicherung gibt es im Rahmen der Renten wegen Todes folgende Rentenarten: Die Witwer- bzw. Witwenrente gem. § 46 SGB VI, wobei zwischen der sog. kleinen Witwer- bzw. Witwenrente gem. § 46 Abs. 1 SGB VI und der großen Witwen- bzw. Witwerrente gem. § 46 Abs. 2 SGB VI zu unterscheiden ist. Weiterhin gibt es die Erziehungsrente gem. § 47 SGB VI. Ferner gibt es gem. § 48 Abs. 1 SGB VI die Halb- und gem. § 48 Abs. 2 SGB VI die Vollwaisenrente. Schließlich gibt es noch die Rente wegen Todes bei Verschollenheit gem. § 49 SGB VI.

192

132. M war mit der 40-jährigen F verheiratet, aus der Ehe geht der nun elfjährige Sohn S hervor. M war in den letzten zehn Jahren sozialversicherungspflichtig beschäftigt, als er nun plötzlich stirbt. Hat F einen Rentenanspruch nach dem SGB VI?

F könnte einen Anspruch auf Witwenrente nach § 46 SGB VI haben. In Betracht kommt ein Anspruch auf eine sog. große Witwenrente nach § 46 Abs. 2 S. 1 Nr. 1 SGB VI. Dazu müsste zunächst der Tod des versicherten Ehegatten vorliegen, was der Fall ist. Ferner dürfte F als Witwe nicht wieder geheiratet haben. Auch dies ist der Fall. Darüber hinaus müsste M die allgemeine Wartezeit erfüllt haben, die gem. § 50 Abs. 1 S. 1 SGB VI fünf Jahre beträgt. M war zehn Jahre vor seinem Tod sozialversicherungspflichtig beschäftigt, so dass die allgemeine Wartezeit erfüllt ist. Schließlich müsste F ein eigenes Kind, das das 18. Lebensjahr noch nicht vollendet hat, erziehen. F hat mit M den gemeinsamen elfjährigen Sohn S; diesen erzieht sie. Damit liegen alle Voraussetzungen vor und F hat einen Anspruch auf große Witwenrente gem. § 46 Abs. 2 S. 1 Nr. 1 SGB VI.

193

133. Hat in Nr. 132 auch S einen Rentenanspruch nach dem SGB VI?

S könnte einen Anspruch auf Halbwaisenrente gem. § 48 Abs. 1 Nr. 1 SGB VI haben. Dafür müsste ein Elternteil, der die allgemeine Wartezeit erfüllt hat, gestorben sein und S müsste noch einen Elternteil haben, der ihm unterhaltspflichtig ist. Diese Voraussetzungen sind gegeben: Mit M ist ein Elternteil des S gestorben, der die allgemeine Wartezeit erfüllt hat (vgl. zur Wartezeiterfüllung Nrn. 109 f.). F als Mutter des S lebt noch und sie trifft die Unterhaltspflicht gem. § 1601 BGB gegenüber S. Damit hat S einen Anspruch auf Halbwaisenrente gem. § 48 Abs. 1 Nr. 1 SGB VI.

194

134. Abwandlung: M verstirbt acht Jahre später als in Nr. 132. Der inzwischen 19-jährige S hat mittlerweile ein Hochschulstudium begonnen und strebt den Abschluss des Staatsexamens im Fach Rechtswissenschaft an. Welche Ansprüche haben F und S?

Für F kommt ein Anspruch auf große Witwenrente gem. § 46 Abs. 2 S. 1 SGB VI in Betracht. Ein Anspruch gem. § 46 Abs. 2 S. 1 Nr. 1 SGB VI scheidet aufgrund des Alters des S aus, denn S ist 19 Jahre alt und damit kein zu erziehendes Kind im Sinne des § 46 Abs. 2 S. 1 Nr. 1 SGB VI mehr. Es könnte aber § 46 Abs. 2 S. 1 Nr. 2 SGB VI einschlägig sein. F ist 48 Jahre alt, hat also das 47. Lebensjahr vollendet. Die übrigen Anspruchsvoraussetzungen sind wie im Ausgangsfall gegeben, F hat mithin einen Anspruch auf große Witwenrente nach § 46 Abs. 2 S. 1 Nr. 2 SGB VI.

195

S könnte einen Anspruch auf Halbwaisenrente gem. § 48 Abs. 1 SGB VI haben. Die Voraussetzungen für diesen Anspruch liegen wie im Ausgangsfall zunächst vor. Aller-

196

dings könnte dem Anspruch entgegenstehen, dass S schon 19 Jahre alt ist. Gem. § 48 Abs. 4 S. 1 Nr. 1 SGB VI besteht der Anspruch grundsätzlich bis zur Vollendung des 18. Lebensjahres, so dass S keinen Anspruch zu haben scheint. Gem. § 48 Abs. 4 S. 1 Nr. 2 a SGB VI besteht der Anspruch aber bis zur Vollendung des 27. Lebensjahres, wenn sich die Waise in Schul- oder Berufsausbildung befindet. S hat das 27. Lebensjahr noch nicht vollendet. Er hat außerdem ein Hochschulstudium begonnen. Dieses ist als Schulausbildung im Sinne der Norm anzusehen, insbesondere ist bei dem Studium der Rechtswissenschaft als Hauptstudium von einem Arbeitsaufwand von mindestens 20 Stunden wöchentlich auszugehen (§ 48 Abs. 4 S. 2 SGB VI). S hat also einen Anspruch auf Halbwaisenrente nach § 48 Abs. 1 Nr. 1 SGB VI.

135. Besteht in Nr. 134 ein Anspruch auf Witwenrente auch, wenn F sich kurz vor dem Tod des M von diesem scheiden lassen hat?

Nein, in dem Fall besteht kein Anspruch auf Witwenrente. Das Bestehen der Ehe zum Todeszeitpunkt ist Voraussetzung für einen Anspruch auf Witwen- bzw. Witwerrente.

136. Welche Berechnungsfaktoren für die Rentenhöhe gibt es im Recht der gesetzlichen Rentenversicherung?

Im Recht der gesetzlichen Rentenversicherung wird die Rentenhöhe gem. § 64 SGB VI mittels der Faktoren persönliche Entgeltpunkte, Rentenartfaktor und aktueller Rentenwert berechnet, indem diese miteinander vervielfältigt werden.

137. Können Sie mit eigenen Worten knapp und möglichst anschaulich umschreiben, welche „Komponente" mit den persönlichen Entgeltpunkten in der Rente abgebildet werden soll?

Wie die Bezeichnung bereits erkennen lässt, wird hier an die persönlichen – man könnte auch sagen „individuellen" – Umstände des Versicherten angeknüpft. Welche persönlichen Umstände als persönliche Entgeltpunkte berechnungsrelevant sind, regeln § 66 SGB VI und §§ 70-77 SGB VI in sehr detaillierter, differenzierter Form. Die Grundratio dieser Regelungen besteht zum einen darin, dass Beitragszeiten des Versicherten persönliche Entgeltpunkte ergeben (vgl. § 66 Abs. 1 Nr. 1 SGB VI). Dem liegt der Gedanke zugrunde, dass im Falle hoher Beitragsleistungen auch die Rente hoch sein soll. Dies lässt sich als Äquivalenz zwischen Beiträgen und Rente bezeichnen. Es können aber persönliche Entgeltpunkte auch aus Zeiten bzw. Faktoren folgen, die nicht aus einer solchen Äquivalenzbetrachtung resultieren. So werden zB auch für Kindererziehungszeiten Entgeltpunkte anerkannt (Einzelheiten sind insoweit in § 70 Abs. 2 SGB VI normiert). Der Grund für eine solche Regelung ist darin zu sehen, dass der Gesetzgeber persönliche Umstände als honorierungswürdig im Hinblick auf die Rentenberechnung erachtet. Dies sind dann Gesichtspunkte des sozialen Ausgleichs als gegenläufiges Prinzip zum Äquivalenzprinzip.

138. Welche „Komponente" soll demgegenüber der aktuelle Rentenwert abbilden?

Der aktuelle Rentenwert trägt dem Umstand Rechnung, dass sich die gesamten Lebenshaltungskosten im Laufe der Zeit ändern und daher auch die Renten, die die Bestreitung des Lebensunterhalts absichern sollen bzw. jedenfalls zu dieser Bestreitung beitragen sollen, an diese Entwicklungen angepasst werden müssen. Zu diesem Zweck wird der aktuelle Rentenwert gem. § 65 SGB VI jährlich angepasst. Die Einzelheiten, wie der aktuelle Rentenwert jährlich zu bemessen ist, sind in § 68 SGB VI in sehr detaillierter Form normiert. Von den Regelungen in § 68 SGB VI sticht besonders ins Auge, dass der aktuelle Rentenwert maßgeblich auch an der Bruttolöhne- und -gehälterentwicklung orientiert ist (vgl. § 68 Abs. 1 S. 3 Nr. 1, Abs. 2 SGB VI).

139. Welche „Komponente" soll schließlich der Rentenartfaktor abbilden?

Wie die Regelung in § 67 SGB VI erkennen lässt, bringt der Rentenartfaktor eine rechnerische Aufschlüsselung nach der Art der jeweiligen Rente mit sich. Der Rentenartfaktor schwankt zwischen 1,0 zB für die Renten wegen Alters (§ 67 Nr. 1 SGB VI) und 0,1 für die Halbwaisenrenten (§ 67 Nr. 7 SGB VI). Der Hintergrund für diese Spreizung je nach Rentenart ist darin zu sehen, dass die einzelnen Rentenarten ein unterschiedliches Sicherungsziel verfolgen. Im Falle des Bezugs einer Rente wegen Alters soll der Rentenbezieher seinen gesamten Lebensunterhalt mit der Rente bestreiten können. Das soziale Sicherungsziel und somit auch der Rentenartfaktor sind daher mit 1,0 sehr hoch. Bei der beispielhaft genannten Halbwaisenrente ist dies signifikant anders. Der Halbwaise soll mit der Halbwaisenrente nur eine maßvolle Unterstützung zur Bestreitung seines Lebensunterhalts erhalten. Ein weitergehendes Sicherungsziel verfolgt diese Rente nicht. Daher ist der Rentenartfaktor mit 0,1 auch sehr gering ausgestaltet.

201

140. Bisweilen ist von mehreren sog. „Säulen der Alterssicherung" in Deutschland die Rede. Beschreiben Sie stichpunktartig, welche weiteren Säulen der Alterssicherung es neben der gesetzlichen Rentenversicherung gibt und wie sich in dieses „Säulensystem" die gesetzliche Rentenversicherung einfügt.

Neben der gesetzlichen Rentenversicherung gibt es in Deutschland zur Absicherung des Altersrisikos noch die betrieblichen Sicherungssysteme bzw. die Zusatzversorgung für Arbeiter und Angestellte im öffentlichen Dienst. Sie sind arbeitsrechtlicher Grundlage.

202

Als weitere Alterssicherungssäule gibt es die private Altersvorsorge. Sie ist privatrechtlicher Natur, denn der Bürger schließt mit einem Versicherungsunternehmen einen Vertrag ab. Flankiert wird die private Altersvorsorge durch eine staatliche Förderung, insbesondere in Form von steuerrechtlichen Vergünstigungen im Zusammenhang mit der privaten Vorsorge.

203

Stellt man die beiden genannten Säulen neben die gesetzliche Rentenversicherung, so ergibt sich insgesamt ein sog. „Drei-Säulen-Modell". Von diesen drei Säulen ist letztlich – wie bereits angedeutet – nur die gesetzliche Rentenversicherung rechtsgebietssystematisch dem Sozialrecht zuzurechnen. Nur die gesetzliche Rentenversicherung ist vom Grundprinzip her als Pflichtversicherungssystem ausgestaltet, die Versicherung in den zwei übrigen Säulen ist freiwillig.

204

IX. Arbeitsförderungsrecht

141. Inwieweit ist das Recht der Arbeitsförderung im SGB III als ein Teilgebiet des Sozialversicherungsrechts anzusehen?

Das Recht der Arbeitsförderung nach dem SGB III kann insoweit dem Sozialversicherungsrecht zugeordnet werden, als dass es den Charakter eines Vorsorgesystems hat. Denn das SGB III bezweckt ua die Absicherung des Risikos der Arbeitslosigkeit durch das Arbeitslosengeld als zentrale monetäre Leistung des SGB III. Der Versicherungscharakter des Arbeitslosengeldes kommt insbesondere dadurch zum Ausdruck, dass einen Anspruch auf Arbeitslosengeld nur diejenigen Personen haben, die ua Anwartschaftszeiten erfüllt haben und somit für eine gewisse Mindestdauer als Versicherte

205

auch Beiträge in das System eingezahlt haben. Insoweit ist das SGB III als Vorsorgesystem strukturell vergleichbar mit den übrigen Sozialversicherungszweigen, in denen auch vorsorglich bestimmte Lebensrisiken abgesichert werden. Für das SGB III gilt gem. § 1 Abs. 1 S. 2 SGB IV auch größtenteils das SGB IV mit seinen allgemeinen Vorschriften für die Sozialversicherung. In dieser Regelung (§ 1 Abs. 1 S. 2 SGB IV), in der die Geltung des SGB IV für das Recht der Arbeitsförderung getrennt von der Sozialversicherung geregelt wird, kommt allerdings auch zum Ausdruck, dass das Arbeitsförderungsrecht gerade kein klassischer Zweig der Sozialversicherung ist. Dies zeigt sich auch bei einem genauen Blick in das SGB III. Insbesondere das dritte Kapitel des SGB III (§§ 29 ff.; die sog. aktive Arbeitsförderung) enthält keine Sozialversicherungsleistungen. Sämtliche dieser Leistungen knüpfen nicht an einen Versichertenstatus, Anwartschaftszeiten, Vorversicherungszeiten o.ä. an.

142. Welche Leistungen der sog. aktiven Arbeitsmarktförderung kennt das SGB III? In welchem Verhältnis stehen diese zu den Entgeltersatzleistungen bzw. wie sind sie vor dem Hintergrund der Systematisierung in Nr. 141 einzuordnen?

206 Die Leistungen der aktiven Arbeitsförderung sind im dritten Kapitel des SGB III (§§ 29-135 SGB III) geregelt und umfassen zB die Beratung, Vermittlung, Maßnahmen zur beruflichen Weiter- und Ausbildung oder Leistungen zur Förderung der Aufnahme einer selbstständigen Tätigkeit. Sie stellen den Gegenpart zu den Entgeltersatzleistungen, also hauptsächlich dem Arbeitslosen-, Teilarbeitslosen- und Insolvenzgeld dar. Sie gehen grundsätzlich diesen Entgeltersatzleistungen vor (vgl. § 5 SGB III). Das SGB III zielt insoweit darauf ab, dass es gar nicht erst zur Gewährung von Entgeltersatzleistungen in Folge von Arbeitslosigkeit kommt, sondern durch früheres Ansetzen diesem Zustand entgegengewirkt wird. Das SGB III verfolgt insoweit allgemeine arbeitsmarktpolitische Zielsetzungen.

143. Wie ist das sog. Kurzarbeitergeld innerhalb dieser Regelungssystematik einzuordnen?

207 Das Kurzarbeitergeld, das in §§ 95 ff. SGB III geregelt ist, zählt zu den Leistungen der aktiven Arbeitsförderung. Dies zeigt schon die systematische Stellung der Regelungen des Kurzarbeitergeldes im Dritten Kapitel des SGB III. Zielsetzung des Kurzarbeitergeldes ist vor allem die Förderung des (langfristigen) Verbleibs in der Beschäftigung und nicht etwa (wie bei den Entgeltersatzleistungen, zB Arbeitslosengeld) die finanzielle Absicherung der Versicherten. Es ist mithin nicht dem sozialversicherungsrechtlich geprägten Teilbereich des SGB III zuzuordnen.

144. Die Leistungen der aktiven Arbeitsförderung sind überwiegend Ermessenleistungen, wie § 3 Abs. 3 SGB III normiert. Welchem Umstand ist dies geschuldet bzw. soll dadurch Rechnung getragen werden?

208 Die Leistungen der aktiven Arbeitsförderung verfolgen grundsätzlich das Ziel der Reintegration in den Arbeitsmarkt bzw. des Verbleibens in Beschäftigung. Der Umstand, dass die Leistungen überwiegend Ermessensleistungen sind, ermöglicht eine möglichst flexible Handhabe, wodurch die jeweilige Situation mit ihren Besonderheiten im Hinblick auf die jeweilige Person und Arbeitsmarktlage individuell berücksichtigt werden kann.

145. Welche Leistungsvoraussetzungen hat das Arbeitslosengeld?

Einen Anspruch auf Arbeitslosengeld gem. § 136 Abs. 1 SGB III haben Arbeitnehmer, die entweder arbeitslos sind (§ 136 Abs. 1 Nr. 1 SGB III) oder sich in beruflicher Weiterbildung befinden (§ 136 Abs. 1 Nr. 2 SGB III). Die näheren Voraussetzungen für einen Anspruch im Falle der Arbeitslosigkeit regelt § 137 SGB III. Demnach ist neben der Arbeitslosigkeit erforderlich, dass sich die betreffende Person bei der Agentur für Arbeit arbeitslos gemeldet hat und dass sie die Anwartschaftszeit gem. §§ 142, 143 SGB III erfüllt hat (§ 137 Abs. 1 Nr. 1-3 SGB III). Der Versicherungsfall der Arbeitslosigkeit liegt vor, wenn die betreffende Person Arbeitnehmer ist, beschäftigungslos ist, dabei Eigenbemühungen zeigt und der Agentur für Arbeit zur Verfügung steht (§ 138 Abs. 1 Nr. 1-3 SGB III). Außerdem darf gem. § 136 Abs. 2 SGB III die Regelaltersgrenze nach dem SGB VI noch nicht erreicht sein.

146. Wie bemessen sich Dauer und Umfang des Anspruchs auf das Arbeitslosengeld?

Der Anspruch auf Arbeitslosengeld besteht zeitlich befristet (vgl. §§ 147 ff. SGB III). Im Einzelfall richtet sich die Dauer nach der Dauer des zugrunde liegenden Versicherungspflichtverhältnisses innerhalb der erweiterten Rahmenfrist von fünf Jahren unter Berücksichtigung des Alters (§ 147 Abs. 1 Nr. 1, 2 SGB III).

Die Höhe des Arbeitslosengeldes beträgt 67 %, bei kinderlosen Personen 60 % (vgl. zu dieser prozentualen Unterscheidung § 149 Nr. 1, 2 SGB III) des sog. Leistungsentgelts, welches sich aus dem Bruttoentgelt ergibt, das der Arbeitslose im Bemessungszeitraum erzielt hat (vgl. zur Berechnung §§ 149, 150 SGB III).

147. Der alleinstehende, kinderlose 30-jährige X war drei Jahre sozialversicherungspflichtig bei dem Unternehmen Z beschäftigt und hat monatlich 3.000 EUR netto verdient, als er von Z betriebsbedingt die Kündigung erhält. X hat keinen Anspruch auf eine Entlassungsentschädigung. Noch an dem Tag, an dem X die Kündigung des Z erhält, wird er bei der zuständigen Agentur für Arbeit vorstellig und meldet sich arbeitslos. Er sichert auch zu, dass er bereit ist, jede mögliche Beschäftigung anzunehmen. Ferner macht X sich umgehend daran, Bewerbungen an andere Unternehmen in der Branche, in der er bisher gearbeitet hat, zu schreiben. Hat X einen Anspruch auf Arbeitslosengeld nach dem SGB III und wenn ja, für welchen Zeitraum und in welcher Höhe?

X könnte einen Anspruch auf Arbeitslosengeld bei Arbeitslosigkeit nach § 136 Abs. 1 Nr. 1 SGB III haben. Gem. § 137 Abs. 1 Nr. 1-3 SGB III muss X dafür arbeitslos sein, sich bei der Arbeitsagentur arbeitslos gemeldet haben und die Anwartschaftszeit erfüllt haben. Der Versicherungsfall der Arbeitslosigkeit erfordert gem. § 138 Abs. 1 Nr. 1-3 SGB III, dass X als Arbeitnehmer beschäftigungslos ist, dabei Eigenbemühungen zeigt, diese Beschäftigungslosigkeit zu beenden und den Vermittlungsbemühungen der Agentur für Arbeit zur Verfügung steht. X war als Arbeitnehmer bei Z beschäftigt, ist aber nun wegen der betriebsbedingten Kündigung ohne Beschäftigung, dh beschäftigungslos. Er hat auch schon Bewerbungen für eine neue Beschäftigung an andere Unternehmen geschrieben, also die erforderlichen Eigenbemühungen gezeigt. Ebenso hat er der Agentur für Arbeit seine Verfügbarkeit signalisiert. Somit ist der Versicherungsfall der Arbeitslosigkeit eingetreten (§§ 136 Abs. 1 Nr. 1, 137 Abs. 1, 138 Abs. 1 SGB III). X hat sich ferner bereits bei der Agentur für Arbeit arbeitslos gemeldet und aufgrund seiner dreijährigen Beschäftigung bei Z hat er ebenso die Anwartschaftszeit gem. § 137 Abs. 1 Nr. 3, § 142 Abs. 1 S. 1, § 143 Abs. 1 SGB III erfüllt. X hat demnach einen Anspruch auf Arbeitslosengeld gem. § 136 Abs. 1 Nr. 1 SGB III. Mit 30 Jahren hat er auch noch nicht das für den Bezug der Regelaltersrente nach dem SGB VI erforderliche Lebensjahr vollendet, so dass der Anspruch nicht gem. § 136 Abs. 2 SGB III ausgeschlossen ist.

213 Die Dauer des Anspruchs auf Arbeitslosengeld richtet sich gem. § 147 Abs. 1 SGB III grundsätzlich nach der Dauer des Versicherungspflichtverhältnisses und dem Lebensalter. Wie sich diese Faktoren im Detail auswirken, regelt § 147 Abs. 2 SGB III in tabellarischer Form. X war bei Z drei Jahre, mithin 36 Monate, beschäftigt und ist 30 Jahre alt. Die Dauer seines Anspruchs beträgt damit gem. § 147 Abs. 2 SGB III zwölf Monate. Die Höhe des Arbeitslosengeldes beträgt bei dem kinderlosen und unverheirateten X gem. § 149 Nr. 2 SGB III 60% des Nettoentgelts. Dies ergibt bei einem Nettoeinkommen in Höhe von 3.000 EUR bei X 1.800 EUR.

148. Abwandlung 1: Würde sich im Vergleich zum Ausgangsfall (Nr. 147) etwas ändern, wenn der emsige X, während er auf die Antworten auf seine zahlreichen Bewerbungsschreiben wartet, nebenbei jedes Wochenende zehn Stunden in einem Restaurant zu arbeiten beginnt?

214 Auch in dem Fall könnte X weiterhin einen Anspruch auf Arbeitslosengeld gem. §§ 136 Abs. 1 Nr. 1, 137 Abs. 1 SGB III haben. Es fragt sich allerdings, ob die Ausübung der Tätigkeit des X in dem Restaurant der Arbeitslosigkeit entgegensteht. Gem. § 138 Abs. 3 S. 1 SGB III schließt die Ausübung einer Beschäftigung die Beschäftigungslosigkeit nicht aus, wenn die Arbeitszeit weniger als 15 Stunden wöchentlich umfasst. Die wöchentliche Arbeitszeit des X beträgt nur zehn, dh weniger als 15 Stunden. Demzufolge steht die von X ausgeübte Tätigkeit der Arbeitslosigkeit und damit dem Anspruch auf Arbeitslosengeld gem. §§ 136 Abs. 1 Nr. 1, 137 Abs. 1 SGB III nicht entgegen. Das Einkommen dieser Tätigkeit wird dem X allerdings nach Maßgabe des § 155 SGB III auf das Arbeitslosengeld angerechnet.

149. Würde eine ehrenamtliche Tätigkeit den Anspruch auf Arbeitslosengeld ausschließen?

215 Eine ehrenamtliche Betätigung steht gem. § 138 Abs. 2 SGB III der Arbeitslosigkeit nicht entgegen, wenn dadurch eine Beeinträchtigung der beruflichen Eingliederung nicht zu befürchten ist.

150. Abwandlung 2 (zu Nr. 147): Was ändert sich, wenn X verheiratet ist und zwei Kinder hat?

216 In dem Fall fällt die Höhe des Arbeitslosengeldes des X anders aus als im Ausgangsfall und beträgt gem. § 149 Nr. 1 SGB III 67% des Nettoentgelts des X.

151. Abwandlung 3 (zu Nr. 147): X wird nicht betriebsbedingt gekündigt, sondern X und Z einigen sich stattdessen wegen persönlicher Differenzen, dass X aus dem Beschäftigungsverhältnis ausscheiden soll. Es wird ein Auflösungsvertrag mit sofortiger Wirkung geschlossen und dem X wird eine Abfindung in Höhe eines Jahresarbeitsentgelts gezahlt. Hat X gleichwohl einen Anspruch auf Arbeitslosengeld?

217 Dem Grunde nach liegen auch in dieser Abwandlung die Voraussetzungen für einen Anspruch des X auf Arbeitslosengeld gem. §§ 136 ff. SGB III vor. Dieser könnte allerdings gem. § 158 Abs. 1 S. 1 SGB III vorerst ruhen. Dies wäre der Fall, wenn X eine Entlassungsentschädigung erhalten oder zu beanspruchen hat und das Arbeitsverhältnis ohne Einhaltung einer der ordentlichen Kündigungsfrist des Arbeitgebers entsprechenden Frist beendet worden ist. X hat eine Abfindung wegen der Beendigung

des Arbeitsverhältnisses, mithin eine Entlassungsentschädigung im Sinne des § 158 Abs. 1 S. 1 SGB III, erhalten. Im zwischen X und Z geschlossenen Aufhebungsvertrag wurde auch die Auflösung des Arbeitsverhältnisses mit sofortiger Wirkung beschlossen, das Arbeitsverhältnis zwischen X und Z ist damit ohne Einhaltung einer Frist beendet worden. Damit liegen die Voraussetzungen des § 158 Abs. 1 S. 1 SGB III vor. Der Anspruch auf Arbeitslosengeld ruht demnach bis zu dem Tage, an dem das Arbeitsverhältnis des X bei Einhaltung der normalen Kündigungsfrist geendet hätte. Maßgeblich für dieses Datum ist somit die Kündigungsfrist des § 622 BGB und diese beträgt für den vorliegenden Fall, weil X drei Jahre bei Z beschäftigt war, gem. § 622 Abs. 2 S. 1 Nr. 1 BGB einen Monat zum Ende eines Kalendermonats.

152. Beschreiben Sie, was unter einer sog. Sperrzeit im Arbeitsförderungsrecht zu verstehen ist.

Eine sog. Sperrzeit im Arbeitsförderungsrecht beschreibt einen Zeitraum, in dem der Anspruch auf Arbeitslosengeld ruht (vgl. § 159 Abs. 1 S. 1 SGB III). Eine solche Sperrzeit tritt gem. § 159 Abs. 1 S. 1 SGB III bei versicherungswidrigem Verhalten des Arbeitnehmers ohne wichtigen Grund ein. Dabei zählt § 159 Abs. 1 S. 2 SGB III enumerativ Fallgestaltungen auf, in denen ein solches versicherungswidriges Verhalten vorliegt, beispielsweise bei Arbeitsaufgabe, Arbeitsablehnung, Meldeversäumnis oder verspäteter Arbeitssuchendmeldung.

218

153. K ist seit zwei Jahren in dem Supermarkt S beschäftigt. Laut Arbeitsvertrag ist ihr keine vergünstigte Beschaffung der Ware zum Eigenbedarf eingeräumt, sämtliche Angestellten des S müssen den Normalpreis für alle Waren bezahlen. Der Arbeitsvertrag regelt auch, dass bei Verletzung dieser arbeitsvertraglichen Regelung dem S ein fristloses Kündigungsrecht zusteht. Als K eines Tages weder Geld noch Essen für ihre Mittagspause dabei hat, nimmt sie sich ein paar Backwaren aus dem Supermarktregal, ohne dafür zu bezahlen. Dabei handelt sie bewusst entgegen der Regelung ihres Arbeitsvertrags, die sie ohnehin als sinnlos erachtet, und hofft, nicht entdeckt zu werden. Dabei wird sie vom Geschäftsführer beobachtet und erhält von S die fristlose Kündigung unter Verweis auf die arbeitsvertraglichen Regelungen. K ist nun arbeitslos. Dies meldet sie umgehend bei der Agentur für Arbeit und sie stellt sich auch schon bei anderen Einzelhandelsunternehmen als Bewerberin vor. Hat sie einen Anspruch auf Arbeitslosengeld nach dem SGB III?

K könnte einen Anspruch auf Arbeitslosengeld gem. § 136 Abs. 1 Nr. 1 SGB III wegen Arbeitslosigkeit haben. Dafür müssten die Voraussetzungen des § 137 Abs. 1 SGB III erfüllt sein. K hat sich arbeitslos gemeldet und die Anwartschaftszeit erfüllt, weil sie bereits zwei Jahre bei S beschäftigt war. Sie müsste ferner arbeitslos sein, was gem. § 138 Abs. 1 Nr. 1-3 SGB III zutrifft bei Beschäftigungslosigkeit, Eigenbemühungen sowie Verfügbarkeit der K. K ist wegen der fristlosen Kündigung durch S beschäftigungslos, sie hat sich auch schon bei anderen potenziellen Arbeitgebern vorgestellt, also Eigenbemühungen unternommen. Anhaltspunkte dafür, dass sie der Agentur für Arbeit nicht zur Verfügung steht, gibt es nicht, so dass K auch arbeitslos im Sinne des § 138 Abs. 1 SGB III ist und dem Grunde nach ein Anspruch auf Arbeitslosengeld gem. § 136 Abs. 1 Nr. 1 SGB III besteht.

219

Dieser könnte allerdings gem. § 159 Abs. 1 SGB III wegen einer Sperrzeit ruhen, wenn K sich ohne wichtigen Grund versicherungswidrig verhalten hat. Als versicherungswidriges Verhalten kommt das Entwenden von Waren aus dem Supermarkt in Betracht, obwohl dieses nach dem Arbeitsvertrag nicht gestattet ist. Dieses könnte ein versiche-

220

rungswidriges Verhalten gem. § 159 Abs. 1 S. 2 Nr. 1 SGB III darstellen, wenn K dadurch Anlass für die Lösung des Beschäftigungsverhältnisses gegeben hat und dadurch vorsätzlich oder grob fahrlässig die Arbeitslosigkeit herbeigeführt hat. Der K war arbeitsvertraglich ausdrücklich das entsprechende Verhalten (Entwendung der Ware ohne Bezahlung) untersagt. Indem K sich bewusst arbeitsvertragswidrig verhalten hat, hat sie einen Anlass für die fristlose Kündigung, also für die Lösung des Beschäftigungsverhältnisses, gegeben. Dabei müsste sie auch vorsätzlich oder grob fahrlässig die Arbeitslosigkeit herbeigeführt haben. Dabei ist grobe Fahrlässigkeit bei der Verletzung der im Verkehr erforderlichen Sorgfalt in besonders hohem Maße gegeben. K war bewusst, dass ihr Verhalten arbeitsvertraglich untersagt ist und sie im Falle der Verletzung einer arbeitsvertraglichen Pflicht mit der fristlosen Kündigung rechnen musste. Damit ist ihr grobe Fahrlässigkeit in Bezug auf die Herbeiführung ihrer Arbeitslosigkeit anzulasten. Es liegt mithin eine Arbeitsaufgabe im Sinne des § 159 Abs. 1 S. 2 Nr. 1 SGB III vor. Ein wichtiger Grund für dieses versicherungswidrige Verhalten der K im Sinne des § 159 Abs. 1 S. 1 SGB III ist nicht ersichtlich; insbesondere kann es kein wichtiger Grund in diesem Sinne sein, dass K ihr Mittagessen vergessen hat und deshalb die Backwaren entwendet. Somit greift der Ruhenstatbestand des § 159 Abs. 1 SGB III ein.

221 Im Falle einer Sperrzeit bei Arbeitsaufgabe, wie sie im vorliegenden Fall gegeben ist, ruht der Anspruch auf Arbeitslosengeld gem. § 159 Abs. 3 S. 1 SGB III grundsätzlich für die Dauer von zwölf Wochen. Eine ausnahmsweise Verkürzung dieser Ruhensdauer gem. § 159 Abs. 3 S. 2 SGB III ist nicht gegeben, so dass der Anspruch der K für die Dauer von zwölf Wochen ruht.

154. Was versteht man unter dem Teilarbeitslosengeld?

222 Das Teilarbeitslosengeld ist in § 162 SGB III geregelt. Es wird dem Grunde nach wie das Arbeitslosengeld gezahlt. Anknüpfungspunkt ist hier allerdings nicht die Arbeitslosigkeit, sondern die Teilarbeitslosigkeit, die gem. § 162 Abs. 2 S. 1 Nr. 1 SGB III gegeben ist bei Verlust einer versicherungspflichtigen Beschäftigung, die neben einer weiteren versicherungspflichtigen Beschäftigung ausgeübt wurde, sofern der Versicherte eine weitere versicherungspflichtige Beschäftigung sucht.

X. Recht der Grundsicherung für Arbeitsuchende

155. Nach welchem Merkmal grenzt sich der Anwendungsbereich der Grundsicherung für Arbeitsuchende (SGB II) von der Sozialhilfe (SGB XII) ab?

223 Abgrenzungsmerkmal für Leistungen im Rahmen der Grundsicherung für Arbeitssuchende nach dem SGB II zu Leistungen der Sozialhilfe nach dem SGB XII ist die Erwerbsfähigkeit: Gem. § 7 Abs. 1 S. 1 Nr. 2 SGB II ist Anspruchsvoraussetzung, dass der Hilfebedürftige erwerbsfähig ist, während die Leistungen nach dem SGB XII allein an die Hilfebedürftigkeit anknüpfen (vgl. § 19 Abs. 1 SGB XII).

156. Welche grundlegenden Gemeinsamkeiten kennzeichnen das SGB II und das SGB XII?

224 Beide Sozialgesetzbücher verfolgen die Zielsetzung, den jeweils Leistungsberechtigten die Führung eines Lebens zu ermöglichen, das der Würde des Menschen entspricht (§ 1 Abs. 1 SGB II, § 1 S. 1 SGB XII). Damit ist jeweils ein Leistungsniveau gemeint, das zwar ein würdevolles Leben ermöglicht; gleichzeitig soll aber in diesem Rahmen nur eine sog. Basissicherung erfolgen, die Grundbedürfnisse abdeckt.

Weiterhin sind das SGB II und das SGB XII beide vom Nachrangprinzip (auch sog. Subsidiaritätsprinzip) geprägt (vgl. § 2 SGB XII bzw. § 3 Abs. 3 SGB II). Dies bedeutet insbesondere, dass eigene Arbeitskraft, eigenes Einkommen und Vermögen und anderweitige Absicherungsmöglichkeiten (insbesondere in Form von familienrechtlichen Unterhaltsansprüchen oder sozialversicherungsrechtlichen Leistungsansprüchen) vorrangig eingebracht bzw. geltend gemacht werden müssen.

Schließlich sind die Leistungen des SGB II und des SGB XII steuerfinanziert.

157. Welche zwei Leistungsarten enthält die Grundsicherung für Arbeitsuchende?

Die Grundsicherung für Arbeitsuchende unterscheidet einerseits die Leistungen zur Eingliederung in Arbeit gem. §§ 14 ff. SGB II als sog. aktive Leistungen und andererseits die Leistungen zur Sicherung des Lebensunterhalts gem. §§ 19 ff. SGB II als sog. passive Leistungen. Letztere sind nachrangig (vgl. § 3 Abs. 3 SGB II), wodurch der zentralen Zielsetzung der Grundsicherung für Arbeitsuchende, Hilfebedürftige in den Arbeitsmarkt zu integrieren, Rechnung getragen wird.

158. Wo findet sich im SGB II die zentrale Bestimmung, welche Personen Leistungsberechtigte nach Maßgabe des SGB II sind?

Die zentrale Bestimmung enthält § 7 Abs. 1 S. 1 SGB II. Leistungsberechtigt sind danach Personen, die das 15. Lebensjahr vollendet und die Altersgrenze des § 7a SGB II noch nicht erreicht haben (§ 7 Abs. 1 S. 1 Nr. 1 SGB II), die erwerbsfähig sind (§ 7 Abs. 1 S. 1 Nr. 2 SGB II), die hilfebedürftig sind (§ 7 Abs. 1 S. 1 Nr. 3 SGB II) und die ihren gewöhnlichen Aufenthalt in der Bundesrepublik Deutschland haben (§ 7 Abs. 1 S. 1 Nr. 4 SGB II). Von einer lediglich „zentralen", aber noch keiner vollständig-abschließenden Bestimmung muss man im Hinblick auf § 7 Abs. 1 S. 1 SGB II deshalb sprechen, weil der exakte Bedeutungsgehalt von § 7 Abs. 1 S. 1 Nr. 1-4 SGB II erst in den nachfolgenden Normen (§§ 7a ff. SGB II) in Form von Legaldefinitionen und teilweise auch in Form von Geldbetragsregelungen bestimmt wird.

159. Können Sie umschreiben, was eine Bedarfsgemeinschaft im Recht der Grundsicherung ist?

Die Bedarfsgemeinschaft ist in § 7 Abs. 2-3a SGB II normiert. Gem. § 7 Abs. 2 S. 1 SGB II erhalten Leistungen der Grundsicherung auch Personen, die mit erwerbsfähigen Leistungsberechtigten in einer Bedarfsgemeinschaft leben. Wer zur Bedarfsgemeinschaft gehört, regelt § 7 Abs. 3 SGB II. Kurz und vergröbernd gesagt zählen danach Partner und Kinder des Hilfebedürftigen zur Bedarfsgemeinschaft.

160. Welche Auswirkungen hat das Bestehen einer Bedarfsgemeinschaft?

Die Auswirkungen einer Bedarfsgemeinschaft erschließen sich nicht auf den ersten Blick. Dadurch, dass § 7 Abs. 2 S. 1 SGB II normiert, dass auch mit einem erwerbsfähigen Leistungsberechtigten in einer Bedarfsgemeinschaft lebende Personen Grundsicherungsleistungen erhalten, stehen über das Konstrukt der Bedarfsgemeinschaft zunächst mehreren Personen – nämlich allen, die der Bedarfsgemeinschaft angehören – Grundsicherungsleistungen zu. Wie sich die Bedarfsgemeinschaft im Einzelnen leistungsrechtlich auswirkt, normieren § 7 Abs. 2-3a SGB II – abgesehen von Bestimmungen betreffend Dienst- und Sachleistungen sowie Leistungen zur Bildung und Teilhabe (vgl. dazu § 7 Abs. 2 S. 2, 3 SGB II) – selbst nicht. Die einzelnen Auswirkungen der Bedarfsgemeinschaft sind vielmehr an zahlreichen Stellen über das SGB II verstreut normiert. Besonders markant sind insoweit die Regelungen zum Sozialgeld. Das Sozialgeld ist gem.

§ 19 Abs. 1 S. 2 SGB II eine Leistung, die speziell auf Personen, die mit einem erwerbsfähigen Leistungsberechtigten in einer Bedarfsgemeinschaft leben, zugeschnitten ist. Wie das Sozialgeld im Einzelnen bemessen wird, normiert § 23 SGB II. Ein weiteres Beispiel für speziell auf die Bedarfsgemeinschaft zugeschnittene Regelungen sind die in § 9 Abs. 2 SGB II zur Berücksichtigung von Einkommen und Vermögen von Personen, die in einer Bedarfsgemeinschaft leben.

161. Nach welchen Merkmalen bemisst sich die Erwerbsfähigkeit, nach welchen Merkmalen die Hilfebedürftigkeit im SGB II?

231 Erwerbsfähig im Sinne des SGB II ist gem. § 8 Abs. 1 SGB II, wer nicht wegen Krankheit oder Behinderung auf absehbare Zeit außerstande ist, unter den üblichen Bedingungen des allgemeinen Arbeitsmarktes mindestens drei Stunden täglich erwerbstätig zu sein.

232 Hilfebedürftig ist gem. § 9 Abs. 1 SGB II, wer seinen Lebensunterhalt nicht oder nicht ausreichend aus dem zu berücksichtigenden Einkommen oder Vermögen sichern kann und die erforderliche Hilfe nicht von anderen, vor allem nicht von Angehörigen oder anderen Sozialleistungsträgern, erhält. Was unter das zu berücksichtigende Einkommen und Vermögen fällt, legen im Einzelnen §§ 11 ff. SGB II fest.

162. Können Sie den Begriff „Regelbedarf zur Sicherung des Lebensunterhalts" erläutern?

233 Der Begriff ist in § 20 SGB II normiert. § 20 Abs. 1 S. 1 SGB II legt zunächst fest, was der Regelbedarf insbesondere alles erfasst und zählt insoweit Ernährung, Kleidung, Körperpflege, Hausrat, Haushaltsenergie ohne die auf die Heizung und Erzeugung von Warmwasser entfallenden Anteile sowie persönliche Bedürfnisse des täglichen Lebens auf. Was zu den persönlichen Bedürfnissen des täglichen Lebens gehört, regelt § 20 Abs. 1 S. 2 SGB II weiterhin dahin gehend, dass zu ihnen auch in vertretbarem Umfang eine Teilhabe am sozialen und kulturellen Leben in der Gemeinschaft gehört. Gem. § 20 Abs. 1 S. 3 SGB II wird der Regelbedarf als monatlicher Pauschalbetrag berücksichtigt.

234 Aus den genannten Bestimmungen folgt noch nicht der konkrete Eurobetrag des gewährten Arbeitslosengeldes II. § 20 Abs. 1a SGB II verweist auf konkretisierende Regelungen (§§ 28 SGB XII und das Regelbedarfs-Ermittlungsgesetz [RBEG]). Für alleinstehende und alleinerziehende Personen normiert § 20 Abs. 2 S. 1 SGB II iVm § 8 RBEG derzeit (2019) ein Arbeitslosengeld II in Höhe von monatlich 424 EUR.

163. Wenn man es sehr salopp ausdrücken möchte, dann könnte man formulieren, dass im Recht der Grundsicherung gilt: „Unterkunft und Heizung gehen extra". Können Sie erklären, was mit dieser Ausdrucksweise gemeint ist?

235 § 22 Abs. 1 S. 1 SGB II regelt, dass Bedarfe für Unterkunft und Heizung in Höhe der tatsächlichen Aufwendungen anerkannt werden, soweit diese angemessen sind. Dies bedeutet, dass diese Bedarfe neben denjenigen Bedarfen anerkannt werden, die das Arbeitslosengeld II abdeckt. Die Regelungen in § 22 Abs. 1 S. 1 SGB II gleichsam bestätigend, normiert § 20 Abs. 1 S. 1 SGB II im Hinblick auf das Arbeitslosengeld II, dass dieses gerade nicht Heizungskosten mit abdeckt.

164. Ist es möglich, dass der Hilfebedürftige neben dem Arbeitslosengeld II und den Bedarfen für Unterkunft und Heizung noch weitere „Sonderbedarfe" geltend machen kann?

Das SGB II kennt den Begriff „Sonderbedarfe" nicht, wohl aber „Mehrbedarfe". Solche sind in § 21 SGB II normiert. Die Mehrbedarfstatbestände sind in § 21 Abs. 2-7 SGB II enthalten. § 21 Abs. 2-5 SGB II enthalten dabei Mehrbedarfe für näher umschriebene Lebenssituationen. So normiert § 21 Abs. 2 SGB II Mehrbedarfe bei werdenden Müttern und § 21 Abs. 5 SGB II Mehrbedarfe für eine kostenaufwändige Ernährung aus medizinischen Gründen. Eine Art Auffangtatbestand für Mehrbedarfe enthält § 21 Abs. 6 SGB II. Dort ist keine bestimmte Lebenssituation näher umschrieben, sondern mittels unbestimmter Rechtsbegriffe („unabweisbarer [...] besonderer Bedarf" etc) wird ein möglicher Mehrbedarf umschrieben.

165. Der alleinstehende 40-jährige G war bis vor einigen Monaten als Pilot beschäftigt, ist aber nun arbeitslos. G hat mittlerweile keinen Anspruch mehr auf Arbeitslosengeld nach dem SGB III. Durch einen insgesamt exzessiven Lebensstil sind alle Sparguthaben des G bis auf 4.000 EUR auf seinem Girokonto aufgebraucht. G wohnt mittlerweile in einer kleinen, bescheidenen Zwei-Zimmer-Wohnung. Das Herz des G hängt an seinem Lamborghini, der einen Marktwert von 140.000 EUR hat. Von diesem möchte er sich nicht trennen. Hat G einen Anspruch auf Arbeitslosengeld II?

G ist leistungsberechtigt nach dem SGB II, wenn die Voraussetzungen des § 7 SGB II vorliegen. G ist 40 Jahre alt, er hat also das 15. Lebensjahr vollendet und auch die Altersgrenze des § 7a SGB II noch nicht erreicht (§ 7 Abs. 1 S. 1 Nr. 1 SGB II). Er müsste gem. § 7 Abs. 1 S. 1 Nr. 2 SGB II außerdem erwerbsfähig sein. Gem. § 8 Abs. 1 SGB II ist erwerbsfähig, wer nicht wegen Krankheit oder Behinderung auf absehbare Zeit außer Stande ist, unter den üblichen Bedingungen des allgemeinen Arbeitsmarktes mindestens drei Stunden täglich erwerbstätig zu sein. Es deutet nichts darauf hin, dass G an einer Krankheit oder Behinderung leiden könnte, somit ist er erwerbsfähig. G müsste außerdem hilfebedürftig sein (§ 7 Abs. 1 S. 1 Nr. 3 SGB II). Hilfebedürftig ist gem. § 9 Abs. 1 SGB II, wer seinen Lebensunterhalt nicht oder nicht ausreichend aus dem zu berücksichtigenden Vermögen oder Einkommen sichern kann und die erforderliche Hilfe nicht von anderen, insbesondere von Angehörigen oder von Trägern anderer Sozialleistungen, erhält. Dabei ist maßgebender Bezugspunkt für eine Hilfebedürftigkeit in diesem Sinne der Regelsatz des Arbeitslosengeld II (siehe dazu schon Nr. 162), dh konkret, ob G in der Lage ist, die 424 EUR monatlich aus seinem Einkommen und/oder Vermögen zu bestreiten. Als Einkommen zu berücksichtigen sind Einnahmen in Geld oder Geldeswert (§ 11 Abs. 1 S. 1 SGB II). G hat keinerlei Einnahmen. Zu dem zu berücksichtigenden Vermögen zählen gem. § 12 Abs. 1 SGB II alle verwertbaren Vermögensgegenstände. Hierzu gehören die 4.000 EUR, die G auf seinem Girokonto hat, sowie der Lamborghini im Wert von 140.000 EUR. Allerdings ist vom Vermögen gem. § 12 Abs. 2 S. 1 Nr. 1 SGB II ein Grundfreibetrag in Höhe von 150 EUR je vollendetem Lebensjahr abzusetzen. Bei G, der 40 Jahre alt ist, beträgt der Freibetrag somit 6.000 EUR. Aufaddiert verfügt G über 144.000 EUR, so dass der Grundfreibetrag eigentlich überschritten ist. Es ist aber fraglich, ob der Lamborghini als Vermögen, aus dem der Lebensunterhalt bestritten werden kann, zu berücksichtigen ist. Nach § 12 Abs. 3 S. 1 Nr. 2 SGB II ist ein angemessenes Kraftfahrzeug nicht zu berücksichtigen. Würde der Lamborghini hierunter fallen, wäre sein Wert nicht zu berücksichtigen und dann würde G nur über 4.000 EUR verfügen und damit den Grundfreibetrag im Sinne von § 12 Abs. 2 S. 1 Nr. 1 SGB II nicht überschreiten; er wäre dann hilfebedürftig. Gem. § 12 Abs. 3 S. 2 SGB II sind für die Angemessenheit die Umstände während des Bezugs der Leistungen zur Grundsicherung für Arbeitsuchende maßgeblich *(nach BSGE 99, 77 ff. ist ein KFZ angemessen im Sinne von § 12 Abs. 3 S. 1 Nr. 2 SGB II bei einem Verkehrswert bis zu 7.500 EUR)*. Für Leistungsbeziehende nach dem SGB II gehört ein Auto im Wert von 140.000 EUR nicht zu den üblichen Lebensumständen, so dass der Lamborghini kein angemessenes Kraftfahrzeug im Sinne der Vorschrift ist. Er fällt also nicht unter § 12 Abs. 3 S. 1 Nr. 2 SGB II, sondern ist als Vermögen zu berücksichtigen. Anhaltspunkte dafür, dass dem G die sofortige Verwertung nicht möglich ist oder dass diese eine besondere Härte bedeuten würde (§ 9 Abs. 4 SGB II), gibt es nicht. Vielmehr könnte G den Lamborghini verwerten und seinen Lebensunterhalt (424 EUR monatlich) aus dem Erlös bestreiten. Somit ist G nicht hilfebedürftig im Sinne von § 9 Abs. 1 SGB II und folglich auch nicht leistungsberechtigt gem. § 7 Abs. 1 S. 1 SGB II.

166. (Abwandlung Nr. 165): G hat sämtliches Ersparte (inklusive den Erlös aus dem Verkauf seines Lamborghinis) aufgebraucht. Er ist aber weiterhin Eigentümer eines Bungalows, dessen einzige Wohnung (Schlafzimmer, Wohnzimmer, Küche, Bad) er selbst bewohnt. Ist G hilfebedürftig im Sinne des SGB II?

238 Gem. § 9 SGB II ist hilfebedürftig, wer seinen Lebensunterhalt nicht oder nicht ausreichend aus dem zu berücksichtigenden Einkommen oder Vermögen sichern kann und die erforderliche Hilfe nicht von anderen, insbesondere Angehörigen oder Trägern anderer Sozialleistungen erhält. Letzteres ist bei G mangels Angaben im Sachverhalt nicht gegeben. Der Bungalow, der in seinem Eigentum steht, könnte hier aber als Vermögen im Sinne von § 12 SGB II zu berücksichtigen sein, da es sich grundsätzlich um einen verwertbaren Vermögensgegenstand im Sinne von § 12 Abs. 1 SGB II handelt. Allerdings beinhaltet § 12 Abs. 3 SGB II einen Katalog von nicht zu berücksichtigen Vermögensbestandteilen, hierunter fällt auch ein selbst genutztes Hausgrundstück von angemessener Größe (§ 12 Abs. 3 Nr. 4 SGB II). Die genaue Größe des Bungalows ist zwar nicht bekannt, wohl aber, dass dieser aus nur einer Wohnung mit Wohnzimmer, Schlafzimmer, Küche und Bad besteht. Daher ist von der Angemessenheit auszugehen und der Bungalow ist nicht als Vermögen zu berücksichtigen, so dass G in diesem Fall hilfebedürftig ist.

167. Können Sie überblicksartig benennen, welche Leistungen zur Eingliederung in Arbeit es nach Maßgabe des SGB II gibt?

239 Die Regelungen zu den Leistungen zur Eingliederung in Arbeit finden sich in den §§ 14-18e SGB II. Die Leistungen zielen vor allem auf den Erhalt, die Verbesserung oder die Wiederherstellung der Erwerbsfähigkeit ab. Um eine einzelfallorientierte Betreuung sicherzustellen, ist die Betreuung durch einen persönlichen Ansprechpartner gem. § 14 S. 2 SGB II festgelegt. Der Abschluss einer sog. Eingliederungsvereinbarung gem. § 15 SGB II kann als Ausprägung der persönlichen Betreuung angesehen werden. § 16 Abs. 1 SGB II verweist auf bestimmte Leistungen nach dem SGB III, zB die Beratung und Vermittlung (§ 16 Abs. 1 S. 2 Nr. 1 SGB II). Die sich anschließenden Normen enthalten darüber hinaus weitere einzelne Leistungen, zB Leistungen zur Eingliederung von Selbstständigen (§ 16c SGB II).

168. Was versteht man unter den sog. „Ein-Euro-Jobs" und wo sind diese geregelt?

240 Es handelt sich bei den sog. „Ein-Euro-Jobs" nach der Terminologie des Gesetzes um Arbeitsgelegenheiten. Diese regelt § 16d SGB II. Es muss sich gem. § 16d Abs. 1 S. 1

SGB II um zusätzliche und wettbewerbsneutrale Tätigkeiten handeln, die im öffentlichen Interesse liegen. Da durch die Aufnahme einer derartigen Tätigkeit kein Arbeits- oder Beschäftigungsverhältnis begründet wird (§ 16 d Abs. 7 S. 2 SGB II), hat der Leistungsempfänger keinen Lohnanspruch, für die Ausübung der Tätigkeit erhält er aber eine sog. Mehraufwandsentschädigung gem. § 16 d Abs. 7 S. 1 SGB II (daher stammt auch die Bezeichnung „Ein-Euro-Job").

169. *Im Stadtpark der Stadt S soll im Sommer ein öffentliches Volksfest mit kulturellem Hintergrund stattfinden. Bei der Ausrichtung des Festes soll ua auch die Städtepartnerschaft der S mit einer chinesischen Stadt betont werden. Daher soll während des Volksfestes im Stadtpark ein chinesischer Garten aufbereitet werden. Diese Ausgestaltung stellt eine Herausforderung für S dar und die entsprechenden finanziellen Mittel zur Beauftragung eines Gartenbauunternehmens stehen nicht zur Verfügung. Könnten Leistungsberechtigte nach dem SGB II mit der Aufgabe, den besagten Garten im Frühjahr herzurichten und bis zum Volksfest und währenddessen zu bewirtschaften, im Rahmen sog. Arbeitsgelegenheiten betraut werden?*

Damit Leistungsbezieher nach dem SGB II mit der derartigen Arbeit im Rahmen von Arbeitsgelegenheiten betraut werden können, müssen die Voraussetzungen des § 16 d Abs. 1 S. 1 SGB II vorliegen. Es müsste sich also um Arbeiten handeln, die zusätzlich und wettbewerbsneutral sind und im öffentlichen Interesse liegen (§ 16 d Abs. 1 S. 1 SGB II). Wann Arbeiten zusätzlich in diesem Sinne sind, normiert § 16 d Abs. 2 S. 1 SGB II. Es müsste sich demnach um Arbeiten handeln, die ohne die Förderung nicht, nicht in diesem Umfang oder aber zu einem späteren Zeitpunkt durchgeführt würden. Vorliegend geht es um die Herrichtung und Bewirtschaftung des chinesischen Gartens. Da S nicht über die ausreichenden finanziellen Mittel verfügt, um den Garten anzulegen, ist davon auszugehen, dass ohne eine Förderung durch die Arbeitsgelegenheiten auf das Anlegen des Gartens verzichtet werden müsste und damit die Arbeiten gar nicht durchgeführt würden. Es handelt sich daher um zusätzliche Arbeiten. Sie müssten außerdem im öffentlichen Interesse liegen. Dies ist gem. § 16 d Abs. 3 S. 1 SGB II der Fall, wenn das Ergebnis der Arbeiten der Allgemeinheit dient. Hier soll das Ergebnis der Arbeiten, der hergerichtete chinesische Garten, bei dem anstehenden öffentlichen Volksfest der Veranschaulichung der Städtepartnerschaft dienen. Seine Herrichtung dient damit der Allgemeinheit. Letztlich müssten die Arbeiten wettbewerbsneutral sein. Dies ist gem. § 16 d Abs. 4 SGB II der Fall, wenn durch sie eine Beeinträchtigung der Wirtschaft infolge der Förderung nicht zu befürchten ist und Erwerbstätigkeit auf dem allgemeinen Arbeitsmarkt weder verdrängt noch in ihrer Entstehung verhindert wird. Hier könnte zwar ansonsten ein Gartenbauunternehmen mit der Aufgabe der Herrichtung und Bewirtschaftung des Gartens beauftragt werden, allerdings hat S ohnehin keine finanzielle Kapazität für eine derartige Beauftragung, so dass eine solche ausscheidet und damit eine Beeinträchtigung der Wirtschaft nicht zu befürchten ist. Die Arbeiten sind demzufolge auch wettbewerbsneutral. Sie können damit im Ergebnis an Leistungsberechtigte nach dem SGB II als Arbeitsgelegenheiten zugewiesen werden.

170. *Fortführung (Nr. 169): Die Aufgabe der Gartenanlegung und Bewirtschaftung wird ua auch dem A, der Arbeitslosengeld II bezieht, als Arbeitsgelegenheit zugewiesen. A wurde dabei schriftlich über die Rechtsfolgen belehrt, die ihn im Falle seiner Weigerung treffen würden. Hat A einen Anspruch auf Lohn gem. § 612 Abs. 2 BGB?*

A hat keinen Anspruch nach § 612 Abs. 2 BGB. Es wurde mangels entsprechender darauf abzielender Willenserklärungen kein Arbeitsvertrag geschlossen, sondern A wurde vielmehr von der Sozialverwaltungsbehörde die Arbeitsgelegenheit gem. § 16 d SGB II einseitig zugewiesen. Es entstand somit kein Arbeitsverhältnis, so dass auch kein Lohnanspruch des A nach § 612 Abs. 2 BGB besteht. A hat aber einen Anspruch auf eine angemessene Entschädigung für die Mehraufwendungen gegen den Leistungsträger (§ 16 d Abs. 7 S. 1 SGB II).

171. Fortführung (Nr. 170): Angesichts dessen, dass er keine Aussicht auf einen „richtigen Lohn" hat, weigert sich A, die geforderte Arbeit zu verrichten. Er ist der Ansicht, von ihm als ausgebildeten Akademiker könne nicht verlangt werden, derartige Gärtneraufgaben zu übernehmen, zumal er ohnehin nicht über Kenntnisse im Bereich des Gartenbaus verfüge. Welche Folgen hat die Weigerung des A?

243 Die Weigerung des A könnte zu einer Kürzung der monetären Leistung gem. § 31a Abs. 1 S. 1 SGB II führen. Die Weigerung des A, die ihm zugewiesene Arbeitsangelegenheit gem. § 16 d SGB II auszuführen, könnte eine Pflichtverletzung gem. § 31 Abs. 1 S. 1 Nr. 2 SGB II darstellen, wenn es sich um eine zumutbare Arbeitsangelegenheit handelt und A schriftlich über die Rechtsfolgen einer Weigerung belehrt wurde. Die schriftliche Belehrung liegt vor.

244 A trägt vor, von ihm als Akademiker könnten die Gärtnerarbeiten nicht verlangt werden. Damit möchte er auch zum Ausdruck bringen, die abverlangte Tätigkeit sei ihm unzumutbar. Gem. § 10 Abs. 2 Nr. 2 SGB II ist eine Arbeit aber nicht allein deshalb unzumutbar, weil sie im Hinblick auf die Ausbildung der erwerbsfähigen leistungsberechtigten Person als geringwertig anzusehen ist. Demzufolge geht der Einwand des A ins Leere; die Arbeit ist ihm nicht unzumutbar. Ein wichtiger Grund im Sinne von § 31 Abs. 1 S. 2 SGB II, der eine Pflichtverletzung ausschließen könnte, ist nicht ersichtlich.

245 Die Voraussetzungen von § 31 a Abs. 1 S. 1 SGB II sind somit erfüllt. Die Norm hat eine zwingende Kürzung des Arbeitslosengelds II um 30% seines Regelbedarfs zur Folge.

172. Welchem Grundprinzip des Grundsicherungsrechts tragen die §§ 31ff. SGB II Rechnung?

246 §§ 31 ff. SGB II regeln Sanktionen für Leistungsberechtigte im Falle von Pflichtverletzungen. Pflichtverletzungen lassen sich als Verhaltensweisen begreifen, bei denen der Leistungsberechtigte den Anforderungen des Forderns – als eines der Teilelemente des Prinzips des Förderns und Forderns (vgl. §§ 2, 14 SGB II) – nicht nachkommt; dies wird sanktioniert.

XI. Sozialhilferecht

173. Bedarf es im Sozialhilferecht eines Antrages des Leistungsempfängers?

247 Nein, grundsätzlich bedarf es im Sozialhilferecht keines Antrages des Leistungsempfängers. Die Leistungen der Sozialhilfe werden von Amts wegen gewährt, sobald der Leistungsträger Kenntnis von der Hilfebedürftigkeit des Betroffenen hat. Abweichend von diesem Grundsatz ist ein Antrag nur erforderlich, wenn dies gesondert normiert ist (siehe § 44 Abs. 1 S. 1 SGB XII).

B. Sozialrechtlicher Fragen- und Fallkatalog

174. Was bedeutet der Grundsatz der Subsidiarität im Sozialhilferecht und inwiefern lassen sich hier Parallelen zur Grundsicherung für Arbeitsuchende erkennen?

Der Grundsatz der Subsidiarität (siehe dazu schon Nr. 156) besagt, dass die Sozialhilfe grundsätzlich nachrangig ist. Dies normiert ausdrücklich auch § 2 SGB XII. Konkret heißt das: Soweit der Hilfebedürftige anderweitig Hilfe bekommen kann, sei es durch Selbsthilfe, Leistungen anderer Sozialleistungsträger oder Hilfe von Angehörigen, besteht kein Anspruch nach dem SGB XII. Insbesondere sind auch Einkommen und Vermögen vorrangig einzusetzen (vgl. §§ 82 ff., 90 f. SGB XII). Diese grundsätzliche Subsidiarität stellt eine Parallele zum Grundsicherungsrecht (SGB II) dar (vgl. § 5 SGB II). Auch im Grundsicherungsrecht finden zudem Einkommen und Vermögen Berücksichtigung im Hinblick auf die Leistungsgewährung (vgl. dort §§ 11 ff. SGB II).

248

175. Welche Leistungsarten kennt das SGB XII?

Die Leistungsarten des SGB XII lassen sich ausweislich dessen Untergliederung in mehrere Kapitel entnehmen. Die Leistungsarten sind dabei in den Überschriften der Kapitel drei bis neun aufgeführt bzw. benannt. Demnach gibt es: Hilfe zum Lebensunterhalt (Drittes Kapitel, §§ 27-40 SGB XII), Grundsicherung im Alter und bei Erwerbsminderung (Viertes Kapitel, §§ 41-46 b SGB XII), Hilfen zur Gesundheit (Fünftes Kapitel, §§ 47-52 SGB XII), Eingliederungshilfe für behinderte Menschen (Sechstes Kapitel, §§ 53-60 a SGB XII), Hilfe zur Pflege (Siebtes Kapitel, §§ 61-66 a SGB XII), Hilfe zur Überwindung besonderer sozialer Schwierigkeiten (Achtes Kapitel, §§ 67-69 SGB XII) und Hilfe in anderen Lebenslagen (Neuntes Kapitel, §§ 70-74 SGB XII).

249

176. Ist die These zutreffend, dass die Hilfe zum Lebensunterhalt gem. §§ 27 ff. SGB XII nach ähnlichen Grundsätzen bemessen wird wie die Leistungen zur Sicherung des Lebensunterhalts gem. §§ 19 ff. SGB II?

Diese These ist durchaus zutreffend. Sowohl die Hilfe zum Lebensunterhalt gem. §§ 27 ff. SGB XII als auch die Leistungen zur Sicherung des Lebensunterhalts gem. §§ 19 ff. SGB II orientieren sich grundlegend an Regelbedarfen und weiteren Bedarfen, dh es wird jeweils grundsätzlich zunächst ein Regelbedarf festgelegt (vgl. § 20 SGB II, §§ 27 a ff. SGB XII) und dieser wird durch Leistung etwaiger zusätzlicher Bedarfe bzw. Mehrbedarfe ergänzt (vgl. §§ 21 f. SGB II, §§ 30 ff. SGB XII). Eine weitere Parallele ist darin zu sehen, dass Leistungen für Unterkunft und Heizung neben dem Regelbedarf zusätzlich in Höhe der tatsächlichen Aufwendungen gewährt werden (vgl. § 22 SGB II, § 35 SGB XII; siehe zu ersterem schon Nr. 163).

250

XII. Sozialrechtliche Nebengebiete

177. Kennen Sie außerhalb des SGB geregelte soziale Entschädigungsgesetze? Nennen Sie ein paar Beispiele.

Es gibt außerhalb des Sozialgesetzbuchs einige Gesetze, die dem Bereich der sozialen Entschädigung zuzuordnen sind. Beispielsweise gibt es die Regelungen des Bundesversorgungsgesetzes (BVG), die Entschädigung bei Kriegsfolgen vorsehen, das Opferentschädigungsgesetz (OEG), bei dem es um die Entschädigung im Falle von Gewalttaten geht, sowie das Infektionsschutzgesetz (IfSG), welches etwa Regelungen betreffend die Entschädigung bei Impfschäden enthält, ferner etwa das Soldatenversorgungsgesetz (SVG) und das Zivildienstgesetz (ZDG).

251

178. Innerhalb des sozialen Entschädigungsrechts gilt das Bundesversorgungsgesetz als das „zentrale" Entschädigungsgesetz. Können Sie dies erläutern?

252 Das Bundesversorgungsgesetz erfasst das Recht der Kriegsopferversorgung. Es hatte daher in den ersten Jahren nach dem Zweiten Weltkrieg sehr große praktische Bedeutung. Diese ist im Laufe der Zeit immer geringer worden. Insoweit scheint das Bundesversorgungsgesetz nicht mehr als ein zentrales Entschädigungsgesetz. Es ist aber gleichwohl von nach wie vor zentraler Bedeutung. Dies liegt daran, dass zahlreiche andere soziale Entschädigungsgesetze im Hinblick auf die Anspruchsvoraussetzungen oder die Leistungen auf das Bundesversorgungsgesetz verweisen und dieses für entsprechend anwendbar erklären. Ein Beispiel für diese Regelungstechnik findet sich in § 1 Abs. 1 S. 1 OEG.

179. Das soziale Entschädigungsrecht ist durch Kausalitätserfordernisse gekennzeichnet. Können Sie dies erläutern?

253 Das Sozialrecht kennt sog. kausal strukturierte Teilgebiete (siehe dazu schon Nr. 6). Zu denen zählt auch das soziale Entschädigungsrecht. Die Grundstruktur der Entschädigungstatbestände besteht darin, dass das jeweilige Entschädigungsgesetz entschädigungsrelevante Tätigkeiten bzw. Ereignisse normiert, bei denen bzw. durch die es zu einem Schadensereignis gekommen ist. Dieses Schadensereignis muss dann seinerseits einen Gesundheitsschaden und/oder wirtschaftlichen Nachteil nach sich gezogen haben. Es besteht somit ein doppeltes Kausalitätserfordernis. Dieses Grundprinzip lässt sich beispielhaft und besonders anschaulich anhand von § 1 BVG aufzeigen. Gem. § 1 Abs. 1 BVG erhält ua jemand, der „durch" eine militärische Dienstverrichtung eine gesundheitliche Schädigung erlitten hat, wegen der gesundheitlichen und wirtschaftlichen Folgen der Schädigung Versorgung.

180. S ist 19 Jahre alt und deutscher Staatsangehöriger. Er beginnt nach Erlangung des Abiturs ein Hochschulstudium in B. Er kann von seinen Eltern dabei finanziell nicht unterstützt werden und verfügt über kein eigenes Einkommen. S muss für das Studium seinen Heimatort verlassen und sich in B ein Studentenzimmer mieten. Hat S einen Anspruch auf Leistungen nach dem BAföG?

254 Für Ansprüche nach dem BAföG müsste es sich zunächst um eine förderungsfähige Ausbildung handeln. S beginnt ein Hochschulstudium. Gem. § 2 Abs. 1 S. 1 Nr. 6 BAföG ist der Besuch einer Hochschule für die Ausbildungsförderung erfasst. S müsste darüber hinaus die persönlichen Voraussetzungen für die Förderung gem. §§ 8-10 BAföG erfüllen. S ist deutscher Staatsangehöriger, also Deutscher nach Maßgabe des Art. 116 Abs. 1 GG und erfüllt damit die Voraussetzung des § 8 Abs. 1 Nr. 1 BAföG. Er müsste außerdem die gem. § 9 BAföG erforderliche Eignung aufweisen. Gem. § 9 Abs. 1 BAföG wird die Eignung angenommen, wenn die Leistungen des Auszubildenden erwarten lassen, dass er das angestrebte Ausbildungsziel erreicht. S beginnt sein Studium gerade, so dass Leistungsfortschritte gem. § 9 Abs. 2 BAföG noch nicht festzustellen sind, aber aufgrund des Erlangens der allgemeinen Hochschulreife ist ihm grundsätzlich eine Erfolgsaussicht für den Beginn eines Hochschulstudiums zuzusprechen. S ist daher auch geeignet im Sinne von § 9 Abs. 1 BAföG. Er dürfte außerdem die Altersgrenze des § 10 BAföG nicht überschritten haben. Für S gilt die Altersgrenze des § 10 Abs. 3 BAföG, die er mit seinen 19 Jahren nicht überschritten hat, so dass die persönlichen Voraussetzungen vorliegen. S kann von seinen Eltern nicht unterstützt wer-

den und verfügt über kein eigenes Einkommen. Somit liegt auch kein anzurechnendes Einkommen und Vermögen gem. § 11 Abs. 2-4 iVm §§ 21 ff. BAföG vor.

Der Umfang der Förderung, die S erhält, richtet sich nach §§ 11 ff. BAföG. S, der nicht mehr bei seinen Eltern wohnt, erhält gem. § 13 Abs. 1 Nr. 2, Abs. 2 Nr. 2 BAföG eine monatliche Pauschalleistung in Höhe von 744 EUR. Er muss gem. § 46 BAföG noch einen entsprechenden Antrag auf die Förderung beim zuständigen BAföG-Amt stellen.

181. Abwandlung: Kann S Leistungen in einem größeren Umfang als im Ausgangsfall (Nr. 180) verlangen, wenn er ein Abitur mit dem Durchschnitt 1,0 absolviert hat und im weiteren Studienverlauf in sämtlichen (Teil-)Prüfungsleistungen immer Bestnoten erzielt?

In dem Fall kann S keine umfangreicheren Leistungen nach Maßgabe des BAföG verlangen als im Ausgangsfall. Dies ist dadurch bedingt, dass das Grundanliegen der Ausbildungsförderung keine Förderung von Hochbegabten ist, sondern vielmehr eine Sicherstellung der Bildungschancen der Gesamtheit, unabhängig von der jeweiligen finanziellen Situation. Es soll sichergestellt werden, dass auch finanziell schwächere Personen eine angemessene Ausbildung beschreiten können.

182. Fortführung (Nr. 180): Angenommen, S hat sein Studium nach fünf Jahren erfolgreich beendet. Treffen ihn Verpflichtungen nach dem BAföG?

Die Leistungen, die S nach Maßgabe des BAföG erhalten hat, wurden ihm zum Teil als Darlehen gewährt (vgl. § 17 Abs. 2 BAföG). Deshalb trifft den S diesbezüglich ggf. eine Rückzahlungsverpflichtung nach Maßgabe der §§ 18 ff. BAföG. In welcher Höhe ihn diese Rückzahlungsverpflichtung trifft, ist aber von vielen Faktoren abhängig – so zB vom Einkommen des S (vgl. § 18 a BAföG) oder davon, wie gut S sein Studium abgeschlossen hat; sollte S nämlich zu den besten Absolventen gehören, so ist ihm auf Antrag nach näherer Maßgabe von § 18 b BAföG der Darlehensbetrag teilweise zu erlassen. Somit lassen sich aufgrund der knappen Sachverhaltsangaben die genauen Verpflichtungen des S nicht benennen.

183. M und F haben einen Sohn S, dessen Betreuung und Erziehung sich die F während seiner ersten drei Lebensjahre vollumfänglich gewidmet hat. Nun ist S drei Jahre alt geworden und F sehnt sich nach ihrer früher ausgeübten beruflichen Tätigkeit zurück. S soll daher in den Kindergarten gehen. Von den Nachbarn, die ebenfalls ein gleichaltriges Kind haben, hören F und M, dass der örtliche Kindergarten schon voll belegt sei. F aber meint, S habe einen Anspruch auf einen Kindergartenplatz. Wie ist die Rechtslage?

Ein Anspruch auf einen Kindergartenplatz für S könnte sich aus § 24 SGB VIII ergeben. Gem. § 24 Abs. 3 S. 1 SGB VIII hat ein Kind, das das dritte Lebensjahr vollendet hat, einen Anspruch auf Förderung in einer Tageseinrichtung bis zum Schuleintritt. S hat das dritte Lebensjahr vollendet, so dass ein derartiger Anspruch besteht. Der Kindergarten fällt unter eine solche Tageseinrichtung im Sinne des § 22 Abs. 1 S. 1 SGB VIII. Somit hat S einen Anspruch auf einen Kindergartenplatz gem. § 24 Abs. 3 S. 1 SGB VIII. Der Umstand, dass der örtliche Kindergarten schon voll belegt ist, steht dem nicht entgegen, denn das SGB VIII enthält keinen „Kapazitätsvorbehalt". Anspruchsgegner ist der örtlich zuständige Träger der öffentlichen Jugendhilfe (§ 85 Abs. 1 SGB VIII). S hat somit gegen diesen einen Anspruch auf Verschaffung eines Kindergartenplatzes.

184. Das SGB IX wurde in jüngerer Vergangenheit durch das Bundesteilhabegesetz umfassend reformiert; ua wurde der Behindertenbegriff neu gefasst. Wie definiert sich eine Behinderung nach der neuen Begrifflichkeit und worin ist der Hauptunterschied im Vergleich zum vorherigen Behindertenbegriff zu sehen? Wo ist die Definition normiert?

259 Die Definition des neuen Behindertenbegriffs findet sich in § 2 Abs. 1 SGB IX. Demnach sind Menschen mit Behinderungen Menschen, die körperliche, seelische, geistige oder Sinnesbeeinträchtigungen haben, die sie in Wechselwirkung mit einstellungs- und umweltbedingten Barrieren an der gleichberechtigten Teilhabe an der Gesellschaft mit hoher Wahrscheinlichkeit länger als sechs Monate hindern können. Gem. Satz 2 liegen Beeinträchtigungen in diesem Sinne vor, wenn der Körper- und Gesundheitszustand von dem für das Lebensalter typischen Zustand abweicht. Im Unterschied zum alten Behindertenbegriff wird die Beeinträchtigung der gleichen Teilhabe an Rechten und Ressourcen in der Gesellschaft zum wesentlichen Merkmal der Behinderung und nicht, wie zuvor, eine individuelle Körperstörung *(siehe zum Bundesteilhabegesetz eingehend Kainz, NZS 2017, 649).*

XIII. Sozialverwaltungsverfahrensrecht

185. Was ist im Sozialrecht in der Alltagspraxis die zentrale verwaltungsrechtliche Handlungsform, die Behörden gegenüber dem Bürger anwenden?

260 Das Sozialrecht ist zum Großteil Verwaltungsrecht und dies kommt auch im Hinblick auf die behördlichen Handlungsformen zum Ausdruck: Zentrale Handlungsform der Behörde gegenüber dem Bürger ist, wie im gesamten Verwaltungsrecht, der Verwaltungsakt im Sinne des § 31 S. 1 SGB X.

186. Der 30-jährige E ist sozialversicherungspflichtig beschäftigt. Er erhält jährlich eine sog. Renteninformation gem. § 109 Abs. 1 S. 1 SGB VI, in der ihm ua die voraussichtliche Höhe seiner späteren Regelaltersrente mitgeteilt wird. E studiert nebenberuflich Jura und fragt sich, ob es sich bei der Renteninformation um einen Verwaltungsakt handelt.

261 Im Hinblick auf das Vorliegen eines Verwaltungsaktes im Sinne des § 31 S. 1 SGB X ist das Merkmal der Regelung problematisch. Die Regelungswirkung ist gegeben, wenn die öffentlich-rechtlich handelnde Behörde mit dem Willen vorgeht, Rechtsfolgen einseitig zu bestimmen. Bei der Renteninformation ist allerdings fraglich, ob mit ihr eine derartige Rechtsfolge gesetzt werden soll. Die Renteninformation hat gem. § 109 Abs. 3 Nr. 3 SGB VI lediglich eine Prognose hinsichtlich der Höhe der Rente zu enthalten. Damit soll eine verbindliche Rechtsfolge gerade nicht festgelegt werden. Vielmehr soll die Renteninformation dem Leistungsempfänger lediglich eine unverbindliche Auskunft geben, indem sie ihm vor allem eine Prognose bezüglich der Höhe der späteren Rente gibt. Sie soll dem Leistungsempfänger so gewissermaßen dadurch als Service-Leistung zu Gute kommen, dass sie zusätzliche Anhaltspunkte für dessen eigene Kalkulation liefert. Sie kann beispielsweise insbesondere bei der Einschätzung der Notwendigkeit etwaiger zusätzlicher Altersvorsorgedispositionen behilflich sein. Es fehlt dementsprechend an der Regelungswirkung und die Renteninformation ist demnach kein Verwaltungsakt im Sinne des § 31 S. 1 SGB X.

187. Was ist eine Allgemeinverfügung und wo ist diese normiert?

262 Eine Allgemeinverfügung ist nach § 31 S. 2 SGB X ein Verwaltungsakt, der sich an einen nach allgemeinen Merkmalen bestimmten oder bestimmbaren Personenkreis

richtet oder die öffentlich-rechtliche Eigenschaft einer Sache oder ihre Benutzung durch die Allgemeinheit regelt.

188. Nachdem ein neues Arzneimittel auf den Markt gekommen ist und gute Behandlungsaussichten verspricht, setzt der Gemeinsame Bundesausschuss (siehe § 91 SGB V) für dieses einen Festbetrag gem. § 35 SGB V fest. In welcher Handlungsform ist der Gemeinsame Bundesausschuss tätig geworden?

In Betracht kommt zunächst das Tätigwerden des Gemeinsamen Bundesausschusses in Form eines Verwaltungsaktes gem. § 31 S. 1 SGB X. Es liegt in der Festsetzung nämlich eine behördliche Maßnahme mit Regelungswirkung auf dem Gebiet des öffentlichen Rechts mit Außenwirkung, weil die Versicherten davon betroffen sind, vor. Es geht allerdings nicht um die Festsetzung eines Festbetrages für einen konkreten Versicherten, sondern vielmehr um eine generelle Festbetragsfestsetzung, die für alle Versicherten gilt, die das fragliche Arzneimittel beanspruchen können. Damit fehlt es an der für den Verwaltungsakt erforderlichen Einzelfallbezogenheit.

Es könnte aber eine Allgemeinverfügung im Sinne des § 31 S. 2 SGB X vorliegen. Dafür müsste die Maßnahme nicht auf einen Einzelfall gerichtet sein, sondern an einen nach allgemeinen Merkmalen bestimmten oder bestimmbaren Personenkreis. Die Festbetragsfestsetzung richtet sich an Versicherte, die das konkrete Arzneimittel im Rahmen des Leistungskatalogs der gesetzlichen Krankenversicherung in Anspruch nehmen können. Damit handelt es sich um einen bestimmbaren Personenkreis. Der Gemeinsame Bundesausschuss hat in Form einer Allgemeinverfügung gehandelt. *(BSGE 94, 1 ff.)*

189. E ist sozialversicherungspflichtig beschäftigt und 45 Jahre alt, als bei ihm eine volle Erwerbsminderung im Sinne von § 43 Abs. 2 S. 2 SGB VI eintritt. Er hat die allgemeine Wartezeit und die Pflichtbeiträge gem. § 43 Abs. 2 S. 1 Nr. 2, 3 SGB VI erfüllt. Er erhält vom Rentenversicherungsträger R einen Bescheid, in dem ihm eine Rente nach § 43 Abs. 2 S. 1 SGB VI gewährt wird. Dieser Bescheid enthält folgenden Zusatz: E erhält die Rente nur, wenn er den von der Rentenversicherung organisierten Kurs „praktische Tipps und Tricks für Erwerbsgeminderte im Alltag", der zweimal pro Woche stattfindet, besucht. E fragt sich, ob dieser Zusatz rechtmäßig ist?

Der Bescheid stellt einen Verwaltungsakt im Sinne des § 31 S. 1 SGB X dar. Es könnte sich bei dem „Zusatz" um eine Nebenbestimmung zu diesem Verwaltungsakt handeln. Deren Zulässigkeit richtet sich nach § 32 SGB X. § 32 SGB X trifft im Hinblick auf die Zulässigkeit von Nebenbestimmungen in Absatz 1 und Absatz 2 folgende Unterscheidung: Absatz 1 regelt die Zulässigkeit von Nebenbestimmungen für gebundene Entscheidungen, Absatz 2 regelt die Zulässigkeit von Nebenbestimmungen für Ermessensverwaltungsakte. Es kommt somit darauf an, ob E auf den Rentenbescheid einen Anspruch hat. Es handelt sich bei dem rentengewährenden Bescheid um einen Verwaltungsakt, auf den ein Anspruch besteht, da wegen des Vorliegens der Voraussetzungen des § 43 Abs. 2 SGB VI der E einen Anspruch auf die Gewährung einer Erwerbsminderungsrente gem. § 43 Abs. 2 SGB VI hat. Damit gilt für den Bescheid § 32 Abs. 1 SGB X und demnach darf er nur mit einer Nebenbestimmung versehen werden, wenn die Nebenbestimmung entweder durch Rechtsvorschrift zugelassen ist oder sicherstellt, dass die gesetzlichen Voraussetzungen des Verwaltungsaktes erfüllt werden. Eine Zulassung durch Rechtsvorschrift liegt nicht vor. Die Voraussetzungen für die Gewährung einer Rente wegen voller Erwerbsminderung sind gem. § 43 Abs. 2 SGB VI das Vorliegen der vollen Erwerbsminderung, die Erfüllung der allgemeinen Wartezeit und die Pflichtbeiträge im Sinne von § 43 Abs. 2 S. 1 Nr. 2 SGB VI. Diese Voraussetzungen sind bei E gegeben, und zwar unabhängig von dem Besuch des genannten Kursangebots. Der Kurs hat hingegen keinerlei Beziehung zu den Voraussetzungen für die Gewährung der Rente. Damit dient der Zusatz, dass E den Kurs besuchen muss, keineswegs der Erfüllung der gesetzlichen Voraussetzungen für die Gewährung der Rente und ist damit auch gem. § 32 Abs. 1 SGB X als Nebenbestimmung nicht zulässig.

190. Können Sie knapp und überblicksartig umschreiben,

a) wo die Aufhebung von Sozialverwaltungsakten gesetzlich geregelt ist?,

b) welchen Interessen auf Seiten der Sozialleistungsträger und auf Seiten der Sozialleistungsempfänger diese Regelungen Rechnung tragen?,

c) nach welchen Grundprinzipien im Hinblick auf die jeweils erfassten Fallgestaltungen die entsprechenden gesetzlichen Regelungen gegliedert sind?

266 a) Die Aufhebung von Verwaltungsakten im Sozialrecht ist in §§ 44-51 SGB X geregelt.

b) Diese Regelungen tragen einerseits dem Vertrauensschutz des Bürgers Rechnung, der im Sozialrecht stärker ausgeprägt ist als im allgemeinen Verwaltungsrecht. Insbesondere bei der Abänderung begünstigender Verwaltungsakte steht vor allem dieser Vertrauensschutz des Bürgers im Mittelpunkt. Andererseits kann diesem Vertrauensinteresse das Interesse an der Herstellung rechtmäßiger Zustände als Ausprägung des Rechtsstaatsprinzips gegenüberstehen; diese Gegenüberstellung ist gegeben, wenn die Aufhebung eines rechtswidrigen Verwaltungsaktes in Rede steht.

c) Die Regelungen zur Aufhebung von Sozialverwaltungsakten unterschieden zwischen rechtswidrigen und rechtmäßigen Veraltungsakten, weiterhin zwischen begünstigenden und belastenden Verwaltungsakten. Ferner ist von Bedeutung, ob der Verwaltungsakt anfänglich oder nachträglich rechtswidrig/rechtmäßig ist bzw. geworden ist. Die Regelungen stellen unterschiedliche Anforderungen an die Aufhebung der jeweiligen Verwaltungsakte, um der jeweiligen Interessenlage gerecht zu werden.

191. A stellt am 23.5.2019 beim zuständigen Jobcenter einen Antrag auf Gewährung von Arbeitslosengeld II. Mit Bescheid vom 27.5.2019 wird dem A mit Wirkung zum 1.6.2019 Arbeitslosengeld II gewährt. Schon im Zusammenhang mit der Antragstellung auf die SGB II-Leistungen unterließ es A, auf vorhandenes Vermögen, das sich auf einem Sparbuch befindet, hinzuweisen. Das Sparbuchguthaben macht A nicht hilfebedürftig im Sinne des SGB II, was A auch wusste. Welche Möglichkeiten hat das Jobcenter, wenn es von dem Sparbuch des A im Laufe des Monats Juni 2019 erfährt?

267 Das Jobcenter könnte berechtigt sein, den Bescheid vom 27.5.2019 nach Maßgabe von § 45 SGB X zurückzunehmen. Gem. § 45 Abs. 1 SGB X müsste dazu ein rechtlich begünstigender Verwaltungsakt gegeben sein, der rechtswidrig ist. Die Rechtswidrigkeit muss eine anfängliche sein, dh sie muss im Zeitpunkt des Erlasses des Verwaltungsaktes vorgelegen haben, wie sich aus einer Gegenüberstellung mit § 48 SGB X ergibt, der die Rücknahme eines anfänglich rechtmäßigen und nachträglich rechtswidrig werdenden Verwaltungsaktes normiert.

268 Der Arbeitslosengeld II-Bescheid vom 27.5.2019 erfüllt alle Merkmale des § 31 S. 1 SGB X, so dass ein Verwaltungsakt gegeben ist. Dieser ist für den A auch rechtlich be-

günstigend. Er ist ebenso rechtswidrig – und zwar von Anfang an –, da A nach Maßgabe des SGB II nicht hilfebedürftig war und somit keinen Anspruch auf Gewährung von Arbeitslosengeld II hatte.

Die Rücknahme ist aber gem. § 45 Abs. 1 am Ende SGB X nur unter den einschränkenden Voraussetzungen der Absätze 2 bis 4 möglich. Diese Regelungen tragen den Vertrauensschutzbelangen des Leistungsempfängers Rechnung. Gem. § 45 Abs. 2 S. 3 Nr. 2, 3 SGB X kann sich der Begünstigte auf Vertrauen nicht berufen, soweit der Verwaltungsakt auf Angaben beruht, die der Begünstigte vorsätzlich oder grob fahrlässig in wesentlicher Beziehung unrichtig oder unvollständig gemacht hat (Nr. 2) oder er ua die Rechtswidrigkeit des Verwaltungsaktes kannte (Nr. 3). Beide angeführten Nummern sind hier einschlägig, denn A gab bewusst sein Sparbuchguthaben nicht an und er wusste auch, dass im Falle der Angabe des Sparguthabens das Jobcenter ihn als nicht hilfebedürftig erachten wird und ihm kein Arbeitslosengeld II gewähren wird. Das Vertrauen des A ist somit nicht schutzwürdig. Gem. § 45 Abs. 4 S. 1 SGB X kann im Falle des § 45 Abs. 2 S. 3 SGB X die Behörde den Verwaltungsakt sogar mit Wirkung für die Vergangenheit zurücknehmen, dh hier mit Wirkung zum 1.6.2019 (Beginn der Leistungsgewährung). Wenn dies geschieht, dann steht dem Jobcenter ein Erstattungsanspruch nach Maßgabe von § 50 SGB X für das bereits geleistete Arbeitslosengeld II zu.

192. B erlitt vor geraumer Zeit einen Arbeitsunfall nach Maßgabe des SGB VII. Der erlittene Unfall äußerte sich körperlich darin, dass B in beiden Beinen infolge eines Sturzes Lähmungserscheinungen hatte. Die Leistungsvoraussetzungen für den Bezug einer Verletztenrente gem. § 56 SGB VII lagen vor. Nachdem B einige Monate aufgrund eines Leistungsbescheids eine Verletztenrente bezogen hat, bessert sich plötzlich der Zustand der Beine wieder und es liegen keine Funktionsbeeinträchtigungen mehr vor. Damit geht einher, dass nach Maßgabe des SGB VII die Voraussetzungen für den weiteren Bezug einer Verletztenrente nicht mehr vorliegen. B macht dem zuständigen Unfallversicherungsträger U keine Mitteilung über den veränderten Gesundheitszustand. U erfährt anderweitig von der Gesundung des B. Möglichkeiten des U?

U könnte gem. § 48 Abs. 1 S. 1 SGB X berechtigt sein, den Leistungsbescheid über die Verletztenrente aufzuheben. Dazu müsste es sich bei dem Bescheid zunächst um einen Verwaltungsakt mit Dauerwirkung handeln. Der Bescheid erfüllt alle Merkmale des § 31 S. 1 SGB X, so dass es sich um einen Verwaltungsakt handelt. Der Begriff der Dauerwirkung ist im Gesetz nicht näher geregelt. Einem Verwaltungsakt kommt Dauerwirkung zu, wenn sich der Verwaltungsakt nicht in einer einmaligen Gestaltung der Rechtslage erschöpft, sondern ein auf Dauer berechnetes Rechtsverhältnis begründet oder inhaltlich ändert und somit Bindungswirkung über den Bekanntgabezeitpunkt hinaus erzeugt *(BSGE 56, 165 ff.; 95, 57 ff.)*. Der Verwaltungsakt gewährte B für mindestens einige Monate – genaueres sagt der Sachverhalt nicht – die Verletztenrente. Er hat daher Dauerwirkung im beschriebenen Sinne.

Nach § 48 Abs. 1 S. 1 SGB X müsste weiterhin eine wesentliche Änderung in den tatsächlichen oder rechtlichen Verhältnissen gegeben sein. Wesentlich ist eine Änderung der Verhältnisse, wenn die Behörde den Verwaltungsakt bei Kenntnis der aktuellen Umstände so nicht hätte erlassen dürfen *(BSG, SozR 1300 § 48 Nr. 22)*. Gegenwärtig leidet B unter keinerlei Beeinträchtigungen des körperlichen oder geistigen Leistungsvermögens (vgl. zu diesen Voraussetzungen für eine Verletztenrente § 56 SGB VII), so dass B derzeit die Voraussetzungen für die Gewährung einer Verletztenrente nicht erfüllt. Es liegt damit eine wesentliche Änderung in den tatsächlichen Verhältnissen vor. Die Tatbestandsvoraussetzungen von § 48 Abs. 1 S. 1 SGB X sind damit erfüllt. Als Rechtsfolge ordnet § 48 Abs. 1 S. 1 SGB X an, dass der Verwaltungsakt mit Wirkung für die Zukunft aufzuheben „ist" – dh es besteht insoweit kein Ermessen für U.

272 Über § 48 Abs. 1 S. 1 SGB X hinausgehend ist jedoch eine Aufhebung des Verwaltungsakts mit Wirkung vom Zeitpunkt der Änderung der Verhältnisse – mithin: mit Wirkung zu dem Zeitpunkt, an dem die Funktionseinschränkungen in den Beinen weggefallen sind – gem. § 48 Abs. 1 S. 2 SGB X in Betracht zu ziehen. Damit eine Aufhebung zu diesem Zeitpunkt erfolgen kann, müsste zumindest eine der vier Nummern von § 48 Abs. 1 S. 2 SGB X erfüllt sein. Es kommen die Voraussetzungen nach § 48 Abs. 1 S. 2 Nr. 2 SGB X in Betracht. B müsste dafür einer durch Rechtsvorschrift vorgeschriebenen Mitteilungspflicht bezüglich wesentlicher, für ihn nachteiliger Änderungen der Verhältnisse vorsätzlich oder grob fahrlässig nicht nachgekommen sein. Die Änderung der Verhältnisse ist in der Verbesserung des Gesundheitszustandes und damit einhergehend in dem Wegfall der für den Rentenanspruch erforderlichen Beeinträchtigung zu sehen. Die erforderliche Mitteilungspflicht des B hinsichtlich dieser Verhältnisänderung könnte sich aus § 60 Abs. 1 S. 1 Nr. 2 SGB I ergeben. Danach hat B als Bezieher von Verletztenrente, also Sozialleistungsempfänger, dem Sozialleistungsträger unverzüglich Mitteilung über Änderungen in den für die Sozialleistung erheblichen Verhältnissen zu machen. Die Verbesserung seines Gesundheitszustandes führt dazu, dass die Voraussetzungen für die Gewährung einer Verletztenrente nicht mehr gegeben sind, so dass diese Veränderung der Verhältnisse auch erheblich ist für die Leistung. Dem B musste diese Mitteilungspflicht auch bewusst sein, so dass ihn zumindest grobe Fahrlässigkeit hinsichtlich der Nichtmitteilung im Sinne des § 48 Abs. 1 S. 2 Nr. 2 SGB X zur Last gelegt werden kann. Die Voraussetzungen des § 48 Abs. 1 S. 2 Nr. 2 SGB liegen folglich vor. Nach § 48 Abs. 1 S. 2 SGB X „soll" die Aufhebung erfolgen, es besteht also ein eingeschränktes Ermessen der Behörde (sog. intendiertes Ermessen), so dass der Verwaltungsakt auch ermessensfehlerfrei sein müsste. Besondere Tatsachen, die einer Aufhebung vorliegend entgegenstehen, sind aber nicht ersichtlich, so dass kein Ermessensfehler gegeben ist. Anhaltspunkte für eine Nichteinhaltung der Frist nach § 48 Abs. 4 SGB X sind ebenso wenig gegeben.

273 Im Ergebnis ist U berechtigt, den Bescheid nach Maßgabe des § 48 Abs. 1 S. 2 Nr. 2 SGB X mit Wirkung ab dem Zeitpunkt des Wegfalles der Beeinträchtigungen aufzuheben.

193. § 53 SGB X regelt die Zulässigkeit des öffentlich-rechtlichen Vertrags. Erläutern Sie

a) wann ein Vertrag im Sinne von § 53 Abs. 1 S. 1 SGB X vorliegt,

b) welche Arten von öffentlich-rechtlichen Verträgen es gibt,

c) wo Anwendungsfälle des öffentlich-rechtlichen Vertrages im Sozialrecht zu finden sind.

274 a) Ein öffentlich-rechtlicher Vertrag im Sinne von § 53 Abs. 1 S. 1 SGB X liegt vor, wenn übereinstimmende Willenserklärungen der Vertragsparteien, gerichtet auf den Abschluss eines Vertrages und die Herbeiführung einer bestimmten Rechtsfolge, gegeben sind. Weiterhin muss es sich um einen öffentlich-rechtlichen Vertrag handeln; dies richtet sich nach dem Vertragsgegenstand.

b) Es lässt sich anhand des Gesetzes zunächst unterscheiden zwischen Austauschverträgen (§ 55 SGB X) und Vergleichsverträgen (§ 54 SGB X). Daneben ist eine Einteilung in einerseits subordinationsrechtliche öffentlich-rechtliche Verträge und andererseits koordinationsrechtliche öffentlich-rechtliche Verträge möglich. Erstere sind geprägt durch ein Über-Unterordnungsverhältnis zwischen Behörde und Bürger, dh hier könnte die Behörde anstelle des Vertrages auch in Form eines Verwaltungsakts eine einseitige Regelung treffen (vgl. § 53 Abs. 1 S. 2 SGB X). Bei koordinationsrechtlichen öffentlich-rechtlichen Verträgen besteht demgegenüber ein Gleichordnungsverhältnis zwischen den Vertragsparteien.

c) Anwendungsfälle des öffentlich-rechtlichen Vertrages im Sozialrecht sind beispielsweise sämtliche „Versorgungsverträge" im Sozialversicherungsrecht. Zum Teil wird auch die Eingliederungsvereinbarung nach § 15 SGB II als öffentlich-rechtlicher Vertrag eingeordnet, ihre Rechtsnatur ist allerdings umstritten.

194. Gibt es im Sozialrecht auch behördliches Handeln in Form von sog. Realakten? Was ist ggf. darunter zu verstehen und welche Anwendungsbeispiele kennen Sie?

Der Realakt ist sozialgesetzlich als eigenständige Handlungsform nicht geregelt. Insoweit ist die gesetzliche Lage vergleichbar mit dem übrigen Verwaltungsrecht, wo es ebenso wenig gesetzliche Regelungen zum Realakt gibt. Gleichwohl ist im gesamten Verwaltungsrecht und somit auch im Sozialrecht anerkannt, dass es den Realakt als Handlungsform gibt. Realakte sind Maßnahmen der Verwaltung, die allein auf einen tatsächlichen Erfolg gerichtet sind, nicht auf einen rechtlichen Erfolg. Im Vergleich zum Verwaltungsakt fehlt es vor allem an der Regelung im Sinne des § 31 S. 1 SGB X, aber auch die Merkmale der Einseitigkeit und des Einzelfalles sind für das Vorliegen eines Realaktes keine Voraussetzungen.

275

Als Anwendungsfall des Realaktes im Sozialrecht lassen sich zB die Aufklärung, Beratung und die Auskunft gem. §§ 13-15 SGB I nennen. Bei diesen drei genannten Beispielen wird die Behörde gerade nur tatsächlich tätig, indem sie Aufklärung betreibt oder Auskünfte oder Beratungen erteilt. Es fehlt dabei an der Setzung einer Rechtsfolge, mithin an einer Regelung. Daneben gibt es zahlreiche weitere Realakte, vor allem in der Leistungsverwaltung; die tatsächliche Auszahlung einer Geldleistung stellt einen Realakt dar.

276

XIV. Erstattungs- und Ersatzansprüche nach Maßgabe des SGB X

195. Können Sie kurz mit eigenen Worten umschreiben, welche Problemkonstellationen die „Erstattungsansprüche der Leistungsträger untereinander" gem. §§ 102 ff. SGB X einer gesetzlichen Regelung zuführen?

Die §§ 102 ff. SGB X regeln die Erstattungsansprüche der Leistungsträger untereinander. Es geht also um Fallkonstellationen, in denen ein Leistungsempfänger eine Leistung erhalten hat, die ihm letztlich auch zusteht, die lediglich durch einen anderen als den zuständigen Leistungsträger erbracht worden ist. Derjenige Leistungsträger, der fälschlicherweise geleistet hat, erhält gegen denjenigen Leistungsträger, der an sich richtigerweise hätte leisten müssen, einen Erstattungsanspruch.

277

196. V gehört in der gesetzlichen Krankenversicherung und in der gesetzlichen Unfallversicherung zum versicherten Personenkreis. Eines Tages ist V in einen Verkehrsunfall verwickelt, bei dem er verletzt wird, so dass er ärztlich behandelt werden muss. Es ist zunächst unklar, ob der Verkehrsunfall einen Wegeunfall als einen Unterfall des Arbeitsunfalls gem. § 8 SGB VII darstellt und demzufolge Ansprüche auf ärztliche Behandlung gegenüber dem Unfallversicherungsträger bestehen. Deshalb leistet die gesetzliche Krankenkasse gem. § 43 Abs. 1 SGB I zunächst vorläufig. Später stellt sich heraus, dass die Voraussetzungen des Arbeitsunfalls vorliegen. Rechtslage?

278 Der Krankenkasse könnte gem. § 102 Abs. 1 SGB X ein Erstattungsanspruch für die von ihr vorläufig gegenüber V erbrachten Leistungen zustehen. Dazu müsste die Krankenkasse aufgrund gesetzlicher Vorschriften vorläufig Sozialleistungen erbracht haben. Dies ist gem. § 43 Abs. 1 SGB I (diese Vorschrift normiert die vorläufige Leistungserbringung, wenn zwischen mehreren Leistungsträgern strittig ist, wer zur Leistung verpflichtet ist) der Fall. Weitere Erstattungsvoraussetzungen normiert § 102 Abs. 1 SGB X nicht, so dass der Erstattungsanspruch gegeben ist.

197. Der versicherte V bezieht von der gesetzlichen Krankenkasse K für die Monate September 2019 bis Januar 2020 Krankengeld in Höhe von 800 EUR monatlich gem. §§ 44 ff. SGB V. V beantragte in diesem Zeitraum beim gesetzlichen Rentenversicherungsträger R eine Rente wegen verminderter Erwerbsfähigkeit gem. §§ 43 ff. SGB VI für die Zeit ab dem 1.12.2019 in Höhe von monatlich 800 EUR. Diese Rente wird V bewilligt. Rechtslage im Verhältnis zwischen K und R?

279 K könnte gegen R einen Erstattungsanspruch gem. § 103 Abs. 1 SGB X haben. Dazu wäre Voraussetzung, dass K Sozialleistungen an V erbracht hat und der Anspruch auf diese nachträglich ganz oder teilweise entfallen ist. K hat dem V in den Monaten September 2019 bis Januar 2020 Krankengeld in Höhe von 800 EUR monatlich gewährt, also Sozialleistungen gewährt. Der Anspruch des V auf dieses Krankengeld müsste nachträglich ganz oder teilweise entfallen sein. Gem. § 50 Abs. 1 Nr. 1 SGB V endet am 1.12.2019 der Anspruch auf Krankengeld. Dies stellt ein nachträgliches Entfallen des Anspruchs gem. § 103 Abs. 1 SGB X dar, so dass K gem. § 103 Abs. 1 SGB X einen Erstattungsanspruch gegenüber R hat.

198. Der Sozialhilfeträger S erbringt gegenüber dem mittellosen M Leistungen, obwohl von Anfang an ein Anspruch des M gegenüber dem Rentenversicherungsträger R auf Gewährung einer Erwerbsminderungsrente besteht. Rechtslage im Verhältnis zwischen S und R?

280 S könnte gegen R einen Erstattungsanspruch gem. § 104 Abs. 1 S. 1 SGB X haben. Dafür müsste S gegenüber dem M Sozialleistungen erbracht haben, obwohl er nur nachrangig zur Erbringung dieser verpflichtet war und es dürften die Voraussetzungen des § 103 Abs. 1 SGB X nicht vorliegen. S hat gegenüber M Leistungen erbracht, obwohl von Anfang an ein Anspruch des M gegenüber dem R bestand. Dabei ist S gem. § 2 Abs. 2 SGB XII nur nachrangig verpflichtet gewesen. Die Voraussetzungen des § 103 Abs. 1 SGB X liegen nicht vor, da es sich nicht um ein nachträgliches Entfallen des Anspruchs handelt. S hat dementsprechend gegen den R einen Erstattungsanspruch gem. § 104 Abs. 1 S. 1 SGB X.

B. Sozialrechtlicher Fragen- und Fallkatalog

199. A ist 22 Jahre alt und beginnt nach einer Berufstätigkeit ein Hochschulstudium. Als Berufstätiger war A zuvor in der gesetzlichen Krankenkasse K1 versichert. Als Student ist A nunmehr wieder in der Krankenkasse K2 seines Vaters gem. § 10 SGB V familienversichert. A erkrankt und K1 erbringt irrtümlich Leistungen gegenüber A, weil K1 vom Studentenstatus des A noch nichts weiß. Hat K1 einen Erstattungsanspruch gegen K2?

In Betracht kommt ein Erstattungsanspruch des K1 gegen K2 nach Maßgabe des § 105 Abs. 1 S. 1 SGB X. Dieser besteht, wenn K1 als unzuständiger Leistungsträger Sozialleistungen erbracht hat, ohne dass die Voraussetzungen des § 102 Abs. 1 SGB X vorliegen. K1 hat an A Sozialleistungen erbracht. A ist aber als Student im Wege der Familienversicherung bei K2 und nicht mehr wie zuvor bei K1 versichert, so dass K1 für die Leistungserbringung nicht zuständig war, sondern K2. Gesetzliche Vorschriften, die dennoch eine Leistungspflicht des K1 bestimmen, liegen nicht vor. K1 hat daher einen Erstattungsanspruch gegen K2 gem. § 105 Abs. 1 S. 1 SGB X.

281

200. Arbeitnehmer AN ist erkrankt und hat einen Anspruch auf Entgeltfortzahlung gegenüber seinem Arbeitgeber AG gem. § 3 EFZG. Trotzdem leistet der AG keine Entgeltfortzahlung an den AN. Daher zahlt die gesetzliche Krankenkasse vom ersten Tag der Erkrankung an Krankengeld gem. §§ 44 ff. SGB V. Wie ist die Rechtslage?

Es könnte ein Übergang des Anspruchs des AN gegen den AG auf Entgeltfortzahlung gem. § 115 Abs. 1 SGB X gegeben sein. Gem. § 115 Abs. 1 SGB X geht der Anspruch über, soweit der Arbeitgeber den Anspruch des Arbeitnehmers auf Arbeitsentgelt nicht erfüllt und deshalb ein Sozialleistungsträger Sozialleistungen erbracht hat. Dies ist der Fall: AG hat den Anspruch des AN auf Entgeltfortzahlung gem. § 3 EFZG nicht erfüllt, weswegen die gesetzliche Krankenkasse AN Krankengeld gezahlt hat. Der Anspruch des AN gegen AG auf Entgeltfortzahlung geht damit gem. § 115 Abs. 1 SGB X auf die Krankenkasse über.

282

201. § 116 SGB X trifft praktisch sehr bedeutsame Regelungen hinsichtlich eines Forderungsübergangs auf den Sozialleistungsträger. Können Sie mit eigenen Worten umschreiben, welche grundlegenden Fallkonstellationen von der Vorschrift erfasst werden und wieso ihr so große praktische Bedeutung zukommt? Dazu können sie ggf. auch einen Beispielsfall anführen.

§ 116 SGB X ordnet für bestimmte Fallkonstellationen den Übergang von Forderungen auf den Sozialleistungsträger an. Es geht um Fälle, in denen ein Leistungsempfänger Sozialleistungen von Sozialleistungsträgern erhalten hat, während ihm gleichzeitig ein anderer auf gesetzlichen Regelungen beruhender Anspruch zusteht. Insbesondere wird hier der Fall erfasst, dass ein von einem Dritten Geschädigter Sozialleistungen erhalten hat, während ihm zivilrechtliche Ansprüche gegen den Schädiger zustehen (zB nach § 823 Abs. 1 BGB). In einem derartig gelagerten Fall würde durch das Erbringen der Sozialleistungen durch den entsprechenden Sozialleistungsträger zivilrechtlich der Schaden im Sinne des § 823 Abs. 1 BGB entfallen. Damit könnte der Schädiger nicht mehr gem. § 823 Abs. 1 BGB in Anspruch genommen werden. Das Bestehen sozialrechtlicher Ansprüche würde damit zu einer Entlastung des Schädigers führen. Eine derartige Entlastung des Schädigers ist aber nicht bezweckt. Gleichzeitig soll aber auch der Sozialleistungsempfänger, dh der Geschädigte, nicht doppelt – also sowohl durch zivilrechtliche Ansprüche gegen den Schädiger als auch durch das Erbringen von Sozialleistungen – entschädigt werden. Daher geht nach § 116 Abs. 1 SGB X der Anspruch des Leistungsempfängers gegen den Dritten insoweit auf den Sozialleistungsträger

283

über, als sowohl sachliche als auch zeitliche Kongruenz besteht. Dies bedeutet, dass sich die Sozialleistung auf die Folgen des gleichen Ereignisses beziehen und zu der gleichen Zeit bestehen muss wie der Anspruch gegen den Dritten. Derjenige, der die entsprechenden Sozialleistungen erhalten hat, verliert seinen Anspruch gegen den Dritten.

202. G fährt mit ihrem Bekannten S in einen Minigolfpark. Als S zum Abschlag ausholt, ist er unachtsam, übersieht G und trifft sie so unglücklich, dass sie schwer verletzt wird. Die gesetzliche Krankenkasse K der G erbringt die erforderliche Heilbehandlung mittels ihrer Leistungserbringer. Die Kosten für diese Heilbehandlung belaufen sich auf 40.000 EUR. Kann K den S in Regress nehmen?

284 K könnte einen Anspruch aus übergegangenem Recht gegen S gem. § 823 Abs. 1 BGB iVm § 116 Abs. 1 S. 1 SGB X haben. Dafür müsste zunächst ein auf anderen gesetzlichen Vorschriften beruhender Anspruch im Sinne des § 116 Abs. 1 S. 1 SGB X vorliegen. Hier kommt ein Schadensersatzanspruch der G gegen S aus § 823 Abs. 1 BGB in Betracht. Mit der Verletzung der G hat S den Körper und die Gesundheit und somit ein durch § 823 Abs. 1 BGB geschütztes Rechtsgut fahrlässig verletzt und dadurch den Schaden in Form der Behandlungskosten verursacht. Dieser Schaden ist auch gem. § 249 Abs. 1, Abs. 2 S. 1 BGB ersatzfähig. Weiterhin müsste K gerade aufgrund des Schadensereignisses Sozialleistungen erbracht haben (§ 116 Abs. 1 S. 1 SGB X). Auch dies ist der Fall, da K wegen der aus dem Schlag durch S resultierenden Verletzungen die Heilbehandlung der G nach Maßgabe des SGB V erbringen musste. Gem. § 116 Abs. 1 S. 1 SGB X müssten außerdem eine sog. sachliche sowie zeitliche Kongruenz gegeben sein. Sachliche Kongruenz besteht, wenn die Sozialleistung und der Schadenersatz dem Ausgleich ein- und derselben Einbuße des Geschädigten, mit anderen Worten demselben Zweck, dienen. Dazu genügt es, wenn der mit der Sozialleistung verbundene Schutz seiner Art nach den Schaden umfasst, für den der Schädiger einzustehen hat. Der gem. §§ 823 Abs. 1, 249 Abs. 1, Abs. 2 S. 1 BGB gegebene Anspruch dient dem Zweck, die Gesundheitsverletzung der G zu beseitigen. Demselben Zweck dient die nach Maßgabe des SGB V zu erbringende Heilbehandlung. Somit ist die sachliche Kongruenz gegeben. Die zeitliche Kongruenz erfordert, dass der sachlich kongruente Sozialleistungsanspruch sich auf denselben Zeitraum wie der vom Schädiger zivilrechtlich zu leistende Schadenersatz bezieht. Dies ist bei der erbrachten Heilbehandlung der Fall. Somit liegen alle Voraussetzungen gem. § 823 Abs. 1 BGB iVm § 116 Abs. 1 S. 1 SGB X vor und K kann somit die S in Regress nehmen.

203. Fortführung (Nr. 202): Gehen Sie davon aus, dass G gegen S wegen des Vorfalls außerdem ein Anspruch auf Schmerzensgeld in Höhe von 10.000 EUR zusteht. Hat K gegen S auch im Hinblick auf diese 10.000 EUR einen Anspruch gem. § 116 Abs. 1 S. 1 SGB X?

285 Vor dem Hintergrund des zu Nr. 202 Ausgeführten stellt sich die Frage, ob das Schmerzensgeld sachlich kongruent zu einer Sozialleistung ist, die K erbracht hat. Sachliche Kongruenz besteht – wie unter Nr. 202 bereits ausgeführt –, wenn die Sozialleistung und der Schadenersatz dem Ausgleich ein- und derselben Einbuße des Geschädigten, mit anderen Worten demselben Zweck, dienen. Der zivilrechtliche Schmerzensgeldanspruch tritt neben den zivilrechtlich zu leistenden Anspruch, der auf Beseitigung der Gesundheitsschädigung gerichtet ist. Krankenversicherungsrechtlich besteht ein Anspruch der G gegen K allein auf Heilbehandlung nach Maßgabe des SGB V. Weitere, daneben tretende Geldleistungen gibt es nicht. Somit sind auch keine Sozialleistungen gegeben, die mit dem zivilrechtlichen Schmerzensgeld sachlich kongruent sind. Man-

gels sachlicher Kongruenz hat K demnach keinen Anspruch gegen S gem. § 116 Abs. 1 S. 1 SGB X.

204. Fortführung: G erleidet die im Ausgangsfall (Nr. 202) genannten Verletzungen, allerdings kam es zu dem Schlag einerseits durch die Fahrlässigkeit des S als auch durch den Umstand, dass G selbst sich leichtsinnig hinter den zum Schlag ausholenden S gestellt hat, um diesen beim Spiel zu irritieren. Hat dies Auswirkungen auf den Anspruchsübergang der Heilbehandlungskosten auf K?

Möglicherweise ergibt sich eine Änderung durch den Umstand, dass G sich selbst leichtsinnig hinter den zum Schlag ausholenden S gestellt hat. G hat sich durch dieses Verhalten selbst gefährdet. Durch dieses Verhalten trifft G ein Mitverschulden im Sinne von § 254 BGB, welches gem. § 254 Abs. 1 BGB dazu führt, dass sie S nicht in vollem Umfang (40.000 EUR) in Anspruch nehmen kann, sondern es findet eine Quotelung in dem Sinne statt, dass G den Teil des Schadenspostens selbst zu tragen hat, der ihrem Mitverschulden entspricht. Im Hinblick auf den Anspruchsübergang des Anspruchs der G gegen S auf K könnte damit § 116 Abs. 3 S. 1 SGB X eingreifen. Gem. § 116 Abs. 3 S. 1 SGB X geht der Anspruch nicht in vollem Umfang auf den Sozialleistungsträger über, wenn der Anspruch gegen den Schädiger durch ein mitwirkendes Verschulden des Geschädigten begrenzt ist. Dies ist vorliegend der Fall: Der Anspruch der G gegen S ist gem. § 254 Abs. 1 BGB wegen Mitverschuldens seitens der G begrenzt. Dementsprechend geht der Anspruch nicht in voller Höhe auf K über, sondern nach Maßgabe des § 116 Abs. 3 S. 1 SGB X begrenzt.

286

XV. Sozialgerichtsbarkeit

205. Wie ist die deutsche Sozialgerichtsbarkeit aufgebaut?

Die deutsche Sozialgerichtsbarkeit ist dreistufig aufgebaut (vgl. § 2 SGG). In erster Instanz gibt es die Sozialgerichte, in zweiter Instanz die Landessozialgerichte und in dritter Instanz das Bundessozialgericht.

287

206. Wie sind die Kammern bzw. Senate in der Sozialgerichtsbarkeit besetzt?

Bei den Sozialgerichten gibt es Fachkammern, die mit je einem Vorsitzenden und zwei ehrenamtlichen Richtern besetzt sind (§§ 10, 12 Abs. 1 S. 1 SGG). Bei den Landessozialgerichten gibt es Fachsenate, die aus einem Vorsitzenden, zwei weiteren Berufsrichtern und zwei ehrenamtlichen Richtern bestehen (§§ 31, 33 Abs. 1 S. 1 SGG). Beim Bundessozialgericht gibt es ebenfalls Fachsenate, die nach denselben Prinzipien wie die Senate bei den Landessozialgerichten besetzt sind (§ 40 Abs. 1 S. 1 iVm § 33 Abs. 1 S. 1 SGG).

288

207. Wo ist geregelt, aus welchen einzelnen Gerichten sich die Sozialgerichtsbarkeit zusammensetzt und wo diese Gerichte ihren Sitz haben?

Die Sozialgerichte und Landessozialgerichte werden als Landesgerichte errichtet (§§ 7 Abs. 1 S. 1, 28 Abs. 1 S. 1 SGG) und die Errichtung (sowie die Aufhebung und Verlegung) eines Gerichts wird durch Landesgesetz normiert (vgl. §§ 7 Abs. 1 S. 2, 28 Abs. 1 S. 2 SGG). Auf Landesebene erfolgt diese in Gesetzen, die meist die Bezeichnung „Ausführungsgesetz zum Sozialgerichtsgesetz" tragen; teilweise – so etwa in Rheinland-Pfalz (dort finden sich die Regelungen im Gerichtsorganisationsgesetz) – tragen die Gesetze aber auch andere Bezeichnungen. In Rheinland-Pfalz zB hat das Landessozialgericht seinen Sitz in Mainz (§ 8 Abs. 1 Gerichtsorganisationsgesetz) und es gibt vier So-

289

zialgerichte mit Sitz in Koblenz, Mainz, Speyer und Trier (§ 9 Abs. 1 Gerichtsorganisationsgesetz). Das Bundessozialgericht hat gem. § 38 Abs. 1 SGG seinen Sitz in Kassel.

208. Wie ist im Normalfall der Instanzenzug in der Sozialgerichtsbarkeit ausgestaltet?

290 Im Normalfall sind die Sozialgerichte funktionell als erste Instanz zuständig für alle Streitigkeiten, für die der Sozialrechtsweg eröffnet ist (§ 8 SGG). Gegen Urteile der Sozialgerichte ist eine Berufung beim Landessozialgericht möglich (§ 143 SGG), die allerdings dann der Zulassung bedarf, soweit der Wert des Beschwerdegegenstandes bestimmte, in Form von Eurobeträgen normierte Grenzen nicht übersteigt (Einzelheiten sind in § 144 Abs. 1 SGG normiert). Die Zulassung der Berufung kann entweder im sozialgerichtlichen Urteil enthalten sein oder sie kann durch Beschluss des Landessozialgerichts auf eine sog. Nichtzulassungsbeschwerde hin erfolgen (vgl. §§ 144 Abs. 1, 145 Abs. 1 S. 1 SGG). Gegen das (Berufungs-) Urteil des Landessozialgerichts ist eine Revision möglich, die allerdings stets der Zulassung entweder im Urteil des Landessozialgerichts oder durch Beschluss des Bundessozialgerichts bedarf (vgl. dazu insgesamt § 160 Abs. 1 SGG).

209. Ist es möglich, dass das Bundessozialgericht eine Entscheidung des Sozialgerichts überprüft, ohne dass zuvor das Landessozialgericht im Rahmen der Berufung mit der Entscheidung des Sozialgerichts befasst war?

291 Ja, dies ist ausnahmsweise im Wege der sog. Sprungrevision möglich. Die Sprungrevision und ihre Voraussetzungen sind im Einzelnen in § 161 SGG normiert.

210. Was ist im Hinblick auf den gerichtlichen „Prüfungsumfang" der grundlegende Unterschied zwischen der Berufung und der Revision im Sozialgerichtsgesetz?

292 Bei der Berufung prüft das Landessozialgericht den Streitfall im gleichen Umfang wie das Sozialgericht (§ 157 S. 1 SGG). Die Berufung ist somit auch eine zweite Tatsacheninstanz. Die Revision hingegen kann nur darauf gestützt werden, dass das angefochtene Urteil auf einer Verletzung des Rechts beruht (vgl. § 162 SGG), so dass im Rahmen des Revisionsverfahrens keine Tatsachenfragen (erneut) geprüft werden, sondern allein Rechtsfragen Entscheidungsmaßstab sind.

211. Wo ist geregelt, für welche Streitigkeiten der Rechtsweg zu den Sozialgerichten eröffnet ist und welches sind praktisch bedeutsame Fälle der Rechtswegeröffnung?

293 Die Rechtswegeröffnung zu den Sozialgerichten bestimmt sich gem. § 51 SGG; diese Norm stellt eine abdrängende Spezialzuweisung im Sinne von § 40 Abs. 1 S. 1 VwGO dar. Es bedarf gem. § 51 Abs. 1 SGG zunächst einer öffentlich-rechtlichen Streitigkeit. Im Übrigen muss es sich um eine der in § 51 Abs. 1 SGG aufgezählten Angelegenheiten handeln. § 51 Abs. 1 Nr. 1-10 SGG erfassen hauptsächlich Angelegenheiten, die die besonderen Teile des Sozialrechts betreffen, dabei umfassen § 51 Abs. 1 Nr. 1-4 SGG Angelegenheiten der Sozialversicherung und § 51 Abs. 1 Nr. 4a-10 Angelegenheiten sonstiger Teile des Sozialrechts, zB die Grundsicherung, aber auch besondere Teile außerhalb der Bücher des Sozialgesetzbuchs, so zB das soziale Entschädigungsrecht (§ 51 Abs. 1 Nr. 6 SGG).

212. A bezieht vom Jobcenter Leistungen, ua das Arbeitslosengeld II. Nachdem sich A im Zusammenhang mit der Neubeantragung von Arbeitslosengeld II aggressiv gegenüber Mitarbeitern des Jobcenters zeigte, erteilte ihm dieses ein unbefristetes Hausverbot für einzelne, näher bezeichnete Räumlichkeiten des Jobcenters, um so einen ordnungsgemäßen Behördenbetrieb zu gewährleisten. A möchte sich gegen das erteilte Hausverbot gerichtlich zur Wehr setzen und Klage beim Sozialgericht erheben. Ist der Sozialrechtsweg eröffnet?

Der Sozialrechtsweg könnte gem. § 51 Abs. 1 Nr. 4a SGG eröffnet sein. Dazu müsste eine öffentlich-rechtliche Streitigkeit in Angelegenheiten der Grundsicherung für Arbeitsuchende vorliegen. Wie von Behörden für Behördenräumlichkeiten erteilte Hausverbote verwaltungsrechtlich einzuordnen sind und ob es sich bei Klagen gegen solche Hausverbote um öffentlich-rechtliche Streitigkeiten handelt, ist seit langem umstritten. Für eine öffentlich-rechtliche Streitigkeit könnte sprechen, dass das erteilte Hausverbot, gegen das sich A zur Wehr setzt, rechtsdogmatisch Ausfluss der öffentlich-rechtlichen Sachherrschaft an den Behördenräumlichkeiten ist. Das erteilte Hausverbot könnte aber auch als Gebrauchtmachen von den Eigentums- und Besitzschutzrechten gem. §§ 862, 903, 1004 BGB zu deuten sein, was für eine privatrechtliche Streitigkeit sprechen könnte. Vor dem Hintergrund dieser unklaren rechtsdogmatischen Ausgangssituation haben sich zwei Grundpositionen in Rechtsprechung und Schrifttum herausgebildet. Die eine Ansicht stellt darauf ab, welchen Zweck der Behördenbesuch derjenigen Person verfolgt, gegenüber der das Hausverbot erteilt wird. Sei dieser Zweck öffentlich-rechtlich – was insbesondere bei dem Ziel, einen Verwaltungsvorgang zu erledigen, der Fall sei –, dann stelle auch der Rechtsschutz gegen ein erteiltes Hausverbot eine öffentlich-rechtliche Streitigkeit dar. Die andere Ansicht stellt auf den Zweck ab, den das erteilte Hausverbot verfolgt. Bestehe dieser in der Aufrechterhaltung oder Wiederherstellung eines ordnungsgemäßen Behördenbetriebs, so sei der öffentlich-rechtliche Charakter gegeben. Im Fall des A kommen beide Ansichten zu demselben Ergebnis, dass eine öffentlich-rechtliche Streitigkeit vorliegt.

294

Damit der Sozialrechtsweg eröffnet ist, müsste aber außerdem noch eine Angelegenheit der Grundsicherung für Arbeitsuchende vorliegen. Ob es sich bei Streitigkeiten gegen Hausverbote in Jobcentern um eine Angelegenheit der Grundsicherung für Arbeitssuchende im Sinne von § 51 Abs. 1 Nr. 4a SGG handelt, ist in der Rechtsprechung umstritten. Das Bundessozialgericht *(BSG, NZS 2011, 315)* bejaht dies: Der Grundsicherungsleistungsempfänger trete in einen engen persönlichen Kontakt zu den Behördenmitarbeitern, was besonders in dem persönlichen Ansprechpartner gem. § 14 Abs. 3 SGB II zum Ausdruck komme. Wenn es zu einem Konflikt zwischen Leistungsempfänger und Behördenmitarbeiter komme, der in einem ausgesprochenen Hausverbot münde, so stehe dieser hinreichend mit den Leistungsstrukturen des SGB II im Zusammenhang, dass § 51 Abs. 1 Nr. 4a SGG erfüllt sei. Die verwaltungsgerichtliche Rechtsprechung *(ua OVG Münster, NJW 2011, 2379; OVG Hamburg, NJW 2014, 1196 f.)* lehnt diese Sichtweise ab. Das behördliche Hausrecht erfahre durch die Leistungsstrukturen des SGB II keine solch nachhaltige Prägung, dass man bei einem ausgesprochenen Hausverbot von einer Angelegenheit der Grundsicherung im Sinne von § 51 Abs. 1 Nr. 4a SGG sprechen könne. Daher sei § 51 Abs. 1 Nr. 4a SGG nicht erfüllt, es liege keine abdrängende Sonderzuweisung vor und somit sei gem. § 40 Abs. 1 S. 1 VwGO der Verwaltungsrechtsweg eröffnet.

295

296 Mit entsprechender Begründung lässt sich somit im Falle des A die Eröffnung des Sozialrechtsweges bejahen oder verneinen.

213. Können Sie überblicksartig die Klagearten vor den Sozialgerichten benennen?

297 Das System der Klagearten vor den Sozialgerichten ist in weiten Teilen ähnlich dem Klageartensystem der Verwaltungsgerichtsbarkeit. Es gibt Gestaltungs-, Leistungs- und Feststellungklagen. Gestaltungsurteile verändern die Rechtslage unmittelbar, Leistungsurteile verurteilen den Beklagten zur Vornahme einer Leistung und Feststellungurteile treffen eine Feststellung, die nicht vollstreckbar ist.

298 Auch in der Sozialgerichtsbarkeit gibt es daher die Anfechtungsklage (§ 54 Abs. 1 S. 1, 1. und 2. Fall SGG), mit der ein Verwaltungsakt angefochten wird (Gestaltungsklage), ferner die Verpflichtungsklage (§ 54 Abs. 1 S. 1, 3. Fall und § 54 Abs. 1 S. 1, 4. Fall iVm § 88 SGG), die auf Erlass eines Verwaltungsaktes gerichtet ist, sowie die allgemeine Leistungsklage (§ 54 Abs. 5 SGG), mit der eine Leistung, auf die ein Anspruch besteht, begehrt wird. Wichtigster Fall der Feststellungsklage ist § 55 Abs. 1 SGG.

214. Was versteht man im Sozialgerichtsprozess unter einer kombinierten Anfechtungs- und Leistungsklage (auch sog. unechte Leistungsklage)?

299 Die kombinierte Anfechtungs- und Leistungsklage stellt eine Besonderheit in der Sozialgerichtsbarkeit gegenüber dem Verwaltungsgerichtsprozess dar und ist in § 54 Abs. 4 SGG geregelt. Mit ihr kann in einem Zuge ein ablehnender Verwaltungsakt angegriffen werden und zugleich die entsprechende Leistung, die der Verwaltungsakt abgelehnt hat, begehrt werden. Mit dieser Klageart kann also eine Leistung begehrt werden, auf die der Kläger einen Rechtsanspruch hat und die von der Behörde durch Verwaltungsakt abgelehnt worden ist. Die kombinierte Anfechtungs- und Leistungsklage ist eine praktisch sehr bedeutsame Klageart.

215. Ist die These zutreffend, dass im Sozialgerichtsprozess verhältnismäßig seltener als im Verwaltungsgerichtsprozess die Anfechtungsklage die statthafte Klageart ist? Was ist ggf. der Grund dafür?

300 Ebenso wie im Verwaltungsgerichtsprozess (dort in § 42 Abs. 1, 1. Alt. VwGO normiert) ist im Sozialgerichtsprozess die Anfechtungsklage statthaft, wenn die Aufhebung eines Verwaltungsaktes begehrt wird (§ 54 Abs. 1 S. 1, 1. Alt. SGG). Die „Struktur" der Anfechtungsklage ist somit im Sozialgerichtsgesetz und in der Verwaltungsgerichtsordnung vergleichbar, so dass daraus noch keine Schlüsse auf die Häufigkeit bzw. die praktische Bedeutung dieser Klageart in beiden Prozessordnungen gezogen werden können. Gleichwohl ist die These zutreffend, dass im Sozialgerichtsprozess die Anfechtungsklage verhältnismäßig seltener statthafte Klageart ist. Dies ist darin begründet, dass sich das Sozialrecht in erster Linie als *Leistungs*verwaltungsrecht darstellt und nicht als *Eingriffs*verwaltungsrecht. Der Bürger begehrt daher im Sozialrecht oftmals eine Leistung, wehrt aber nur selten allein einen belastenden Verwaltungsakt ab. Dies ist im (übrigen) Verwaltungsrecht und somit auch im Verwaltungsgerichtsprozess anders: Dort macht das Eingriffsrecht einen Großteil der Verwaltungstätigkeit aus und deshalb kommt dort auch der Anfechtungsklage große Bedeutung zu.

216. Rentner R bezieht nach Maßgabe des SGB VI auf Grundlage eines Rentenbescheids „bis auf Weiteres" eine Erwerbsminderungsrente. Da nach Ansicht des Rentenversicherungsträgers die Voraussetzungen für den Rentenbezug durch eine Verbesserung des Gesundheitszustandes des R weggefallen seien, erlässt der Rentenversicherungsträger einen Rentenaufhebungsbescheid gem. § 48 SGB X. R klagt gegen den Aufhebungsbescheid. Welches ist die statthafte Klageart?

Es könnte die Anfechtungsklage gem. § 54 Abs. 1 S. 1, 1. Alt. SGG statthafte Klageart sein. Dazu müsste R mit seiner Klage die Aufhebung eines Verwaltungsaktes begehren. Der Aufhebungsbescheid erfüllt alle Merkmale von § 31 S. 1 SGB X und stellt somit einen Verwaltungsakt dar. R begehrt dessen Aufhebung. R begehrt auch *nur* dessen Aufhebung; denn obsiegt R mit seiner Klage gegen den Aufhebungsbescheid, dann hat der Rentenbescheid, der ihm bis auf Weiteres eine Erwerbsminderungsrente gewährt, Gültigkeit und R hat sein Rechtsschutzziel erreicht. Somit ist die Anfechtungsklage gem. § 54 Abs. 1 S. 1, 1. Alt. SGG statthafte Klageart.

301

217. Sozialleistungsträger A ist dem Sozialleistungsträger B nach Maßgabe der §§ 102 ff. SGB X erstattungsverpflichtet, leistet aber nicht. B erhebt Klage. Statthafte Klageart?

Statthafte Klageart könnte die Leistungsklage gem. § 54 Abs. 5 SGG sein. Die dort normierte Leistungsklage wird oftmals auch mit dem Zusatz „echte" oder „isolierte" Leistungsklage versehen. Diese Klageart ist statthaft, wenn die Verurteilung zu einer Leistung erstrebt wird, auf die ein Rechtsanspruch besteht, aber die Leistungsgewährung nicht im Zusammenhang mit einem Verwaltungsakt steht. Der Erstattungsanspruch von Sozialleistungsträger B gegenüber Sozialleistungsträger A gem. §§ 102 ff. SGB X kann nicht im Wege eines Verwaltungsaktes festgesetzt bzw. geltend gemacht werden, da A und B in keinem Über-/Unterordnungsverhältnis zueinander stehen und somit keine Befugnis zum Erlass eines Verwaltungsaktes besteht. Nach dem Sachverhalt ist A gegenüber B nach Maßgabe der §§ 102 ff. SGB X erstattungsverpflichtet, dh es besteht ein Rechtsanspruch des B gegen den A. Folglich ist statthafte Klageart die allgemeine Leistungsklage gem. § 54 Abs. 5 SGG.

302

218. A erfüllt alle Leistungsvoraussetzungen gem. § 7 Abs. 1 S. 1 SGB II zum Bezug von Arbeitslosengeld II gem. § 19 Abs. 1 S. 1, § 20 SGB II. Gleichwohl wird ihm diese Leistung mittels ablehnendem Bescheid verwehrt. A erhebt Klage. Statthafte Klageart?

Statthafte Klageart könnte die kombinierte Anfechtungs- und Leistungsklage (vgl. dazu bereits Nr. 214) gem. § 54 Abs. 4 SGG sein. Dazu müsste sich A gegen einen Verwaltungsakt wenden, der eine Leistung betrifft, auf die A einen Rechtsanspruch hat. Der ablehnende Bescheid stellt einen Verwaltungsakt dar und dieser betrifft auch eine Leistung, auf die A einen Rechtsanspruch hat, denn gem. § 19 Abs. 1 S. 1 SGB II „erhalten" die Leistungsberechtigten – zu denen A gehört – Arbeitslosengeld II. Es handelt sich somit um eine gebundene Verwaltungsentscheidung. Daher ist die kombinierte Anfechtungs- und Leistungsklage gem. § 54 Abs. 4 SGG statthafte Klageart. A kann somit mit der Aufhebung des Ablehnungsbescheids sogleich die Leistung – mithin die Verurteilung zur Gewährung des Arbeitslosengeldes II – verlangen.

303

219. B ist Beschäftigter im Unternehmen U und erleidet dort während seiner Arbeitsschicht einen komplizierten Armbruch. Wie dieser Armbruch ausheilen wird und wie demzufolge der Gesundheitszustand und die Arbeitsfähigkeit des B in der näheren und ferneren Zukunft sein werden, ist noch unklar. B möchte aber vom Sozialgericht schon jetzt im Hinblick auf etwaige Ansprüche gegen den Unfallversicherungsträger „geklärt" haben, dass der erlittene Armbruch einen Arbeitsunfall gem. § 8 SGB VII darstellt. Statthafte Klageart?

304 Es könnte die Feststellungsklage gem. § 55 Abs. 1 Nr. 1 SGG statthafte Klageart sein. Dazu müsste B mit der Klage die Feststellung des Bestehens oder Nichtbestehens eines Rechtsverhältnisses begehren. Der Begriff des Rechtsverhältnisses ist im Sozialgerichtsgesetz nicht definiert und nur schwer exakt zu fassen. Unter einem Rechtsverhältnis ist zu verstehen eine sich aus einem konkreten Sachverhalt aufgrund einer Rechtsnorm ergebende rechtliche Beziehung mehrerer Personen untereinander oder einer Person zu einer Sache. Es muss somit – anschaulich gesprochen – eine abstrakte Rechtsfrage durch einen „Auslöser" so „verdichtet" sein, dass die Rechtsfrage Gegenstand eines Rechtsverhältnisses ist. Ein feststellungsfähiges Rechtsverhältnis liegt daher nicht vor, wenn lediglich in abstrakt-genereller Weise und ohne besonderen Anlass um die Auslegung einer Gesetzesnorm gestritten wird.

305 B begehrt mit seiner Klage noch nicht die Gewährung bestimmter unfallversicherungsrechtlicher Leistungen vom Unfallversicherungsträger, sondern er will die für solche Leistungen zentrale (Vor-) Frage geklärt haben, ob das Geschehen, das ihn bei seiner Arbeitstätigkeit beim Unternehmer U ereilt hat, einen Arbeitsunfall darstellt. Die Feststellung des Vorliegens eines Arbeitsunfalls bei einem mit der Klage genau umschriebenen Geschehen stellt nach der Rechtsprechung des Bundessozialgerichts *(siehe etwa BSG, SGb 2007, 748 ff.)* ein feststellungsfähiges Rechtsverhältnis gem. § 55 Abs. 1 Nr. 1 SGG dar, weil ein hinreichend konkreter Sachverhalt mit daraus sich ergebenden Rechtsfragen gegeben ist. Somit ist die Feststellungsklage gem. § 55 Abs. 1 Nr. 1 SGG die statthafte Klageart.

220. Kann stets sofort Rechtsschutz in sozialgerichtlichen Angelegenheiten nachgesucht werden, wenn der Kläger mit einer sozialbehördlichen Maßnahme nicht einverstanden ist?

306 Gem. § 78 Abs. 1, Abs. 3 SGG muss vor Erhebung der Anfechtungsklage und der Verpflichtungsklage die Rechtmäßigkeit und Zweckmäßigkeit des Verwaltungsaktes in einem Vorverfahren nachgeprüft werden.

221. Worin liegt der Sinn und Zweck des Vorverfahrens?

307 Nach Ansicht des Bundessozialgerichts *(zB BSG, SGb 2007, 353)* verfolgt das Vorverfahrenserfordernis zwei Zwecke: Erstens dient es der Selbstkontrolle der Verwaltung hinsichtlich der Recht- und Zweckmäßigkeit der Entscheidung. Zweitens soll das Vorverfahren die Sozialgerichtsbarkeit vor Überlastung schützen, indem im Rahmen des Vorverfahrens der Rechtsschutzsuchende sein Rechtsschutzziel bereits erreicht. Darüber hinaus lässt sich als dritte Zielrichtung des Vorverfahrens noch anführen, dass dem Rechtsschutzsuchenden eine zusätzliche Rechtsschutzmöglichkeit eingeräumt wird, mithin der Rechtsschutz gegen behördliches Handeln verstärkt wird.

B. Sozialrechtlicher Fragen- und Fallkatalog

222. Wie läuft – knapp umschrieben – das Vorverfahren ab?

Das Vorverfahren beginnt mit der Erhebung des Widerspruchs (§ 83 SGG) durch den sog. Widerspruchsführer. Der Widerspruch muss binnen eines Monats, nachdem der Verwaltungsakt, gegen den sich der Widerspruchsführer zur Wehr setzt, bekannt gegeben worden ist, eingereicht werden (§ 84 Abs. 1 SGG). Dies muss gem. § 84 Abs. 1 SGG bei der Stelle erfolgen, die den Verwaltungsakt erlassen hat; es genügt jedoch ferner auch, wenn der Widerspruch bei einer anderen der in § 84 Abs. 2 SGG aufgeführten Behörden eingelegt wird. Erachtet die Behörde den Widerspruch für begründet, so ist dem Widerspruch abzuhelfen (§ 85 Abs. 1 SGG), dh es muss ein sog. Abhilfebescheid ergehen. Wird dem Widerspruch nicht abgeholfen, so ergeht ein Widerspruchsbescheid, den grundsätzlich die nächsthöhere Behörde erlässt (vgl. im Einzelnen § 85 Abs. 2 SGG).

308

223. A bezieht monatlich Arbeitslosengeld II in Höhe von 210 EUR, da er nach Ansicht des zuständigen Jobcenters über zu berücksichtigendes Einkommen gem. § 11 Abs. 1 S. 1 SGB II verfüge und sich daher der volle Arbeitslosengeld II-Satz entsprechend vermindere. A ist der Auffassung, ihm stünde ein höheres Arbeitslosengeld II zu und er legt daher gegen den letzten Arbeitslosengeld II-Leistungsbescheid Widerspruch ein. Im Widerspruchsverfahren gelangt die Behörde zu der Überzeugung, A verfüge über noch höheres zu berücksichtigendes Einkommen als bislang angenommen und es ergeht daher ein Widerspruchsbescheid, der das Arbeitslosengeld II des A auf 165 EUR festsetzt. A ist der Auffassung, es müsse von vornherein unzulässig sein, dass im Rahmen des Vorverfahrens sein Arbeitslosengeld II weiter abgesenkt werde. Wie ist die Rechtslage?

Der Fall wirft die Frage auf, ob im Rahmen des Vorverfahrens eine sog. Verböserung (auch reformatio in peius genannt) zulässig ist, dh ob der Verwaltungsakt, gegen den sich der Widerspruchsführer zur Wehr setzt, sogar zu seinem Nachteil verändert werden darf, obwohl der Widerspruchsführer mit dem eingelegten Widerspruch allein eine Verbesserung seiner Rechtslage anstrebt. Ob eine Verböserung im Vorverfahren zulässig ist, ist seit langem umstritten. Dem Wortlaut der §§ 78 ff. SGG lässt sich nicht entnehmen, dass eine Verböserung unzulässig ist. Allerdings könnte einer der Zwecke des Vorverfahrens – nämlich, dass der Bürger mit dem Vorverfahren eine zusätzliche Rechtsschutzmöglichkeit erhält (siehe dazu soeben Nr. 221) – dafür sprechen, dass eine Verböserung unzulässig ist, weil ansonsten mit dem Vorverfahren stets die Gefahr verbunden ist, seine Rechtslage sogar noch weiter zu verschlechtern. Dem lässt sich aber wiederum entgegenhalten, dass der Zweck des Vorverfahrens, der Verwaltung eine Selbstkontrollmöglichkeit einzuräumen (siehe auch dazu soeben Nr. 221), dafür spricht, im Vorverfahren „in alle Richtungen hin" entscheiden zu dürfen. Ebenso spricht die Entlastungsfunktion des Vorverfahrens für die Sozialgerichtsbarkeit (auch dazu Nr. 221) für einen umfassenden Entscheidungsmaßstab im Vorfahren. Somit wird man richtiger Ansicht nach eine Verböserung als zulässig ansehen müssen. Sollte somit im Falle des A die Auffassung der Behörde zum zu berücksichtigenden Einkommen zutreffend sein – was aufgrund der Sachverhaltsangaben nicht beurteilt werden kann –, dann ist auch eine Absenkung des Arbeitslosengeldes II im Vorverfahren zulässig.

309

103

XVI. Sozialrechtliche Haftungsfragen, die nicht im SGB normiert sind

224. Was ist unter dem sog. sozialrechtlichen Herstellungsanspruch zu verstehen und welche Voraussetzungen hat dieser Anspruch?

310 Bei dem sog. sozialrechtlichen Herstellungsanspruch handelt es sich um einen im Wege richterlicher Rechtsfortbildung *(siehe zB BSGE 65, 21 ff.; 41, 126 ff.; 32, 60 ff.)* entwickelten Anspruch des Bürgers. Dieser ist gerichtet auf die Herstellung des Zustandes, der bestehen würde, hätte sich der Sozialleistungsträger rechtmäßig verhalten, also zB seine Beratungspflicht ordnungsgemäß wahrgenommen. Seine dogmatische Begründung ist in Rechtsprechung und Schrifttum umstritten: Zum Teil wird er als Weiterentwicklung des Folgenbeseitigungsanspruchs bzw. als paralleles Konstrukt im Bereich des Leistungsrechts angesehen, teilweise auch als Sonderfall materiellrechtlicher Wiedereinsetzung in den vorigen Stand, teilweise wird zu seiner dogmatischen Begründung auch auf den Grundsatz von Treu und Glauben verwiesen. Ebenso eine Qualifikation des Anspruchs als Rechtsinstitut sui generis wird als möglich angesehen. Der Anspruch ist aber letztlich allgemein anerkannt.

311 Der Herstellungsanspruch hat folgende Voraussetzungen: Es muss um das Handeln einer Sozialverwaltungsbehörde gehen, dh einer Behörde im Sinne des § 1 Abs. 2 SGB X. Weiterhin muss eine pflichtwidrige Verletzung eines sozialen Rechts eingetreten sein, wobei das verletzte Recht ein subjektiv-öffentliches sein muss. Weitere Voraussetzung ist eine Fehldisposition des Betroffenen, die kausal auf der Pflichtverletzung der Sozialverwaltung beruhen muss. Eine Fehldisposition ist etwa das Nichtabgeben einer erforderlichen Erklärung aufgrund falscher Auskunft oder die Vornahme von Handlungen, die rechtlich nachteilhafte Folgen auslösen. Es muss außerdem gerade ein sozialrechtlicher Nachteil entstanden sein, dh ein vermögenswerter Nachteil im Hinblick auf die Anwendung des Sozialrechts. Dieser muss wiederum kausal auf der Fehldisposition beruhen.

225. Der 45-jährige E leidet an einer chronischen Erkrankung, die momentan schon Ursache für eine Erwerbsminderung ist und im Hinblick auf den üblichen Verlauf der Krankheit ist auch im Weiteren keine Verbesserung des Gesundheitszustandes des E zu erwarten. E möchte sich bei seinem Rentenversicherungsträger R über die Möglichkeiten eines Rentenbezugs informieren. Bei dem Beratungsgespräch mit R legt E auch seinen Schwerbehindertenausweis vor. R weist E auf die Erwerbsminderungsrente gem. § 43 SGB VI und den zu stellenden Antrag hin. Die Erwerbsminderungsrente wird dem E im Folgenden gewährt. Einige Jahre später erfährt E, der auf die Beratung durch R vertraut hat, dass er schon seit ein paar Jahren eine vorzeitige Altersrente für schwerbehinderte Menschen, die höher ausgefallen wäre als die gewährte Erwerbsminderungsrente, in Anspruch hätte nehmen können, wenn er einen dementsprechenden Antrag gestellt hätte. E begehrt nun im Wege des sozialrechtlichen Herstellungsanspruchs die Zahlung des Mehrbetrages, der ihm bei Beziehen der vorzeitigen Altersrente für schwerbehinderte Menschen zu Gute gekommen wäre. R entschuldigt sich, dass entsprechende Hinweise und Beratung unterblieben sind, möchte aber den Betrag nicht zahlen. Besteht der geltend gemachte Anspruch im Hinblick auf die besagte Differenz?

312 Der Anspruch besteht, wenn die entsprechenden Voraussetzungen gegeben sind. Es müsste zunächst eine durch das Handeln oder Unterlassen einer Sozialverwaltungsbehörde pflichtwidrige Verletzung eines sozialen Rechts eingetreten sein. R als Rentenversicherungsträger ist eine Sozialverwaltungsbehörde gem. § 1 Abs. 2 SGB X. R hat es

unterlassen, den E über die Möglichkeit des Bezuges einer vorzeitigen Altersrente für schwerbehinderte Menschen nach Maßgabe des SGB VI zu informieren. Diese unterbliebene Beratung war hier insbesondere deswegen pflichtwidrig, weil E sogar seinen Schwerbehindertenausweis in der Beratungssituation vorgelegt hat. Dadurch müsste E eine Fehldisposition getroffen haben, die kausal auf der Pflichtverletzung beruht. E hat es unterlassen, den erforderlichen Antrag auf die entsprechende Rente zu stellen. Dies stellt eine Fehldisposition dar, die das Nichtgewähren der vorzeitigen Altersrente für schwerbehinderte Menschen zur Folge gehabt hat. Den Antrag hat E nicht gestellt, weil er gerade auf die Auskunft des R vertraut hat (vor allem darauf, dass R bestmöglich und umfassend Auskunft erteilt hat), so dass die Fehldisposition auch kausal auf der pflichtwidrigen Verletzung des R beruht. Letztlich müsste E noch ein sozialrechtlicher Nachteil entstanden sein, der wiederum kausal auf die Fehldisposition zurückzuführen sein müsste. E hat aufgrund des nicht gestellten Antrages keine vorzeitige Altersrente für schwerbehinderte Menschen erhalten, sondern lediglich die gewährte Erwerbsminderungsrente, die geringer ausfiel. Er hat damit eine mögliche Sozialleistung, die er hätte in Anspruch nehmen können, nicht erhalten. Dies stellt einen sozialrechtlichen Nachteil dar, der auch kausal auf der Fehldisposition beruht. Damit ist der sozialrechtliche Herstellungsanspruch gegeben. Er umfasst die Zahlung des Differenzbetrages zwischen der gewährten Erwerbsminderungsrente und der vorzeitigen Altersrente für schwerbehinderte Menschen.

Dritter Teil:
Sozialrechtliche Seminararbeit

313 Die Seminararbeit ist grundsätzlich eine *schriftliche* Prüfungsleistung. Es treten jedoch meist mündliche Prüfungselemente in Form eines Vortrags, in dem die Seminararbeit in gekürzter Form vorzustellen ist, sowie einer Diskussion, in der die Arbeit zu verteidigen ist, hinzu. Zunächst (A.-C.) wird auf die schriftliche Seminararbeit eingegangen, sodann (D.) auf die mündlichen Elemente.

A. Allgemeine Hinweise zur juristischen Seminararbeit

I. Zentrale sachlich-inhaltliche Anforderungen an eine Seminararbeit im Vergleich zu einer Fallhausarbeit

314 Die Studierenden, die eine juristische Seminararbeit anzufertigen haben, werden regelmäßig zuvor bereits eine Hausarbeit (oder sogar mehrere Hausarbeiten) im Rahmen einer juristischen Übung angefertigt haben. Zwischen Seminararbeit und Hausarbeit gibt es folgende zentrale Gemeinsamkeiten und Unterschiede:

315 Bei einer Hausarbeit ist – ebenso wie bei einer Klausur – regelmäßig ein konkreter Lebenssachverhalt anhand einer konkreten Fragestellung (etwa nach den Erfolgsaussichten einer Klage, ob Ansprüche bestehen etc) zu bearbeiten. Bei einer Seminararbeit hingegen gibt es keinen Lebenssachverhalt, sondern es ist ein Thema zu bearbeiten. Das Thema ist sprachlich entweder so gefasst wie der Titel einer Monographie oder wie der Titel eines Fachzeitschriftenaufsatzes oder das Thema „spricht den Bearbeiter an" (zB „Untersuchen Sie die rechtlichen Grenzen von [...] und gehen Sie dabei auch darauf ein, welche Fragestellungen aus [...] resultieren"). Bei der Hausarbeit findet somit eine Überprüfung eines Lebenssachverhaltes anhand der für ihn geltenden rechtlichen Vorgaben statt. Sprachliches Kennzeichen der Hausarbeit ist der Gutachtenstil bzw. die Gutachtentechnik, die sich insbesondere dadurch kennzeichnet, dass Obersätze gebildet werden, unter die sodann subsumiert wird. Die gesamte Prüfung endet mit einem Ergebnis in der Form, dass die gestellte (Ausgangs-) Fallfrage beantwortet wird. Anders bei der Seminararbeit: Hier ist ein mitunter abstraktes Thema zu bearbeiten. Einen Sachverhalt gleichsam als roter Faden, der die gesamten Überlegungen durchzieht, ihnen Struktur gibt und das Eine aus dem Anderen folgen lässt, gibt es nicht. Das Thema ist vielmehr abstrakt-systematisch zu durchdringen und zu bearbeiten. Die Gliederung der Arbeit und die stoffliche Gewichtung der behandelten Aspekte ergeben sich meist erst nach und nach im Laufe des Einarbeitungs- und Bearbeitungsprozesses. Man ist bei der Seminararbeit daher viel freier als bei der Hausarbeit darin, die Arbeit eigenständig „aufzuziehen". Pointierter gesagt: Es gibt nicht die *eine* „richtige" Themenbearbeitung bei der Seminararbeit.

316 Gemeinsam ist der Seminararbeit und der Hausarbeit, dass die zum gestellten Thema bzw. zum gestellten Fall einschlägige Rechtsprechung und das einschlägige Schrifttum zu recherchieren und einzuarbeiten sind. Der zeitliche Bearbeitungsumfang und die vorgegebene Seitenzahl dürften bei der Hausarbeit und der Seminararbeit regelmäßig ebenso vergleichbar sein. Üblich sind jeweils vier bis sechs Wochen Bearbeitungszeit

A. Allgemeine Hinweise zur juristischen Seminararbeit

und 20 bis 30 Seiten Bearbeitungsumfang; mitunter kann die erlaubte Seitenzahl bei der Seminararbeit jedoch höher sein.

II. Arbeitsschritte bei einer Seminararbeit

Es gibt mittlerweile gute und detaillierte Anleitungen dafür, welche Arbeitsschritte in welcher Reihenfolge bei einer Seminararbeit zu durchlaufen sind:

- *Forstmoser/Ogorek, Schindler,* Juristisches Arbeiten: Eine Anleitung für Studierende, 6. Aufl. 2018,
- *Mann,* Einführung in die juristische Arbeitstechnik, 5. Aufl. 2015, S. 198 ff.,
- *Mix,* Schreiben im Jurastudium – Klausur, Hausarbeit, Themenarbeit, 2011, S. 141 ff.,
- *Putzke,* Juristische Arbeiten erfolgreich schreiben – Klausuren, Hausarbeiten, Seminare, Bachelor- und Masterarbeiten, 6. Aufl. 2018, S. 13 ff.,
- *Schaub,* ZJS 2009, 637 ff.,
- *Schimmel/Weinert/Basak,* Juristische Themenarbeiten – Anleitung für Klausur und Hausarbeit im Schwerpunktbereich, Seminararbeit, Bachelor- und Master-Thesis, 3. Aufl. 2017, durchgehend,
- *Möllers,* Juristische Arbeitstechnik und wissenschaftliches Arbeiten, 9. Aufl. 2018, durchgehend,
- siehe ferner die knapper gehaltenen, gleichwohl instruktiven Hinweise in der Aufsatzliteratur von *Büdenbender/Bachert/Humbert,* JuS 2002, 24 ff., und *Lahnsteiner,* JURA 2011, 580 ff.

Diese Arbeitsschritte sollen hier kurz und checklistenartig aufgeführt werden:

- das gestellte Thema muss gedanklich erfasst und verstanden werden; dies geht einher mit einer Stoffsammlung und Literatur- sowie Rechtsprechungsrecherche,
- das gesammelte Themenmaterial muss systematisiert werden und es muss daraus eine Gliederung entwickelt werden,
- mit dieser Gliederung geht einher, dass eine dem Thema angemessene Proportionierung, dh Stoffgewichtung, erfolgt; meist hat das gestellte Thema einen „Dreh- und Angelpunkt", der sich in Form einer Schwerpunktsetzung abbilden muss,
- in der Niederschriftphase kann es sein, dass man bemerkt, dass die Gliederung doch nochmals – zumindest im Detailbereich – umgestellt werden muss; dann sollte man nicht sklavisch an der ursprünglich erstellten Gliederung festhalten; mit der Niederschrift geht nämlich regelmäßig einher, dass man das Thema selbst nochmals tiefer und besser durchdringt und so zu Zusatzerkenntnissen gelangt, die eine Umgliederung nach sich ziehen können,
- bei der Darstellung von Meinungsstreitigkeiten in Schrifttum und/oder Rechtsprechung sollte man sinnvolle, nachvollziehbare „Meinungsgruppen" bilden und ein Augenmerk auf eine gut begründete eigene Stellungnahme sowie auf ein gut nachvollziehbares Ergebnis der Meinungsstreitigkeit legen.

III. Typen bzw. Arten von Seminararbeitsthemen

319 Die soeben genannten Anforderungen und Arbeitsschritte lassen sich noch näher umreißen, wenn man Typen von Seminararbeitsthemen unterscheidet. Einen anschaulichen und breit angelegten Typologisierungsversuch juristischer Seminararbeitsthemen haben insbesondere *Schimmel//Basak/Reiß*, Juristische Themenarbeiten – Anleitung für Klausur und Hausarbeit im Schwerpunktbereich, Seminararbeit, Bachelor- und Master-Thesis, 3. Aufl. 2017, S. 185 ff., unternommen.

320 Eine ausgereifte, dh vollständige und in sich „geschlossene" Typologie von Themen bei juristischen Seminararbeiten gibt es, soweit ersichtlich, bislang nicht. Es soll an dieser Stelle auch nicht der Versuch unternommen werden, eine solche Typologie zu erarbeiten. Es ist aber immerhin möglich, Arten von Seminararbeitsthemen zu benennen, die mit Eigenheiten für den Bearbeitungsprozess einhergehen. Diese Themenarten sind nicht so zu verstehen, dass sie scharf voneinander abgrenzbar sind, sondern sie können Berührungen miteinander aufweisen, ineinander übergehen bzw. auch miteinander kombiniert sein. Macht man sich diese Einschränkungen in der Trennschärfe bewusst, so lassen sich folgende Hauptarten unterscheiden:

321 ■ *Überblicksthemen*: Ein Thema kann dahin gehen, dass in überblicksartiger Form ein bestimmtes Rechtsgebiet bzw. dessen Entwicklungen zu umschreiben sind. Beispiel: *„Zentrale Änderungen im ...-Recht vom Jahr 19 ... bis gegenwärtig"*. Anstoß dafür, dass solche Themen zur Bearbeitung gestellt werden, kann insbesondere sein, dass es in dem im Thema benannten Zeitraum bedeutsame Gesetzgebungsaktivitäten und/oder Rechtsprechung zum Rechtsgebiet gegeben hat. Im genannten Beispiel würde die Rechtslage im Ausgangszeitpunkt auch den gedanklichen Ausgangspunkt für die Seminarbearbeitung darstellen. Von dort aus müsste man bedeutsame Entwicklungsetappen (Gesetzgebungsaktivitäten, bedeutsame Rechtsprechung etc) für das jeweilige Rechtsgebiet aufarbeiten.

322 ■ *Dogmatische Themen*: Die in der Seminarpraxis am häufigsten vorkommende Themenart dürfte die sog. dogmatische Aufarbeitung eines Rechtsproblems sein. Beispiele: *„Die sog. Erforderlichkeitsklausel für die konkurrierende Gesetzgebung des Bundes gem. Art. 72 Abs. 2 GG"*; *„Die verfassungsrechtlichen Vorgaben für die Beamtenbesoldung"*; *„Der Realakt als Bestandteil des Systems der verwaltungsrechtlichen Handlungsformen"*. So unterschiedlich die genannten Beispielsthemen jeweils für sich betrachtet sein mögen, so liegt ihre Gemeinsamkeit darin, dass sie ein rechtsdogmatisches Problem zum Gegenstand haben, das möglichst umfassend beleuchtet werden soll.

Der gesetzliche Ansatzpunkt für die Themenentwicklung kann entweder schon durch die Themenformulierung vorgegeben sein. Dies ist bei dem zu Art. 72 Abs. 2 GG genannten Thema der Fall. Auch wenn die Themenformulierung noch keine Gesetzesnorm benennt, kann die Recherche schnell dazu führen, dass eine Gesetzesnorm und deren Auslegung zentrale Bedeutung für das Thema hat. Dies ist beim genannten Thema zur Beamtenbesoldung der Fall, bei dem Art. 33 Abs. 5 GG daraufhin auszulegen ist, welche Vorgaben er für die Beamtenbesoldung macht. Ist ein solcher gesetzlicher Dreh- und Angelpunkt auszumachen, so besteht eine wesentliche Leistung im Rahmen der Seminararbeit darin, diesen Dreh- und Angelpunkt herauszuarbeiten bzw. auf ihn hinzuführen und sodann die aufgeworfene Auslegungsfrage sehr gründlich zu behandeln. Das gestellte Thema kann aber auch im Hinblick auf den gesetzlichen Anknüpfungspunkt weitgehend indifferent bzw. „nebulös" sein,

A. Allgemeine Hinweise zur juristischen Seminararbeit

wie dies bei dem genannten Thema betreffend den Realakt der Fall ist; denn der Realakt ist als Begriff nirgends gesetzlich geregelt und auch der Gegenstand, der gemeinhin mit dem Realakt in Verbindung gebracht wird, ist zumindest nicht klar gesetzlich geregelt. Bei einem solchen Thema steht dann die Begriffsdeutung im Zentrum. Es kann dann etwa darum gehen, die Nützlichkeit und Aussagekraft eines Begriffs zu hinterfragen. Beim besagten Thema des Realaktes müsste man ferner eine Einordnung in und Gegenüberstellung mit weitere(n) Handlungsformen vornehmen; dies „weitet" das Beispielsthema sehr in Richtung allgemeiner verwaltungsrechtlicher Fragestellungen.

Die Skizzierung der genannten drei Beispielsthemen zeigt, dass die dogmatischen Themen untereinander eine große Variationsbreite aufweisen können.

■ *Historische Themen:* Themen können auch einen starken historischen Bezug aufweisen. Gemeint ist damit im vorliegenden Zusammenhang *nicht* die rechtshistorische Exegese, bei der ein rechtshistorischer Text gelesen, ggf. übersetzt und sodann formal sowie inhaltlich auszulegen ist. Die Exegese stellt einen Sonderfall dar, der im vorliegenden Zusammenhang schon deshalb außer Betracht bleiben darf, weil kaum jemals eine *sozial*rechtshistorische Exegese als Seminararbeitsthema gestellt werden dürfte; wenn, dann müsste darauf speziell in den Lehrveranstaltungen vorbereitet werden.

323

Mit historischen Themen ist vielmehr gemeint, dass die Rekonstruktion einer früheren Diskussion zur Aufgabe gemacht wird. Beispiel: *„Die Herleitung der sog. Drittwirkung der Grundrechte in den Anfangsjahren der Bundesrepublik Deutschland"*. Dieses Beispielsthema hat zwar auch die zuvor genannten dogmatischen Elemente zum Gegenstand. In spezifischer Form tritt aber hinzu – und letztlich in den Vordergrund –, dass eine Fragestellung *rekonstruierend* aufzuarbeiten ist. Dies bedingt meist gründliche Quellenarbeit. Beim angeführten Beispielsthema würde sich in der Recherche etwa schnell erweisen, dass kurz nach dem Inkrafttreten des Grundgesetzes das Schrifttum die Frage nach der sog. Drittwirkung der Grundrechte schnell „entdeckt" und ausgiebig bearbeitet hat und dass außerdem die Rechtsprechung vielfach mit der Drittwirkungsfrage befasst war.

■ *Reformorientierte Themen:* Gleichsam das Gegenstück zu den soeben angeführten historischen stellen solche Themen dar, die in die Zukunft gewandt sind. Bei ihnen kann es insbesondere darum gehen, ob sich eine Neuregelung eines (Teil-) Rechtsgebiets oder eines bestimmten rechtlichen Fragenkreises durch den Gesetzgeber empfiehlt. Der argumentative „Richtigkeitsmaßstab", ob eine Gesetzesnovellierung zu fordern ist, kann unterschiedlich beschaffen sein: Es kann zB aus verfassungsrechtlichen Gründen ein gesetzgeberisches Tätigwerden angezeigt sein, weil das Bundesverfassungsgericht Bedenken im Hinblick auf das bislang geltende Gesetzesrecht geäußert hat oder gar das bislang geltende Gesetzesrecht für verfassungswidrig erklärt hat. Weiterhin kann eine Neuregelung auch deshalb angezeigt sein, weil die bisherige Gesetzesregelung unklar und verworren ist und der Rechtsprechung die Anwendung des bislang geltenden Gesetzesrechts erhebliche, deutlich erkennbare Probleme bereitet. Außerdem kann aufgrund faktisch-gesellschaftlicher Gegebenheiten (zB Finanzierungsprobleme für bislang gewährte staatliche Leistungen, gesellschaftlicher Wertewandel) ein Reformdruck für den Gesetzgeber gegeben sein. *Beispielsthemen* sind vor diesem Hintergrund: *„Empfiehlt sich im Hinblick auf den gesellschaftlichen Wertewandel im Zusammenhang mit der sexuellen Orientierung eine noch weiterreichende gesetzliche Gleichbehandlung von Ehe und anderen Lebensformen*

324

des Zusammenlebens?"; "Sollte oder muss ein Streikrecht für Beamte gesetzlich normiert werden?"

325 ■ *Rechtsvergleichende Themen*: Was mit rechtsvergleichenden Themen gemeint ist, dürfte selbst erklärend sein. Rechtsvergleichende Themen stellen einen Sonderfall dar, weil die Rechtsvergleichung als Rechtsdisziplin eine eigenständige Methodik besitzt, die in Lehrveranstaltungen speziell vermittelt werden muss, um dann zum Gegenstand (auch) einer Seminararbeit gemacht werden zu können. Dies dürfte im Sozialrecht so gut wie nie der Fall sein, so dass hier auf rechtsvergleichende Themen nicht näher eingegangen wird.

326 ■ *Urteilswürdigungen*: Es ist ferner möglich, dass das Seminarthema darin besteht, eine ergangene Gerichtsentscheidung (ggf. auch mehrere Gerichtsentscheidungen, die in einem engeren Zusammenhang zueinander stehen) aufzuarbeiten und kritisch zu würdigen. Ist nur ein einziges Gerichtsurteil Thema, dann wird es sich regelmäßig um eine „spektakuläre" Entscheidung handeln, jedenfalls aber um eine Entscheidung, die umfangreiche Ausführungen zu einer umstrittenen Rechtsproblematik enthält; ansonsten würde ein einzelnes Urteil keine gesamte Seminararbeit tragen. Mit dem zu würdigenden Urteil gibt es einen vergleichsweise konkreten Untersuchungs- und Recherchegegenstand für die Seminararbeit, was den Einstieg erleichtert. Selbstverständlich ist das zu würdigende Urteil gründlich und vollständig durchzuarbeiten. Eine Urteils*würdigung* bedeutet nicht nur eine Urteilswiedergabe bzw. -zusammenfassung. Gefordert ist vielmehr eine kritische Reflexion, ob das Urteil im Hinblick auf seine Begründungselemente und auch im Hinblick auf das gefundene Ergebnis zu überzeugen vermag. Die Rechtsprobleme, die das Urteil zum Gegenstand hat, sind weiterhin auch im Hinblick auf Schrifttum, das sich mit ihnen befasst hat, einzuordnen. Ist etwa zeitlich vor dem Gerichtsurteil im Schrifttum ein überzeugender Lösungsansatz für das Problem entwickelt worden, hat diesen das Urteil aber nicht aufgegriffen oder hat das Urteil diesen mit nicht überzeugender Begründung verworfen, so ist dies kritisch herauszuarbeiten.

IV. Formale Gestaltung der Seminararbeit

327 Die soeben unter I.-III. angesprochenen Punkte betreffen die *sachlich-inhaltliche* Ebene der Seminararbeit. Davon lassen sich Fragestellungen zur formalen Gestaltung der Seminararbeit unterscheiden. Stichpunktartig sind insoweit zu nennen:

- die Deckblattgestaltung,
- die Gestaltung der Gliederung, die dem Gutachtenteil der Seminararbeit vorangestellt ist,
- die Gestaltung des Schrifttumsverzeichnisses,
- die Frage, ob ggf. weitere Verzeichnisse (zB Abkürzungsverzeichnis, Abbildungsverzeichnis) zu erstellen sind,
- die Fußnotengestaltung (einschließlich der Frage, wann eine Fußnote zu setzen ist).

328 Auch für die genannten Punkte gibt es ausführliche Anleitungen im Schrifttum; neben dem oben unter II. angeführten Schrifttum, das auch insoweit einschlägig ist, siehe besonders ausführlich:

A. Allgemeine Hinweise zur juristischen Seminararbeit

- *Schimmel*, Juristische Klausuren und Hausarbeiten richtig formulieren, 13. Aufl. 2018, S. 237 ff.

Ergänzend ist aber darauf hinzuweisen, dass mitunter der Seminarveranstalter im Hinblick auf die formale Gestaltung der Seminararbeit eigenständige Hinweise gibt; falls dem so ist, so geschieht dies regelmäßig in Form eines Merkblattes oder in Form einer Mitteilung auf einer Homepage. Selbstverständlich sind solche Hinweise zu beachten und sie gehen, falls sie Besonderheiten im Vergleich zu den Vorgaben im Schrifttum aufweisen, vor.

B. Besondere Hinweise für sozialrechtliche Seminararbeiten für die Materialrecherche

I. Vorbemerkung

330 Die soeben unter A. gegebenen Hinweise sind nur in mancherlei Hinsicht für *sozial*rechtliche Seminararbeiten zu spezifizieren. Keine besonderen Hinweise sind im Hinblick auf die zu beachtenden Formalien zu machen. Dasselbe gilt für die prinzipiellen Unterschiede zwischen der Hausarbeit in der Form einer Falllösung und der Seminararbeit in der Form einer Themenarbeit sowie für die *typischerweise* zu durchlaufenden Arbeitsschritte bei der Themenausarbeitung. Hinweise *besonderer* Art für sozialrechtliche Seminararbeiten sind aber im Hinblick auf die soeben unter A. III. aufgezeigten Arten bzw. Typen von Seminararbeitsthemen angezeigt. Denn diese Arten bzw. Typen besitzen für das Sozialrecht eine unterschiedliche Relevanz im Sinne einer unterschiedlichen Häufigkeit in der Seminarpraxis. Dies hat dann auch Auswirkungen auf die praktische Bedeutung der grundsätzlich immer zu durchlaufenden Arbeitsschritte, wie sie unter A. II. angesprochen wurden. Dies wird unter C. noch anhand von 10 Beispielen näher veranschaulicht.

331 Vor diesen Beispielen sollen aber noch einige Hinweise zu den Besonderheiten im Zusammenhang mit der Materialrecherche im Sozialrecht gemacht werden. Unabhängig davon, welchen Thementyp bzw. welche Themenart man bei einem sozialrechtlichen Seminar zur Bearbeitung erhält, sollte man einen Überblick über das sozialrechtliche Schrifttum und auch über die Besonderheiten im Zusammenhang mit der Veröffentlichung von sozialgerichtlichen Entscheidungen haben, um bei der Materialrecherche für das gestellte Thema sinnvoll anzusetzen. Schlagwortartig gesagt gibt es folgende „Materialarten", die für das gestellte Thema einschlägig sein können: Monographien, Lehrbücher, Handbücher, Fachzeitschriftenaufsätze, Gerichtsentscheidungen, Gesetzesbegründungen. Über diese soll für das Sozialrecht im Folgenden ein Überblick gegeben werden.

332 Meist ist es sinnvoll, bei der Recherche nicht sogleich zu speziell zu beginnen. Wenn etwa die juristischen Datenbanken mittels Schlagwortrecherche eine juristische Monographie – meist eine Dissertation – zum gestellten Thema auswerfen, dann kann die Lektüre einer Monographie zu Beginn der Recherche „erschlagend" wirken; denn die Monographie arbeitet das Thema meist viel breiter und tiefer auf, als es im Rahmen einer Seminararbeit möglich ist und vom Seminarveranstalter erwartet wird. Zudem ist stets zu beachten, ob die ermittelte Monographie *exakt* das gestellte Seminarthema behandelt. Ist dem nicht so, so wird man ggf. noch weiter verwirrt, weil man anfangs nicht beurteilen kann, inwieweit einem die aufgefundene Monographie *genau* weiterhilft.

II. Systematische Sozialrechtsdarstellungen

333 Statt dessen sollte man im Zweifel zunächst allgemeiner ansetzen: Wenn das gestellte sozialrechtliche Thema sich einem sozialrechtlichen Teilgebiet zuordnen lässt, dann sollte man ausweislich der Lehrbuchgliederung schauen, ob das Thema in dem sozialrechtlichen Lehrbuch, das man ohnehin für die sozialrechtliche Vorlesung benutzt, behandelt wird – und sei es auch nur kurz und ansatzweise. Wenn dem so ist, dann hat man das Thema zumindest schon grob systematisch verortet. Womöglich findet man

B. Besondere Hinweise für sozialrechtliche Seminararbeiten für die Materialrecherche

dann im Fußnotenapparat auch bereits erste Nachweise für eine nähere Behandlung dieses Themas. Solche Nachweise haben den Vorteil, dass man davon ausgehen darf, dass sie vom Lehrbuchautor selektiv angeführt werden – und zwar selektiv dergestalt, dass sie einen guten und verständlichen Einstieg in die vertiefte Auseinandersetzung mit dem Thema ermöglichen.

Wird man im Lehrbuch nicht in der beschriebenen Form fündig oder sind die dortigen Ausführungen und Nachweise ausgeschöpft, dann sollte man zunächst die weiteren Lehrbücher durchgehen. Sind auch diese ausgeschöpft, dann sollte man im Zweifel als nächsten Schritt zu ausführlicheren systematisch ausgerichteten Sozialrechtsdarstellungen greifen. *Systematische* Darstellungen als Zugriffsobjekt haben immer den Vorteil, dass man in dem Fall, dass man zum gestellten Thema fündig wird, sogleich dessen Einbettung in einen ggf. bestehenden übergeordneten Kontext erfährt. 334

Im Folgenden werden die zentralen, systematisch aufgebauten Sozialrechtsdarstellungen, die man für die (Einstiegs-) Recherche besonders im Blick haben sollte, aufgeführt. 335

Breit angelegt sind und zahlreiche Sozialrechtsteilgebiete decken ab: 336

- *Brand*, Praxis des Sozialrechts, 2. Aufl. 2011,
- *Fasselt/Schellhorn* (Hrsg.), Handbuch Sozialrechtsberatung, 5. Aufl. 2017,
- *Hassel/Gurgel/Otto* (Hrsg.), Handbuch des Fachanwalts Sozialrecht, 5. Aufl. 2015,
- *Ruland/Becker/Axer* (Hrsg.), Sozialrechtshandbuch, 6. Aufl. 2018.

Sozialrechts*teilgebiete* stellen systematisch dar: 337

- *Berchthold/Richter* (Hrsg.), Prozesse in Sozialsachen, 2. Aufl. 2016,
- *Berlit/Conradis/Pattar* (Hrsg.), Existenzsicherungsrecht (SGB II, SGB XII, AsylbLG, Verfahrensrecht), 2. Aufl. 2013,
- *Eichenhofer/Rische/Schmähl* (Hrsg.), Handbuch der gesetzlichen Rentenversicherung SGB VI, 2. Aufl. 2012,
- *Fichte/Plagemann* (Hrsg.), Sozialverwaltungsverfahrensrecht-Handbuch, 2. Aufl. 2016,
- *Harich* (Hrsg.), Handbuch der Grundsicherung für Arbeitsuchende, 2014,
- *Krasney/Udsching*, Handbuch des sozialgerichtlichen Verfahrens – Systematische Gesamtdarstellung mit zahlreichen Beispielen und Mustern, 7. Aufl. 2016,
- *Luthe* (Hrsg.), Rehabilitationsrecht, 2. Aufl. 2014,
- *Luthe/Palsherm*, Fürsorgerecht – Grundsicherung und Sozialhilfe, 3. Aufl. 2013,
- *Plagemann/Radtke-Schwenzer*, Gesetzliche Unfallversicherung, 2. Aufl. 2007,
- *Schulin* (Hrsg.), Handbuch des Sozialversicherungsrechts, Band 1: Krankenversicherungsrecht (1994), Band 2: Unfallversicherungsrecht (1996), Band 3: Rentenversicherungsrecht (1999), Band 4: Pflegeversicherungsrecht (1997),
- *Sodan* (Hrsg.), Handbuch des Krankenversicherungsrechts, 3. Aufl. 2018,
- *Zweng/Scheerer/Buschmann/Dörr*, Handbuch der Rentenversicherung, Loseblatt (das Werk stellt das Rentenversicherungsrecht im Hinblick auf das SGB I, IV, VI und X dar).

338 In den allermeisten Fällen wird man in zumindest einem solcher Handbücher im Hinblick auf das gestellte Thema fündig werden – regelmäßig verbunden mit weiteren, vertiefenden Nachweisen in den Fußnoten.

339 Wie nach Ausschöpfung der systematischen Sozialrechtsdarstellungen dann der weitere Recherchegang fortgesetzt werden sollte, lässt sich allgemeingültig nicht sagen, sondern hängt vom jeweiligen Thema ab. Entweder ist dann der Schritt zur Lektüre einer als einschlägig ermittelten Monographie sinnvoll oder es ist die Lektüre von Gesetzeskommentaren, Fachzeitschriftenbeiträgen oder von Gerichtsentscheidungen anzuraten. Unter III.-V. wird ein orientierender Überblick über die „Landschaft" an Gesetzeskommentaren, Fachzeitschriftenbeiträgen und Gerichtsentscheidungen im Sozialrecht gegeben.

III. Gesetzeskommentierungen im Sozialrecht

340 Da das Sozialrecht ein sehr breites Rechtsgebiet ist und es zu nahezu jedem Sozialrechtsteilgebiet mehrere Gesetzeskommentierungen gibt, ist das Kommentarangebot groß und es ist schwer, den Gesamtüberblick zu behalten. Es soll hier nicht einmal ansatzweise versucht werden, alle Sozialrechtskommentare aufzuführen. Auf einige ausgewählte Werke soll gleichwohl hingewiesen werden – nämlich auf diejenigen Gesetzeskommentare, die mehrere Sozialrechtsgesetze, insbesondere mehrere Sozialgesetzbücher, umfassen; denn diese Kommentare haben den Vorteil, dass bei einem Seminarthema, das nicht allein ein Gesetz, sondern mehrere Gesetze berührt, der Kommentar ggf. gesetzes*übergreifend*, aber zugleich kommentar*intern* verweist. Übergreifende Kommentare im beschriebenen Sinne sind insbesondere folgende:

- *Brall/Kerschbaumer/Scheer/Westermann* (Hrsg.), Sozialrecht – Kompaktkommentar für die Arbeitnehmerberatung (SGB I bis SGB XII und SGG), 2. Aufl. 2017,
- *Ehmann/Karmanski/Kuhn-Zuber* (Hrsg.), Gesamtkommentar Sozialrechtsberatung, 2. Aufl. 2018,
- *Hauck/Noftz* (Hrsg.), Sozialgesetzbuch – Kommentar, Loseblatt (das Werk kann in unterschiedlichen Teilabonnements bezogen werden, deckt aber insgesamt das SGB I-XII ab),
- *Knickrehm/Kreikebohm/Waltermann* (Hrsg.), Kommentar zum Sozialrecht, 6. Aufl. 2019,
- *Leitherer* (Hrsg.), Kasseler Kommentar zum Sozialversicherungsrecht, Loseblatt (dieser Kommentar umfasst nicht nur – wie der Werktitel vermuten lassen könnte – eine Kommentierung der einzelnen Sozialversicherungszweige und des SGB IV, sondern ebenso des SGB I und des SGB X),
- *Rolfs/Giesen/Kreikebohm/Udsching* (Hrsg.), Beck'scher Onlinekommentar Sozialrecht (das Werk kann in unterschiedlichen Teilabonnements bezogen werden, deckt aber insgesamt das SGB I-XII sowie das SGG und andere Sozialgesetze ab).

341 Gewissermaßen zwischen denjenigen Kommentaren, die nur ein Gesetz zum Gegenstand haben, und solchen Kommentaren, die sehr viele Gesetze berücksichtigen, stehen diejenigen Kommentare, die *einige ausgewählte* Gesetze gemeinsam behandeln; dies sind regelmäßig solche Sozialgesetze, die in der Rechtspraxis in Wechselwirkung miteinander stehen. Beispielhaft sind insoweit anzuführen:

- *Berchtold/Huster/Rehborn* (Hrsg.), Gesundheitsrecht – SGB V, SGB XI, 2. Aufl. 2018 (dieses Werk kommentiert das SGB V und das SGB XI in der Zusammenschau),
- *Eichenhofer/Wenner* (Hrsg.), Kommentar zum Sozialgesetzbuch I, IV, X, 2012,
- *Gagel* (Hrsg.), SGB II/SGB III – Grundsicherung und Arbeitsförderung (Kommentar), Loseblatt,
- *Knickrehm* (Hrsg.), Gesamtes Soziales Entschädigungsrecht – Handkommentar, 2012,
- *Krauskopf*, Soziale Krankenversicherung, Pflegeversicherung (Kommentar), Loseblatt,
- *Oestreicher* (Begr.), SGB II/SGB XII – Grundsicherung für Arbeitsuchende und Sozialhilfe (Kommentar), Loseblatt,
- *Rancke* (Hrsg.), Mutterschutz, Elterngeld, Elternzeit, Betreuungsgeld, – Handkommentar, 5. Aufl. 2018,
- *Roos/Bieresborn* (Hrsg.), Mutterschutzgesetz, Bundeselterngeld- und Elternzeitgesetz, Kommentar, Loseblatt.

IV. Sozialrechtliche Fachzeitschriften

Ähnlich breit gefächert und somit schwer überschaubar wie das Angebot an sozialrechtlichen Gesetzeskommentaren ist das Angebot an sozialrechtlichen Fachzeitschriften. Zählt man Zeitschriften hinzu, die zB neben sozial*politischen* Themen *auch* das Sozialrecht zum Gegenstand haben, dann kommt man auf deutlich mehr als 30 Zeitschriften. Dabei gibt es Zeitschriften, die nur – oder zumindest im Schwerpunkt – Sozialrechtsteilgebiete abdecken. Diese Zeitschriften behandeln dann aber auch speziell anmutende Themenstellungen. Dies sollte man im Hinterkopf haben, wenn das zu bearbeitende Seminarthema seinerseits speziell („exotisch") anmutet. Die besagten „speziellen" Zeitschriften sind dann ganz besonders in den Blick zu nehmen.

342

Neben diesen Teilgebietszeitschriften, die hier nicht im Einzelnen aufgeführt werden können, gibt es aber auch Zeitschriften, die das Sozialrecht breit abdecken. Selbst bei diesen Zeitschriften kommt man auf eine zweistellige Anzahl. Es seien an dieser Stelle die folgenden Zeitschriften hervorgehoben, weil bei ihnen die Beiträge vielfach eine Mischung aus praktischen und wissenschaftlichen Elementen aufweist, die für eine Seminarbearbeitung besonders nützlich ist (alphabetische Reihung, die übliche Abkürzung der Zeitschrift und eine Kurzcharakterisierung als Klammerzusatz):

343

- Die Sozialgerichtsbarkeit (SGb; erscheint monatlich; sie hat – wie ihr Titel erahnen lässt – die Rechtsprechung der Sozialgerichtsbarkeit und deren systematisch-kritische Aufarbeitung besonders im Fokus),
- Neue Zeitschrift für Sozialrecht (NZS; erscheint zweimal monatlich; sie dürfte dem Verbreitungsgrad nach die bedeutsamste Sozialrechtszeitschrift sein),
- Sozialrecht in Deutschland und Europa (ZfSH/SGB; erscheint monatlich; sie enthält mehr als die SGb und die NZS auch *nicht*sozialversicherungsrechtliche Themen),
- Vierteljahresschrift für Sozial- und Arbeitsrecht (VSSAR; erscheint fünfmal jährlich; die Themenbearbeitung ist stärker wissenschaftlich ausgerichtet als bei den anderen genannten Zeitschriften).

V. Sozialrechtliche Gerichtsentscheidungen

344 Im Hinblick auf die Rechtsprechungsrecherche und die Veröffentlichung von Gerichtsentscheidungen gelten auch im Sozialrecht zunächst die allgemeinen Üblichkeiten. Dies bedeutet: Gerichtsentscheidungen sind entweder in Fachzeitschriften abgedruckt oder in Datenbanken wie zB der von Juris oder beck.online eingestellt. Ferner gibt es auch eine Entscheidungssammlung des Bundessozialgerichts, die ähnlich aufgebaut ist wie die der anderen deutschen Bundesgerichte (etwa „BVerfGE" für die amtliche Entscheidungssammlung des Bundesverfassungsgerichts). Die Sammlung trägt das Kürzel „BSGE" und die Fundstellenangabe setzt sich aus einer Bandnummer und einer Seitenzahl zusammen.

▶ **Beispiel:** „BSGE 96, 14 ff." bedeutet, dass die Entscheidung im 96. Band der Sammlung abgedruckt ist und auf Seite 14 dieses Bandes beginnt. ◀

345 Längst nicht alle Entscheidungen des Bundessozialgerichts finden Eingang in diese Sammlung, sondern nur solche, die die Richterinnen und Richter des BSG, die diese Sammlung herausgeben, als besonders bedeutsam ansehen. Hat eine Entscheidung Eingang in „BSGE" gefunden, so ist eine Zitierung nach BSGE üblich – und zwar auch in der Seminararbeit.

346 Während sich der Aufbau der BSGE-Entscheidungssammlung eng an den der Entscheidungssammlungen der anderen deutschen Bundesgerichte anlehnt, gibt es eine weitere, auf den ersten Blick eigentümlich aufgebaute und gestaltete Sammlung von Bundessozialgerichtsentscheidungen. Diese Sammlung trägt das Kürzel „BSG-SozR". Es handelt sich bei dieser um eine Entscheidungssammlung in Loseblattform. Bearbeitet und herausgegeben wird sie ebenfalls von Richterinnen und Richtern des Bundessozialgerichts und sie orientiert sich an einem systematischen bzw. thematischen Ordnungssystem. Es gibt bislang vier Folgen, jede Folge umfasst Entscheidungen eines bestimmten Zeitraumes. So beinhaltet zB die dritte Folge Entscheidungen der Jahre 1990 bis 2002, die vierte Folge Entscheidungen ab 2003. In der Zitierweise finden nur Folgen 3 und 4 Berücksichtigung, und zwar in folgender Form: „BSG-SozR 4- […]". Es erfolgt weiterhin eine thematische Einordnung in Gruppen, so erfasst beispielsweise Gruppe 3000 „Versorgung, Pflegeversicherung und soziale Entschädigung". Innerhalb der jeweiligen Gruppe erfolgt eine Ordnung nach Gesetzen, so steht etwa 3500 für das SGB XII. Hier wird dann weiter nach den betroffenen Normen geordnet, so zB § 30. Innerhalb der Paragrafen werden dann die dazu gelisteten Entscheidungen nummeriert. Folgendes Beispiel soll dieses dargestellte Ordnungssystem nochmals kurz verdeutlichen: Das Zitat „BSG-SozR 4-3500 § 30 Nr. 4" steht für die Entscheidung Nummer vier zu § 30 SGB XII aus der vierten Folge. Im Schrifttum wird die Sammlung BSG-SozR selten zitiert. Weil aber das Bundessozialgericht oft auf BSG-SozR verweist, sollen die gegebenen Hinweise die Arbeit mit der Loseblattsammlung erleichtern. In einer Sozialrechtsseminararbeit besteht nicht die Notwendigkeit, nach BSG-SozR zu zitieren.

VI. Recherche nach Gesetzgebungsmaterialien

347 Zuletzt soll noch eine Art von Materialrecherche angesprochen werden, die zwar prinzipiell bei allen juristischen Seminararbeitsthemen zum Tragen kommen kann, die aber im Sozialrecht von besonderer Bedeutung ist. Dies wird sogleich unter C. noch anhand von Beispielen deutlich werden.

B. Besondere Hinweise für sozialrechtliche Seminararbeiten für die Materialrecherche

Das Sozialrecht ist ein Rechtsgebiet, bei dem die Änderungshäufigkeit von Gesetzen hoch ist. Es kann sich dabei entweder um Detailänderungen handeln, die regelmäßig nicht Dreh- und Angelpunkt eines sozialrechtlichen Seminararbeitsthemas sind. Verglichen mit anderen Rechtsgebieten überproportional häufig erfolgen im Sozialrecht aber auch erhebliche, substanzielle Gesetzesänderungen. Dies macht es nicht selten erforderlich, auch die Gesetzesmaterialien – insbesondere: den Gesetzentwurf mit der Begründung für die Gesetzesänderung – auszuwerten. Nur dann gelangt man zur eigentlichen Quelle, aus welchen sozialpolitischen, verfassungsrechtlichen oder anderweitigen Erwägungen heraus das Gesetz geändert wurde. Nur so werden daher – juristischer formuliert – der Sinn und Zweck sowie die Entstehungsgeschichte des (Änderungs-) Gesetzes klar. Dies kann dann seinerseits auch bedeutsam sein für die Auslegung einzelner Vorschriften des (Änderungs-) Gesetzes. Liegt eine Gesetzesänderung schon zeitlich etwas zurück, dann werden zentrale Begründungselemente auch Eingang in das Schrifttum finden, insbesondere bei Gesetzeskommentaren. Dann findet man die Gesetzesmaterialien gewissermaßen schon zumindest teilweise „aufgearbeitet" vor. Liegt eine Gesetzesänderung aber erst kurz – einige Wochen oder Monate – zurück, dann gibt es aber oftmals noch keine „Aufarbeitung" im beschriebenen Sinne, weil das Schrifttum so schnell gar nicht reagieren kann. *Dann* muss man eigenständig die Gesetzgebungsmaterialien recherchieren.

348

Wenn man das erste Mal Gesetzesmaterialien eigenständig recherchieren muss, dann zeigt sich, dass dies mitunter nicht leicht ist, weil es mit Eigentümlichkeiten behaftet ist. Da das Sozialrecht nahezu ausschließlich *Bundes*recht ist, sei dies hier für die Bundesrechtsebene kurz skizziert: Das Staatsorganisationsrecht gibt vor, dass ein Gesetz – und somit auch ein *Änderungs*gesetz – erst in Kraft treten kann, wenn das Gesetz im Bundesgesetzblatt verkündet ist (Art. 82 Abs. 1 S. 1 GG). Im Bundesgesetzblatt selbst steht aber nur der Gesetzestext, nicht aber dessen Begründung. Für diese muss man maßgeblich auf Bundestags- und Bundesratsdrucksachen zurückgreifen; in *ihnen* sind die Gesetzesvorlagen samt Begründungselementen dokumentiert. Bundestagsdrucksachen sind dabei nach Legislaturperioden und in Kombination damit mit einer Nummer innerhalb einer Legislaturperiode nummeriert; Bundesratsdrucksachen hingegen sind ohne Unterteilung in Legislaturperioden nummeriert.

349

▶ **Beispiele:** „BT-Dr. 17/1" steht für Bundestagsdrucksachennummer 1 in der 17. Legislaturperiode (dh des 17. Bundestages); „BR-Dr. 16/03" steht für Bundesratsdrucksachennummer 16 aus dem Jahr 2003. ◀

Geht man auf die Homepage von Bundestag bzw. Bundesrat, so gelangt man in ein Dokumentensuchsystem, das *grundsätzlich* auf das skizzierte Nummerierungssystem hin ausgerichtet ist. Kennt man die einschlägige „BT-Dr."- bzw. „BR-Dr."-Dokumentennummer – zB durch einen Nachweis in einem Gesetzeskommentar oder einem Zeitschriftenbeitrag –, dann fällt die Suche leicht und man gelangt mithilfe der Suchmaske schnell zum Ziel. Kennt man die einschlägige Nummer hingegen nicht, dann gibt es auch themenbezogene Recherchemöglichkeiten auf der Bundestags- bzw. Bundesratshomepage. Ob man dann schnell zum Ziel gelangt, hängt davon ab, ob sich die in Frage stehende Gesetzesänderungsmaterie klar thematisch zuordnen lässt; insofern kann bei der Recherche etwas Geduld erforderlich sein. Siehe zur Recherchetechnik näher *Hebeler/Schröder, JA* 2018, 641, 644 ff.

350

C. 10 Beispiele für sozialrechtliche Seminararbeitsthemen mit Erläuterungen

351 Die im Folgenden aufgeführten Seminararbeitsthemen sind überwiegend an der Universität Trier im Rahmen von sozialrechtlichen Prüfungsseminaren bereits ausgegeben worden. Es wird zunächst das jeweilige Thema genannt und dieses sodann in einigen Sätzen charakterisiert, um die Hauptherausforderungen bei der Themenbewältigung deutlich werden zu lassen.

352 ▶ **Beispiel 1:** „Die industrielle Revolution im 19. Jahrhundert in Deutschland und ihre Bedeutung für die Sozialversicherungsgesetzgebung". ◀

Dieses Thema ist nach den genannten Thementypen in erster Linie ein historisches Thema. Man stellt bei der Recherche schnell fest, dass in der zweiten Hälfte des 19. Jahrhunderts die industrielle Revolution solch gravierende soziale Umwälzungen (Stichworte: Entstehung des Fabrikarbeiters als neuen Typus; Veränderungen in der Familienstruktur; „Unfallträchtigkeit" der Fabrikarbeit etc) mit sich brachte, dass darauf der Sozialgesetzgeber reagieren musste. Zentral ist bei dieser Reaktion dann die sog. Kaiserliche Botschaft des damaligen Reichskanzlers Bismarck, die die Beweggründe für die Einführung einer gesetzlichen Kranken-, Unfall- und Rentenversicherung in den 1880er Jahren zum Ausdruck bringt. Diese Botschaft ist nach Inhalt und Intention auszulegen, wobei insoweit reichhaltig existierendes Schrifttum auszuwerten und einzuarbeiten ist. Weiterhin sind die zentralen Regelungsbestandteile der damaligen Sozialversicherungsgesetzgebung darzustellen.

353 ▶ **Beispiel 2:** „Die Rentenreform im Jahr 1957 – Beweggründe, Inhalt, Auswirkungen und kritische Würdigung". ◀

Ähnlich wie bei Beispiel 1 handelt es sich auch bei Beispiel 2 um ein in erster Linie historisches Thema. Mit der Themenformulierung „Rentenreform im Jahr 1957" hat man einen griffigen Rechercheansatz. Man stößt bereits beim Nachschlagen in systematischen Sozialrechtsdarstellungen darauf, dass mit der Rentenreform im Jahr 1957 die gesetzliche Rentenversicherung grundlegend umgestaltet wurde. Von dem Kapitaldeckungsverfahren als Finanzierungsmechanismus wurde auf das Umlageverfahren gewechselt. Was dies im Einzelnen bedeutet, ist aufzuarbeiten. Dabei ist ferner aufzuzeigen, dass mit dem Umlageverfahren eine Rentendynamisierung an die allgemeine volkswirtschaftliche Entwicklung bzw. an die allgemeine Lohnentwicklung einhergeht. Die 1950er Jahre waren wirtschaftlich eine „Boom-Phase" – was ebenfalls darzustellen ist –, so dass mit der Rentenreform eine enorme Ausweitung des Rentenleistungsniveaus verbunden war. Die gesetzliche Altersrente verlor den Charakter und die Zielsetzung, im Alter *allein* eine Abwendung von Notlagen zu bewerkstelligen, sondern war nun auch auf eine Lebensstandardsicherungsfunktion ausgerichtet; *inwieweit* dies der Fall war, ist genau zu klären. Die Beweggründe des Gesetzgebers für die Rentenreform sind ebenfalls genau herauszuarbeiten.

354 ▶ **Beispiel 3:** „Die Einbeziehung von Beamten in die gesetzliche Rentenversicherung als Reformoption – Verfassungsrechtliche Zulässigkeit, Übergangsprobleme, sozialpolitische und finanzielle Sinnhaftigkeit". ◀

Bei diesem Thema ist der Rechercheeinstieg etwas schwieriger. Als Vorwissen zu diesem Thema kann und sollte man aber mitbringen, dass Beamte in den einzelnen Sozialversicherungszweigen und somit auch in der gesetzlichen Rentenversicherung (siehe § 5 Abs. 1 S. 1 Nr. 1 SGB VI) versicherungsfrei sind. Es ist den Gründen nachzugehen, wieso dies nach geltendem Recht so ist und wieso dies womöglich geändert werden könnte bzw. sollte. Man stellt dann in der Recherche fest, dass es verschiedentlich immer wieder Reformüberlegungen gegeben hat, ua Beamte nicht versicherungsfrei zu stellen. Ob eine solche Reform sinnvoll ist (vgl. insoweit die Themenformulierung im Untertitel), ist aber alles andere als eindeutig; dies ist detailliert herauszuarbeiten. Die verfassungsrechtliche Dimension (vgl. ebenfalls den Untertitel) erschließt sich erst während des detaillierten Recherchevorgangs. Es geht insoweit in erster Linie darum, ob eine Einbeziehung der Beamten in den versicherten Personenkreis der gesetzlichen Rentenversicherung mit den hergebrachten Grundsätzen des Berufsbeamtentums gem. Art. 33 Abs. 5 GG vereinbar ist. Das Thema enthält insoweit eine nicht unerhebliche verfassungsrechtliche Dimension. Diese bietet erhebliche Profilierungsmöglichkeiten, indem man unter Beweis stellt, dass man eine verfassungsrechtliche Bestimmung – Art. 33 Abs. 5 GG –, die an sich nur am Rande eine sozialrechtliche Bedeutung besitzt, verständig auf das Sozialrecht anzuwenden vermag. Es handelt sich insgesamt um ein Thema, das dogmatische und reformorientierte Facetten aufweist.

▶ **BEISPIEL 4:** „Der sozialrechtliche Herstellungsanspruch – Dogmatische Einordnung, praktische Bedeutung und kritische Würdigung". ◀   355

Der sozialrechtliche Herstellungsanspruch ist ein von der Rechtsprechung entwickelter, gesetzlich nicht normierter Anspruch (siehe dazu auch Nr. 224 im zweiten Teil, B. XVI.). Sein grundlegender Bedeutungsgehalt lässt sich über das Stichwortverzeichnis in systematischen Sozialrechtsdarstellungen ermitteln. Man stößt dann schnell auf viel einschlägiges Material (Rechtsprechung und diese analysierendes Schrifttum). In dieses muss man sich dann gründlich einlesen. Der Untertitel des Seminarthemas fächert das Thema gleichsam auf. Für eine gelungene Arbeit ist es angesichts des vielfältigen Materials zum Thema vor allem geboten, die im Untertitel genannte „kritische Würdigung" ausgiebig vorzunehmen. Es handelt sich um ein klassisches dogmatisches Seminarthema.

▶ **BEISPIEL 5:** „Der Schutz von Ehe und Familie im Rentenversicherungsrecht – Darstellung, Reformoptionen und kritische Würdigung". ◀   356

Dieses Thema beinhaltet dogmatische und reformorientierte Elemente. Im Recht der gesetzlichen Rentenversicherung sind der Schutz von Ehe und Familie nicht an einer einzigen Stelle bzw. an wenigen Stellen verwirklicht, sondern zahlreiche gesetzliche Bestimmungen lassen sich als Ehe- und Familienschutzregelungen begreifen. Beispiele: Regelungen zum versicherten Personenkreis wie etwa § 3 S. 1 Nr. 1 SGB VI, Regelungen zu den rentenrechtlichen Zeiten wie etwa §§ 56, 57 SGB VI und Regelungen zu den Renten wegen Todes gem. §§ 46-49 SGB VI. Inwiefern mit den genannten und weiteren Gesetzesnormen ehe- und familienbezogener Schutz angestrebt und erreicht wird, ist herauszuarbeiten. Eine gelungene Themenbearbeitung problematisiert weiterhin, ob ggf. verfassungsrechtliche Verpflichtungen aus Art. 6 GG solche Regelungen gebieten. Während der eingehenden Recherche wird man feststellen, dass der Schutz von Ehe und Familie im Rentenversicherungsrecht verschiedentlich Gegenstand von Reformdiskussionen war und ist.

▶ **BEISPIEL 6:** „Verfassungsrechtlicher Eigentumsschutz von Sozialleistungen – Dogmatische Einordnung, praktische Bedeutung und kritische Würdigung". ◀   357

Der verfassungsrechtliche Eigentumsschutz von Sozialleistungen dürfte zumeist nicht im Zentrum von sozialrechtlichen Vorlesungen stehen, sondern allenfalls am Rande zur Sprache kommen. Geht man dieses Seminarthema aber gedanklich mit verfassungsrechtlichen Vorkenntnissen an, so wird man schnell dazu kommen, dass Art. 14 GG, der den verfassungsrechtlichen Eigentumsschutz im Allgemeinen regelt, auch der Dreh- und Angelpunkt für einen etwaigen verfassungsrechtlichen Eigentumsschutz von *Sozialleistungen* darstellen dürfte. Durchmustert man ausführliche systematische Sozialrechtsdarstellungen und – als nächsten Schritt – Grundgesetzkommentierungen zu Art. 14 GG, dann stellt man alsbald fest, dass es umfangreiche bundesverfassungsgerichtliche Judikatur und zahlreiches Schrifttum gibt, das diese Rechtsprechung kritisch einordnet. Das insoweit gegebene Material ist so umfangreich, dass eine Herausforderung darin besteht, die *zentralen* Aspekte des Themas zu erkennen und herauszuarbeiten. Wie bereits der Untertitel („dogmatische Einordnung") erahnen lässt, beinhaltet das Thema anspruchsvolle dogmatische Fragestellungen; eine davon ist zB, ob die Anerkennung eines verfassungsrechtlichen Eigentumsschutzes Art. 14 GG nicht in zu weitgehender Form in ein Leistungs- und Teilhabegrundrecht verformt. Dies zu erkennen und herauszuarbeiten, beinhaltet große Profilierungsmöglichkeiten. Eine sehr gelungene Bearbeitung erkennt zudem, dass die Rechtsprechung zwar vielfach Eingriffe in den Schutzbereich von Art. 14 GG im Zusammenhang mit gesetzgeberischen Maßnahmen betreffend Sozialleistungen anerkannt hat, aber im Ergebnis so gut wie nie eine Maßnahme als verfassungswidrig eingestuft hat. Damit verbunden ist die Frage nach dem praktischen Ertrag der Rechtsprechung; die Formulierung „praktische Bedeutung" im Untertitel deutet diese praktische Dimension des Themas – wenngleich bewusst schwach – an.

358 ▶ **Beispiel 7:** „Zehn Jahre Grundsicherung für Arbeitssuchende (SGB II) – Eine kritische Zwischenbilanz im Hinblick auf die vom Gesetzgeber verfolgten Zielsetzungen, die erfolgten Änderungen im SGB II und die rechtspraktischen Anwendungsprobleme, wie sie in der Rechtsprechung zum Ausdruck kommen". ◀

Dieses Thema wurde an der Universität Trier im Jahr 2015 ausgegeben. Daraus erklärt sich der Zehnjahreszeitraum im Titel des Themas, denn das SGB II ist – zumindest ganz überwiegend – zum 1.1.2005 in Kraft getreten. Das Thema verknüpft historische mit reformorientierten Elementen; denn einerseits ist rückblickend zu analysieren, welche Zielvorstellungen der damalige Gesetzgeber verfolgte; andererseits zeigt sich im Laufe der Materialrecherche, dass der Gesetzgeber im Laufe der vergangenen zehn Jahre das SGB II mehrfach geändert – man könnte boshaft auch sagen: „repariert" – hat und dass dieser Änderungsprozess vermutlich noch nicht zum Abschluss gekommen sein dürfte. Dieser Änderungsdruck ist detailliert herauszuarbeiten. Das Thema ist so breit, dass die Hauptherausforderung darin besteht, es auf die zentralen Aspekte zu reduzieren. Mehr noch als dies bei Seminararbeiten ohnehin der Fall ist, kann bei diesem Thema eine sehr eigenständige Schwerpunktsetzung durch den Bearbeiter erfolgen. Der bewusst ausführlich gehaltene Untertitel des Themas gibt aber Hinweise, welche Facetten die Themenbearbeitung beachten sollte.

359 ▶ **Beispiel 8:** „Das Sanktionensystem der §§ 31 ff. SGB II – Entstehungsgeschichte, Entwicklungen, gesetzgeberische Zielsetzungen, rechtspraktische Bedeutung und kritische Würdigung". ◀

Dieses Thema ist ebenso wie Beispiel 7 im Grundsicherungsrecht angesiedelt, es ist jedoch enger gefasst. Es geht daher – bildlich gesprochen – nicht so sehr wie Beispiel 7 in

C. 10 Beispiele für sozialrechtliche Seminararbeitsthemen mit Erläuterungen

die Breite, sondern mehr in die Tiefe. Gemeinsam ist dem Beispiel 8 mit dem Beispiel 7, dass es sowohl historische als auch reformorientierte Facetten aufweist; denn das Sanktionensystem ist seit dem Jahr 2005 Bestandteil des SGB II, es ist indes mehrfach geändert worden und es könnte sein, dass es zukünftig erneut zur Veränderung ansteht. Der Rechercheeinstieg in das Thema ist mit der Anknüpfung an die §§ 31 ff. SGB II vergleichsweise leicht. Eine gute Themenbearbeitung müsste erkennen und klar herausarbeiten, dass das Sanktionenrecht der §§ 31 ff. SGB II auch vor einem verfassungsrechtlichen Hintergrund zu sehen ist. Es könnte nämlich sein, dass das Absenken des grundsicherungsrechtlichen Leistungsniveaus auf Grundlage der §§ 31 ff. SGB II mit dem verfassungsrechtlich verbürgten Anspruch auf ein menschenwürdiges Existenzminimum in Konflikt steht und ggf. unvereinbar ist. Durch diesen Aspekt gewinnt das Thema auch eine starke dogmatische Komponente. Eine eingehende Recherche zum Thema ergibt weiterhin, dass es insoweit (auch bundesverfassungsgerichtliche) Rechtsprechung gibt, die auszuwerten und zu würdigen ist.

▶ **Beispiel 9:** „Die Leistungsbeschränkungen gem. §§ 52, 52 a SGB V als Ausdruck des Solidaritätsprinzips in der gesetzlichen Krankenversicherung". ◀

Dieses Thema ermöglicht einen vergleichsweise leichten Rechercheeinstieg, da die Regelungen von zwei ausdrücklich genannten Gesetzesparagraphen Untersuchungsgegenstand sind. Ein genauerer Blick in §§ 52, 52 a SGB V zeigt, dass dort mehrere, zumindest auf den ersten „uneinheitlich" anmutende Tatbestände normiert sind, an die krankenversicherungsrechtliche Leistungsbeschränkungen geknüpft werden. Ob es eine einheitliche Ratio dieser Leistungsbeschränkungstatbestände gibt, ist zu untersuchen. Dabei könnte sich erweisen, dass man die Regelungen in §§ 52, 52 a SGB V als Ausdruck des Solidaritätsprinzips im Recht der gesetzlichen Krankenversicherung begreifen kann; die Themenformulierung verwendet insoweit bewusst den Begriff des Solidaritätsprinzips. Was der Begriff des Solidaritätsprinzips seinerseits beinhaltet – und ob es überhaupt ein aussagekräftiger Argumentationstopos ist – ist dabei ebenso zu thematisieren. Dadurch erlangt das Thema auch eine signifikante dogmatische Dimension. Recherchiert man die bislang ergangene Rechtsprechung zu §§ 52, 52 a SGB V, so stellt man fest, dass diese Normen offenbar in der gerichtlichen Praxis kaum eine Rolle spielen. Eine gelungene Themenbearbeitung geht auch dieser Frage nach der geringen rechtspraktischen Bedeutung von §§ 52, 52 a SGB V nach.

▶ **Beispiel 10:** „Die rechtliche Stellung von Schülern in der gesetzlichen Unfallversicherung". ◀

Bei Beispiel 10 handelt es sich um ein Querschnittsthema innerhalb eines Sozialgesetzbuchs – nämlich des SGB VII; denn Schüler werden verschiedentlich im SGB VII besonders erfasst. Dies ist zunächst zu recherchieren und darzustellen. Hervorzuheben sind insoweit die Einbeziehung von Schülern in den versicherten Personenkreis gem. § 2 Abs. 1 Nr. 8 b) SGB VII sowie die Haftungsbeschränkungsregelungen in § 106 Abs. 1 SGB VII (iVm §§ 104, 105 SGB VII). Davon ausgehend entwickelt eine gelungene Themenbearbeitung dogmatische Fragestellungen: Die Einbeziehung von Schülern in den versicherten Personenkreis ist ein Anwendungsfall der sog. unechten Unfallversicherung. In diesem Zusammenhang ist die unechte Unfallversicherung – auch im Hinblick auf die verfolgte Zielsetzung des Gesetzgebers – darzustellen. Bei den Haftungsbeschränkungsregelungen würde eine gelungene Themenbearbeitung weiterhin die Frage aufwerfen, ob die gesetzlichen Regelungen gelungen sind; eine genaue Analyse zur

Rechtsprechung zu § 106 Abs. 1 SGB VII scheint nämlich die These zu rechtfertigen, dass die Rechtsprechung § 106 Abs. 1 SGB VI mitunter „schülergerecht" (korrigierend) auslegt. Ob diese Auslegung zutreffend ist und/oder vor diesem Hintergrund eine gesetzliche Neufassung von § 106 Abs. 1 SGB VII anzuraten ist, würde eine sehr gute Bearbeitung ebenso thematisieren.

D. Mündlicher Vortrag der Seminararbeit

I. Allgemeine Hinweise

Regelmäßig muss nach den einschlägigen prüfungsrechtlichen Vorgaben bei einer Seminarleistung nicht nur eine schriftliche Seminararbeit abgegeben werden, sondern es gibt auch einen mündlichen Seminarteil. Die zeitliche Taktung dieses Seminarteils ist entweder so ausgestaltet, dass wöchentlich eine Seminarsitzung stattfindet, oder, dass das Seminar verblockt wird („Blockseminar") und je nach Teilnehmerzahl an einem, zwei oder drei Tagen aufeinanderfolgend stattfindet. Die jeweilige Vorgehensweise hängt von den Vorlieben des Seminarveranstalters ab, wobei die Verblockung in der Praxis häufiger vorkommen dürfte.

362

Unabhängig von der zeitlichen Taktung muss jeder Seminarteilnehmer seine Seminararbeit in Form eines mündlichen Vortrags vorstellen. Für diesen Vortrag gelten für *sozialrechtliche* Seminare keine Besonderheiten, sondern es ist das zu beherzigen, was allgemein bei juristischen Seminaren Gültigkeit hat. Daher ist im Folgenden auch nur auf diese allgemeingültigen Punkte einzugehen. Mittlerweile gibt es vielfältige und ausführliche Hinweise für mündliche Seminarleistungen und die Vorbereitung auf diese. Insoweit sind anzuführen:

363

- *Augsberg/Burkiczak*, Der Kurzvortrag im Ersten Examen Öffentliches Recht, 3. Aufl. 2018, insbesondere S. 20 ff.,
- *Bergmanns*, Lern- und Arbeitstechniken für das Jurastudium, 2013, S. 229 ff.,
- *Büdenbender/Bachert/Humbert*, JuS 2002, 24 (25 ff.; eher knapp gehaltene Hinweise),
- *Butzer/Epping*, Arbeitstechnik im Öffentlichen Recht, 3. Aufl. 2006, S. 104 ff.,
- *Gramm/Wolff*, Jura – erfolgreich studieren, 7. Aufl. 2015, S. 146 ff.,
- *Mann*, Einführung in die juristische Arbeitstechnik, 5. Aufl. 2015, S. 226 ff.,
- *Möllers*, Juristische Arbeitstechnik und wissenschaftliches Arbeiten, 9. Aufl. 2018, S. 201 ff.
- *Scherpe-Blessing*, JuS 2017, 624 ff.

In solchen Darstellungen können im Bedarfsfall ausführlich Eventualitäten und Sonderfragen nachgelesen werden. Hier werden im Folgenden insgesamt eher knapp gefasste Hinweise zu *grundlegenden* Fragestellungen der mündlichen Seminarleistung erfolgen. Aus Seminaren an der Universität Trier haben die Autoren dieses Examinatoriums indes die Erfahrung gewonnen, dass bestimmte Punkte von besonderem Gewicht für den mündlichen Seminarteil sind und diese Punkte nicht selten den Seminarteilnehmern einige Probleme bereiten; auf solche Punkte wird im Folgenden ausführlicher eingegangen.

364

II. Zeitvorgaben und Zeitmanagement

Die zur Verfügung stehende Vortragszeit wird vom Seminarveranstalter vorab genannt. Wenn ein Zeitkorridor (zB Vortragszeit zwischen 15-25 Minuten) genannt werden sollte, dann zeigt die Erfahrung, dass die Seminarteilnehmer regelmäßig nicht Gefahr laufen, die zeitliche Untergrenze zu unterschreiten, sondern die zeitliche Obergrenze zu überschreiten. Dies liegt daran, dass man häufig einer subjektiven Fehleinschätzung

365

unterliegt, wie sehr in einer Vortragssituation „die Zeit rast" und dass man daher nicht so viel Vortragsinhalt in dem vorgegebenen Zeitmaß unterbringen kann, wie man vorab als noch ungeübter Vortragender vermutet. Daher sollte man den ausgearbeiteten Vortrag sich in Form eines Probelaufs vorsprechen und eine Zeitmessung vornehmen. Selbst wenn man dies praktiziert, ist aber zu bedenken, dass man im eigentlichen Seminarvortrag meist etwas mehr Zeit als im Probelauf benötigt. Dies kann insbesondere an der höheren Nervosität und daran liegen, dass man Blickkontakt mit dem Auditorium sucht und damit „Auffüllformulierungen" im Vortrag einhergehen. Deshalb sollte man ausgehend von dem heimischen Probevortrag einen kleinen zeitlichen Sicherheitspuffer einplanen.

III. Vortragssprache

366 Dass eine freie, anschauliche, gut verständliche und zugleich prägnante Vortragssprache positive Qualitätsmerkmale eines Vortrags sind, dürfte jedem einleuchten. Gleichzeitig ist es so, dass die genannten Merkmale nur schwer vollauf erfüllbar sind. Vor allem fällt die freie Rede angesichts der verständlichen Nervosität und der Befürchtung, den roten Faden zu verlieren bzw. sich zu verzetteln, in der Vortragssituation schwer. Man sollte aber zumindest versuchen, wiederholt Blickkontakt mit dem Auditorium aufzunehmen.

IV. Einsatz von Vortragshilfsmitteln

367 Gerade weil man als Vortragender nervös sein dürfte, neigt man dazu, den Vortragstext (nahezu) vollständig vorzuformulieren. Ein reines Ablesen bzw. Vorlesen ist aber vom Sprachfluss her für die Zuhörer regelmäßig anstrengend und ermüdend und daher nicht zu empfehlen. Ein freierer, lebendigerer Vortragsstil kann dadurch erreicht werden, dass man nur stichpunktartige Notizen hat – etwa auf Karteikarten.

368 Mittlerweile ist es auch Standard, dass technische Präsentationsmittel – insbesondere Power-point-Präsentationen – eingesetzt werden. Ist die Power-point-Präsentation so gestaltet, dass die zentralen Vortragspunkte aufgelistet werden, dann ist die Power-point-Präsentation auch gleichsam der „Lotse", der durch den Vortrag führt: Man schaut auf die Power-point-Präsentation und im Wechsel dazu in das Auditorium. Ein schriftliches Vortragsmanuskript (ob nun in Karteikartenform oder anderweitig) *daneben* ist dann regelmäßig nicht sinnvoll, weil man nicht gleichzeitig das Vortragsmanuskript und die Power-point-Präsentation vollständig im Blick haben kann.

369 Ob eine Power-point-Präsentation stets sinnvoll ist oder mittlerweile zum Standard gehört, wird unterschiedlich beurteilt. Insoweit sollte man versuchen, in Erfahrung zu bringen, wie die Vorlieben bzw. die Erwartungshaltung des Seminarveranstalters sind. Ist man über die Sichtweise des Seminarveranstalters nicht genau im Bilde, sollte man es richtiger Ansicht nach vom Vortragsgegenstand abhängig machen: Eine Power-point-Präsentation kann sinnvolle Visualisierungsmöglichkeiten des Vorgetragenen ermöglichen, muss es aber nicht. Ist letzteres der Fall, ist es zulässig, auf eine Power-point-Präsentation zu verzichten.

370 Ein Vortragshilfsmittel – zumindest im weiteren Sinne – ist auch das Austeilen eines Handouts. Vielfach sagen die Seminarveranstalter ausdrücklich, dass ein Handout erstellt werden soll oder muss. Selbst wenn dies nicht geschieht, sollte mit einem Handout gearbeitet werden. Dies gilt auch dann, wenn der Vortrag durch Power-Point-Prä-

sentation unterstützt wird. Das Handout sollte maximal zwei Seiten Umfang (besser: eine Seite Umfang) nicht überschreiten. Auf dem Handout sollten die Vortragsgliederung, die zentralen Thesen sowie ggf. weitere bedeutsame Punkte (Beispiel: eine für das Vortragsthema ganz zentrale Gesetzesnorm) aufgeführt sein. Der Sinn und Zweck des Handouts ist darin zu sehen, dass man als Zuhörer „entlastet" wird: Man hat die zentralen Punkte des Vortrags stets vor Augen, kann sich auf dem Handout während des Vortrags gut Notizen machen und dem Vortrag besser folgen.

V. Sachlich-inhaltliche Fragestellungen der Vortragsgestaltung

Die maximale Vortragszeit, die vom Seminarveranstalter vorgegeben wird, dürfte nur sehr selten mehr als 30 Minuten betragen. Oftmals dürfte es auch zeitliche Obergrenzen von 20 Minuten geben. Dies bedingt, dass man im Vergleich zur schriftlichen Seminararbeit eine enorme Stoffauswahl und -verengung vornehmen muss und längst nicht alle Gesichtspunkte der schriftlichen Seminararbeit zum Vortrag bringen kann. Diese Grundkonstellation ist dem Seminarveranstalter, der regelmäßig über größere Seminarerfahrung verfügt, bewusst. Dass im Vortrag erheblich gestrafft und weggelassen werden muss, ist somit für den Seminarveranstalter normal. Der Seminarteilnehmer indes ist regelmäßig bestrebt, möglichst viel des Geschriebenen auch im Vortrag zu transportieren. Ein gelungener Vortrag zeichnet sich aber nicht in erster Linie dadurch aus, möglichst viel in den Vortrag „hineinzuquetschen", sondern das bearbeitete Thema stringent, auf das Wesentliche beschränkt und in einer für den Hörer verständlichen Form aufzuarbeiten. Dies kann es angezeigt erscheinen lassen, Aspekte des Themas, die in der schriftlichen Seminararbeit unter Umständen sogar mehrere Seiten in Anspruch genommen, im Vortrag *gänzlich* wegzulassen.

VI. Diskussion im Anschluss an den Vortrag

An den Vortrag schließt sich regelmäßig noch eine Diskussion an. Die Länge dieser Diskussion schwankt je nach Seminarveranstalter. Als üblichen Zeitkorridor wird man 20-45 Minuten nennen können. Es ist entweder möglich, dass der Seminarveranstalter die Diskussion leitet („moderiert"), es ist aber auch denkbar, dass dies der Seminarteilnehmer tun muss; regelmäßig wird aber ersteres der Fall sein. Insoweit wird vor dem Seminar eine Mitteilung durch den Seminarveranstalter erfolgen.

In der Seminarpraxis spielt sich vielfach entweder die gesamte Diskussion oder doch der ganz überwiegende Teil zwischen dem jeweiligen Seminarteilnehmer, der soeben vorgetragen hat, und dem Seminarleiter ab. Erwünscht ist aber, dass sich auch die übrigen Teilnehmer einbringen.

Häufig startet die Diskussion damit, dass der Seminarleiter dem Vortragenden *zentrale Fragen* zum jeweiligen Seminarthema stellt. Diese Fragen zielen oft darauf ab zu überprüfen, ob der Seminarteilnehmer die zentralen Aspekte des Themas auch wirklich verstanden hat und sie auch in freier Rede beantworten kann. Ferner ist es oftmals so, dass eine vom Seminarteilnehmer pointiert vertretene These vom Seminarveranstalter nochmals angesprochen wird. Dies kann etwa dadurch geschehen, dass der Seminarveranstalter den Seminarteilnehmer bittet, diese These erneut mit wenigen Worten zu umreißen und zu begründen und dann die Frage „in die Runde gibt", ob diese Sichtweise die anderen Seminarteilnehmer überzeugt. Im weiteren Gesprächsverlauf können dann die Fragen des Seminarveranstalters immer spezieller und punktueller werden.

375 Besonders hervorzuheben ist – weil dies erfahrungsgemäß von nicht wenigen Seminarteilnehmern falsch eingeschätzt wird –, dass nicht nur Fragen zum soeben dargebotenen Vortrag gestellt werden können, sondern auch Fragen zur schriftlichen Seminararbeit. Diese Unterscheidung zu treffen, ist bedeutsam, wenn im Vortrag angesichts der Zeitvorgaben bestimmte Aspekte der schriftlichen Seminararbeit weggelassen wurden, aber gerade zu diesen dann eine Frage gestellt wird. Erfahrungsgemäß sind bei solchen Fragen Studierende etwas überrascht und können diese Fragen ua auch *deshalb* nicht immer präzise beantworten, weil sie gar nicht mehr exakt vor Augen haben, was sie in der schriftlichen Arbeit zu Papier gebracht haben. Letzteres mag darauf zurückzuführen sein, dass der Vortrag in den Tagen vor dem mündlichen Teil des Seminars intensiv vorbereitet wurde, sich dabei schon frühzeitig abzeichnete, dass bestimmte Elemente der schriftlichen Arbeit im Vortrag außen vor bleiben werden und diese Elemente dann auch im Bewusstsein des Seminarteilnehmers in den Hintergrund treten oder sogar in Vergessenheit geraten.

376 Wenn in der Diskussion vom Seminarveranstalter auch nach solchen Aspekten gefragt wird, die im Vortrag außen vor geblieben sind, gibt es dafür gute Gründe, denn solche Fragen können dazu dienen, dass der Seminarbearbeiter Gelegenheit erhält, Unklarheiten, Ungenauigkeiten und ähnliche Eigenheiten der schriftlichen Arbeit in der Diskussion zu erläutern und so – zumindest ein Stück weit – „gerade zu rücken". Dann gehen zwar Schwächen der schriftlichen Arbeit immer noch als solche in die Gesamtbewertung ein, aber es kann sich in der Diskussion zB zeigen, dass der Seminarbearbeiter ein behandeltes Problem zwar verstanden, aber etwas unglücklich – zB hinsichtlich der Ausdruckweise – ausgearbeitet hat. Gelingt *in dieser Hinsicht* ein „Geraderücken" in der Diskussion, dann kann sich dies für die Gesamtbewertung günstiger erweisen, als wenn sich insgesamt zeigt, dass der Seminarteilnehmer das gestellte Thema in Teilen nicht verstanden hat.

377 Aus dem Gesagten folgt, dass man sich unmittelbar vor dem mündlichen Teil des Seminars auch die gesamte Seminararbeit nochmals gründlich durchlesen sollte und zwar so, dass einem der Inhalt der gesamten Arbeit klar und detailliert vor Augen steht.

Vierter Teil:
Sozialrechtliche Klausuren

A. Klausurarten

Es wurde bereits am Anfang (im ersten Teil unter B. II.) dieses Examinatoriums darauf hingewiesen, dass sich die Ausgestaltung der sozialrechtlichen Klausur als ein möglicher Prüfungsbestandteil sehr unterschiedlich darstellt und dass nicht immer überhaupt eine Klausur zu schreiben ist. 378

I. Klausur ohne großen Fall

Wenn eine Klausur abverlangt wird, dann muss diese nicht unbedingt ausschließlich oder überwiegend einen oder mehrere Rechtsfälle enthalten, die einer Falllösung zuzuführen sind. Vor allem dann, wenn die Klausur als vorlesungsbegleitende Abschlussprüfung ausgestaltet ist, können Wissensfragen gestellt werden, die zu beantworten sind. Es kann sein, dass neben solchen Wissensfragen *kleinere* Fälle zu lösen sind. Wenn dem so ist, dann können die Wissensfragen bzw. die Fälle ebenso ausgestaltet sein, wie die Wissensfragen und Fälle, die in diesem Examinatorium im zweiten Teil unter B. als möglicher Gegenstand für die mündliche Prüfung aufgeführt sind. Es verändert sich dann im Grunde genommen im Verhältnis zwischen mündlicher Prüfung und Klausur nichts *gegenständlich*, sondern das „Zeitmoment" ist bei der Klausur ein anderes und damit auch der Erwartungshorizont im Hinblick auf die abverlangte Qualität der Antworten bzw. Falllösungen. Während – wie dargestellt – in einem mündlichen Prüfungsgespräch für die Kandidaten keine langen Vorüberlegungen möglich sind, sondern sogleich ein Antwort-/Lösungsansatz formuliert werden soll, der dann Schritt für Schritt in Form eines Wechselspiels zwischen Prüfer und Kandidat vorangetrieben wird, hat der Kandidat bei denselben Fragen bzw. Fällen in der Klausursituation Überlegungs- und „Konzeptionszeit", um eine vollständige, in sich schlüssige Antwort bzw. Falllösung zu entwickeln. Damit geht dann auch ein entsprechender Erwartungshorizont des Prüfers (dh des Klausurenstellers) einher, dass die gegebenen Antworten bzw. Falllösungen in sich schlüssig aufgebaut und vollständig sind. Mehr „technische" Hinweise, wie mit *solchen* Klausuren umzugehen ist, können im Rahmen dieses Examinatoriums nicht gegeben werden. 379

II. Klausur mit großem Fall

Enthält eine sozialrechtliche Klausur nach den jeweilgen prüfungsrechtlichen Vorgaben bzw. nach den jeweiligen Üblichkeiten der Prüfungspraxis einen großen Fall, dann sollte man sich in *spezifischer* Form auf die Klausur vorbereiten. Dies hat folgende Gründe: Bei einer längeren Bearbeitungszeit für einen Fall wird dieser und auch dessen Lösung länger und komplexer und greift oftmals auf verschiedene sozialrechtliche Teilgebiete über. So werden etwa vielfach materiellrechtliche Sozialrechtsfragen prozessrechtlich oder verwaltungsverfahrensrechtlich eingekleidet. Ferner kann der Fall auch in materiellrechtlicher Hinsicht mehrere Sozialrechtsteilgebiete betreffen; so etwa, dass in Betracht kommende sozialversicherungsrechtliche Leistungsansprüche für mehrere Sozialversicherungszweige zu prüfen sind. Diese erhöhte Komplexität wirkt sich dahin 380 gehend aus, dass eine Falllösung sauber und ggf. über mehrere Ebenen hinweg (mit etwaigen „Schachtelprüfungen") gegliedert werden muss. Ferner werden erhöhte Anforderungen an das Zeitmanagement gestellt. Man muss die Vorüberlegungszeit für die Falllösung, die Zeit für den ggf. schriftlich-stichpunktartig vorab zu skizzierenden Lösungsweg und die anschließende Niederschrift der ausformulierten Falllösung im Griff haben.

381 Auf die geschilderten Herausforderungen kann man sich in mehrerlei Hinsicht vorbereiten. Zunächst zu nennen ist hierbei, dass von der Universität angebotene sozialrechtliche Übungsklausuren mitgeschrieben werden sollten. „Sollten" ist im Grunde eine zu schwache Formulierung – die besagten Klausuren sind ein Muss im Rahmen einer ambitionierten Vorbereitung. An der Universität Trier zB ist es so, dass im Rahmen der Schwerpunktbereichsprüfung eine fünf-stündige Klausur, die üblicherweise einen großen Fall beinhaltet, zu schreiben ist und dass als Vorbereitungsmöglichkeit für die jeweilige Prüfungskampagne im Schwerpunktbereich Arbeits- und Sozialrecht zwei ebenfalls fünf-stündige Übungsklausuren angeboten werden; diese Klausuren werden dann auch ausführlich in einer Doppelstunde zusammen mit der Klausurrückgabe besprochen. Es kann zudem sein, dass darüber hinausgehend noch ein Examinatorium angeboten wird – so ebenfalls an der Universität Trier für den Schwerpunktbereich Arbeits- und Sozialrecht –, in dem weitere große Fälle besprochen werden.

382 Die genannten Vorbereitungsmöglichkeiten sind solche, die die jeweilige Universität selbst anbietet. Darüber hinaus sollte man die große Falllösung auch noch im Rahmen des Eigenstudiums einüben, indem man mehrere Fälle samt Falllösungen durcharbeitet bzw. solche Fälle selbstständig löst und erst nachdem man eine eigenständige Lösung verfasst hat, diese mit einer Musterlösung abgleicht. Es würde den Rahmen sprengen, wenn – zudem noch abgestuft nach der jeweiligen Fallbearbeitungszeit und somit auch Komplexität der Fälle – dieses Examinatorium selbst einen breiten Kanon an sozialrechtlichen Klausuren mit Musterlösungen enthalten würde. Dieses Examinatorium möchte aber als Hilfestellung eine detaillierte Aufschlüsselung und Umschreibung bereits an anderer Stelle verfügbarer Sozialrechtsfälle geben. Insoweit erweist sich der Schrifttumsmarkt nämlich als erstaunlich vielfältig, zugleich aber auch unübersichtlich: Es existieren in diversen Büchern und ebenso in den juristischen (Ausbildungs-)Zeitschriften zahlreiche Sozialrechtsfälle und Lösungen, deren eigenständiges Recherchieren, Sichten und Zusammentragen für Studierende mühsam ist. Im Folgenden wird daher über bereits existierende Sozialrechtsfälle ein detaillierter Überblick gegeben. Die Auflistung enthält einordnende Bemerkungen im Hinblick auf die berührten Stoffgebiete der Fälle und die Bearbeitungszeit, für die sie zugeschnitten sind. Dadurch wird ein Herausfiltern der für den jeweiligen Studierenden nach den Vorgaben der jeweiligen Hochschule passenden Fälle ermöglicht.

B. Sozialrechtsfälle und -lösungen größeren Zuschnitts in Zeitschriften und Büchern

I. Fälle in Zeitschriften

- *Buhr*, VR 2017, S. 314 ff. (ausgelegt auf circa 5 Stunden Bearbeitungszeit, Schwerpunkt im Krankenversicherungsrecht, Originalexamensklausur),
- *Buhr*, VR 2018, S. 206 ff. (ausgelegt auf circa 5 Stunden Bearbeitungszeit, Schwerpunkt im Krankenversicherungsrecht, Originalexamensklausur),
- *Buhr*, VR 2019, S. 237 ff. (ausgelegt auf circa 5 Stunden Bearbeitungszeit, Schwerpunkt im Unfallversicherungsrecht, Originalexamensklausur),
- *Dernedde*, JURA 2009, 151 ff. (ausgelegt auf circa zwei Stunden Bearbeitungszeit, Schwerpunkt im Sozialhilferecht),
- *Hebeler*, VR 2014, 346 ff. (ausgelegt auf fünf Stunden Bearbeitungszeit, Schwerpunkt im Unfallversicherungsrecht, Originalexamensklausur),
- *Hebeler*, VR 2015, 417 ff. (ausgelegt auf fünf Stunden Bearbeitungszeit, Schwerpunkt im Sozialversicherungsrecht, Originalexamensklausur),
- *Horn*, JuS 2011, 241 ff. (ausgelegt auf circa zwei Stunden Bearbeitungszeit, Schwerpunkt im Sozialversicherungsrecht),
- *Horn*, JuS 2013, 234 ff. (ausgelegt auf circa vier Stunden Bearbeitungszeit, Schwerpunkt im Krankenversicherungsrecht),
- *Huster/Hasler*, JURA 2010, 316 ff. (ausgelegt auf circa zwei Stunden Bearbeitungszeit, Schwerpunkt im Krankenversicherungsrecht, Schnittpunkte mit dem Arbeitsrecht, leicht abgewandelte Originalabschlussklausur),
- *Joussen/Husemann/Bullmann*, JURA 2014, 409 ff. (ausgelegt auf fünf Stunden Bearbeitungszeit, Bearbeitung des sozialrechtlichen Teils circa zwei Stunden, Schwerpunkte im Arbeitsförderungsrecht, Krankenversicherungsrecht, Arbeitsrecht, Originalexamensklausur),
- *von Koppenfels-Spies*, Ad Legendum 2008, 226 ff. (ausgelegt auf zweieinhalb Stunden Bearbeitungszeit, Schwerpunkt im Unfallversicherungsrecht, sozialrechtlicher Teil einer Originalexamensklausur),
- *von Koppenfels-Spies/Baar*, JuS 2010, 422 ff. (ausgelegt auf drei bis vier Stunden Bearbeitungszeit, Schwerpunkt im Grundsicherungsrecht, abgewandelte Originalabschlussklausur),
- *Krüger*, JURA 2008, 621 ff. (ausgelegt auf circa fünf Stunden Bearbeitungszeit, Schwerpunkt im Krankenversicherungsrecht, Verfassungsrecht),
- *Steinmeyer/Lange*, JURA 2007, 392 ff. (ausgelegt auf circa fünf Stunden Bearbeitungszeit, Schwerpunkt im Krankenversicherungsrecht),
- *Windthorst/Sattler*, JuS 2012, 826 ff. (ausgelegt auf circa vier Stunden Bearbeitungszeit, Schwerpunkt im Grundsicherungsrecht, Verfassungsrecht),
- *Wollenschläger*, JA 1997, 389 ff. (ausgelegt auf circa fünf Stunden Bearbeitungszeit, Schwerpunkt im Unfallversicherungsrecht)

II. Fälle in Büchern

384
- *Becker/Seewald*, Fälle zum Sozialrecht, 2004.
  Diese Fallsammlung deckt materiellrechtlich eine große Bandbreite des gesamten Sozialrechts ab. Die Falllösungen sind insgesamt sehr ausführlich, bewegen sich auf sehr hohem Niveau und sind auf fünf Stunden Bearbeitungszeit ausgelegt. Da sich die Fälle auf dem Rechtsstand des Jahres 2004 befinden, sind zahlreiche Fälle nicht mehr aktuell im Hinblick auf das bei der Falllösung zugrunde gelegte Gesetzesrecht.
- *Boecken/Jacobsen*, Schwerpunktbereich Arbeits- und Sozialrecht, 2015.
  Das Buch enthält ua auch fünf sozialrechtliche Falllösungen, die auf fünf Stunden Bearbeitungszeit hin konzipiert sind. Deutlich im Zentrum steht bei diesen Fällen das Sozialversicherungsrecht. Ein Fall berührt mehrere Sozialversicherungszweige, ein Fall thematisiert das Arbeitsförderungsrecht, zwei Fälle das Recht der gesetzlichen Rentenversicherung und zwar einmal in Kombination mit dem Sozialprozessrecht, einmal in Kombination mit dem Sozialverwaltungsverfahrensrecht. Ein Fall hat das Recht der gesetzlichen Unfallversicherung in Kombination mit dem Sozialverwaltungsverfahrensrecht zum Gegenstand.
- *Buchholz/Pfeifer/Wolff*, Sozialrechtliches Verwaltungsverfahren – Klausurübungen zum SGB I und SGB X, 2006.
  Das Buch deckt, wie der Untertitel bereits erkennen lässt, nicht das gesamte Sozialrecht ab, sondern ist fokussiert auf das SGB I und das SGB X, wobei das SGB X einen größeren Teil einnimmt. Innerhalb des SGB X ist oftmals die Aufhebung von Sozialverwaltungsakten nach Maßgabe der §§ 44 ff. SGB X Gegenstand der Fälle. Das Buch beinhaltet insgesamt 21 Fälle. Für die Bearbeitungszeit der Fälle dürften – die Autoren enthalten sich insoweit Angaben – zwei oder zweieinhalb Stunden angemessen sein.
- *Edtbauer/Kievel*, Grundsicherungs- und Sozialhilferecht für soziale Berufe – Mit Fällen und Lösungen zum Arbeitslosengeld II und zur Sozialhilfe, 4. Aufl. 2017.
  Wie Titel und Untertitel eindeutig erkennen lassen, ist dieses Buch auf das SGB II und SGB XII beschränkt. Es enthält nicht *allein* Fälle und deren Lösungen, sondern auch einen vorgeschalteten darstellenden Teil zum Grundsicherungs- und Sozialhilferecht. Am Ende finden sich aber zehn Fälle und deren Lösungen. Diese behandeln das Grundsicherungs- und Sozialhilferecht sehr detailliert; vor allem ist häufig nach dem Umfang der zu prüfenden Ansprüche gefragt, so dass der Fokus auf der detaillierten Leistungsberechnung liegt. Solche „rechenlastigen" Fälle dürften im Rahmen von universitären Klausuren eher unüblich sein.
- *Janda*, Klausurenkurs im Sozialrecht, 9. Aufl. 2017.
  Die Fallsammlung enthält 25 Fälle mit Lösungen. Die Fälle sind größtenteils höchstrichterlichen Entscheidungen nachgebildet und der Fokus der Fallsammlung ist darauf gelegt, das Sozialrecht und vor allem dessen Bedeutung für das gesamte Rechtssystem abzubilden. Dies hat zur Folge, dass ein sehr breites Stoffspektrum abgedeckt wird und auch sozialrechtliche Nebengebiete Beachtung finden. Die Fälle sind vom Zuschnitt her auf weniger als fünf Stunden Bearbeitungszeit angelegt.
- *Felix*, Das Sozialrechtsfallbuch, 2012, sowie Das Sozialrechtsfallbuch II, 2014, sowie Das Sozialrechtsfallbuch III, 2018.
  Insgesamt wird durch die drei Fallsammlungen ein stofflich breites Spektrum abgebildet. Ein Hauptanliegen der Fallsammlung ist es, dem Leser das Ausformulieren eines Fallgutachtens nahezubringen.

B. Sozialrechtsfälle und -lösungen größeren Zuschnitts in Zeitschriften und Büchern

- *Hartmann*, Die sozialrechtliche Fallbearbeitung, 5. Aufl. 2014.
  Das Werk enthält insgesamt 25 Falllösungen. Thematisch liegt der Fokus ebenso wie bei dem zuvor genannten Werk von *Buchholz/Pfeifer/Wolff* auf dem SGB X und dem SGB I. Die Fälle haben im Hinblick auf die Komplexität einen unterschiedlichen Zuschnitt. Die angemessene Bearbeitungszeit dürfte – der Autor macht insoweit keine Angaben – je nach Fall zwischen eineinhalb und drei Stunden liegen.
- *Kepert/Kunkel*, Kinder- und Jugendhilferecht – Fälle und Lösungen, 6. Aufl. 2018.
  Wie der Titel erkennen lässt, ist dieses Buch speziell auf das SGB VIII ausgerichtet. Es enthält insgesamt 15 sog. Übungsblätter, die Wissensfragen und Rechtsfälle zum Gegenstand haben, sowie deren Musterlösungen.
- *Grühn*, Fälle zum Sozialrecht – Einstieg in die sozialrechtliche Fallarbeit, 2017.
  Die Sammlung beinhaltet insgesamt zwölf Fälle verschiedener Autoren mit Musterlösungen und richtet sich sowohl an Studierende der Sozialen Arbeit als auch der Rechtswissenschaften. Es deckt inhaltlich die Hauptbereiche Vorsorge, Versorgung und Hilfe und Förderung ab.
  Allgemeine Hinweise für die Klausurbearbeitung im Sozialrecht sind außerdem zu finden bei
- *Weber*, Methodik der Fallbearbeitung im Ordnungs- und Sozialrecht, 2018.

Stichwortverzeichnis

Die Angaben verweisen auf die Randnummern des Buches.

Abstrakte Schadensberechnung 174
Aktive Arbeitsförderung 206, 208
Aktueller Rentenwert 198, 200
Allgemeinverfügung 262 ff.
Arbeitseinkommen 72 f.
Arbeitsentgelt 72 f.
Arbeitsgelegenheiten 240 f.
Arbeitslosengeld 209 ff.
Arbeitslosengeld II 234
Arbeitsunfall 153 f.

BAföG 254
Beamte 90
Bedarfsgemeinschaft 229 f.
Behinderung 259
Beitragsfreie Zeiten 181 f.
Beitragszeiten 181 f.
Berücksichtigungszeiten 181 f.
Berufskrankheit 153, 169 ff.
Beschäftigung 77 f.
– geringfügige 83 ff.
Betriebsweg 156
Bezugsgröße 72 f.
Bismarcksche Sozialgesetzgebung 65
Bundesversorgungsgesetz 252

Dritter Ort 157

Ehrenamtliche Tätigkeit 81, 215
Ein-Euro-Jobs 240 f.
Eingliederungsvereinbarung 239
Einkommen 238
Einweisungsvorschriften 46
Ermessensfehler 47, 48
– Ermessensfehlgebrauch 48
– Ermessensüberschreitung 48
– Ermessensunterschreitung 48
Erstattungsansprüche der Leistungsträger 277 ff.
Erwerbsfähigkeit 231
Erwerbsminderungsrente 116
Erziehungsrente 192
Existenzminimum 52

Fachaufsicht 76

Familienversicherung 71, 94, 120
Fehler, Hauptstichwort fehlt 76, 288
Fördern und Fordern 246
Gemeinsamer Bundesausschuss 117 f.
Genehmigungsfiktion 97
Gesamtsozialversicherungsbeitrag 87
Gesetzgebungskompetenzen
– Sozialrecht 56
GmbH-Geschäftsführer 79 f.
Grundrechte 52
Gruppenprüfung 26 f.

Haftungsprivilegierungen 144 ff.
Halbteilungsgrundsatz 88
Hilfebedürftigkeit 232

Jahresarbeitentgeltgrenze 93

Kindergartenplatz 258
Klagearten 297
Kombinierte Anfechtungs- und Leistungsklage 299
Kostenerstattungsprinzip 96
Krankenbehandlung 106 ff.
Krankengeld 109 ff.
Krankenkassenarten 91
Krankheit 100 ff.
Kurzarbeitergeld 207
Kurzzeitpflege 136

Leistungen zur Eingliederung in Arbeit 227 f.
Leistungen zur Sicherung des Lebensunterhalts 227 f.
Leistungsdreieck 119, 141
Leistungserbringer 119
Liposuktion 97
Listenberufskrankheit 171

Medizinischer Dienst 132
Menschenwürdegarantie 52
Mitgliedschaft 74 f.
Mitwirkungspflichten 50
Mündliche Prüfung 19 ff.

133

Stichwortverzeichnis

Nikolausentscheidung 53
Obliegenheiten 51
Öffentlich-rechtlicher Vertrag 274
Persönliche Entgeltpunkte 198 f.
Pflege
- häusliche 136
- Kurzzeitpflege 136
- teilstationäre 136
- vollstationäre 136
Pflegebedürftigkeit 128
- Begriff 128
Pflegegeld 137
Pflegegrade 130
Pflegeperson 138
Pflegesachleistung 137
Pflegestufen 131
Pflegeversicherung
- Leistungserbringungsrecht 141
Pflichtversicherung 54 f.
Piercing 123 ff.
Präventionsleistungen 151 f.

Realakt 275
Rechtsaufsicht 76
reformatio in peius 309
Regelaltersrente 183 ff.
Rehabilitationsleistungen 177
Reichsversicherungsordnung 67
Rente
- wegen Alters 178
- wegen Erwerbsminderung 116
- wegen teilweiser Erwerbsminderung 188
- wegen Todes 178
- wegen verminderter Erwerbsfähigkeit 178
- wegen voller Erwerbsminderung 188
Rentenarten 178
Rentenartfaktor 198, 201
Richtlinien des Gemeinsamen Bundesausschusses 117 f.

Sachleistungsprinzip 96
Schmerzensgeld 285
Selbstbestimmungsgrundsatz 134
Seminararbeit 313 ff.
- formale Gestaltung 327 ff.
- Materialrecherche 330 ff.
- mündlicher Vortrag 362

- Themenbeispiele 351
Solidarausgleich 94
Soziale Entschädigungsgesetze 251
Sozialer Ausgleich 70 f.
Sozialgerichtsbarkeit 287
Sozialgesetzbücher 38
Sozialleistungen
- beitragsfinanzierte 45
- steuerfinanzierte 45
Sozialrecht
- Begriff 34 ff.
- Binnenstruktur 40 ff.
Sozialrechtlicher Herstellungsanspruch 310 f.
Sozialrechtsbegriff 34 ff.
Sozialrechtsgeschichte 63 ff.
Sozialrechtsweg 293
Sozialversicherung
- beitragsfinanzierte 86
- steuerfinanzierte 86
Sperrzeit 218 ff.
Stammversicherte 94
Subsidiaritätsgrundsatz 248

Tätowierung 122
Teilarbeitslosengeld 222

Übliche Bedingungen des allgemeinen Arbeitsmarktes 191
Unechte Leistungsklage 299
Unfallversicherung
- echte 142
- unechte 142

Verbörsung 309
Verletztenrente 173 ff.
Vermögen 238
Versicherteneigenschaft 74 f.
Versicherungsfreiheit 85
Vertragsarzt 62
Verwaltungsakt 260 ff.
- Aufhebung 266
- Nebenbestimmung 265
Vorverfahren 307 f.

Wahlrecht 92
Waisenrente 192
Wartezeit 179 f.
Wegeunfall 155, 157, 166 ff.

Stichwortverzeichnis

Widerspruch 307 f.
Wie-Berufskrankheit 171
Wie-Beschäftigung 148 f.
Wirtschaftlichkeitsgebot 99

Witwerrente/Witwenrente 192
Zwei-Stunden-Grenze 157, 165

»uneingeschränkte Kaufempfehlung.«

Bernd Gimmel, socialnet.de 9/2016, zur Vorauflage

Sozialrecht
Einführung
Von Prof. Dr. Torsten Schaumberg
3. Auflage 2020, ca. 300 S., brosch., ca. 24,– €
ISBN 978-3-8487-6183-8
Erscheint ca. März 2020
nomos-shop.de/43073

Dieses Buch bietet sowohl den Studierenden juristischer als auch denen anderer Studiengänge einen Einstieg in das nicht immer leicht überschaubare Sozialrecht. Hierbei steht nicht in erster Linie die Arbeit am Fall, sondern die Systematik dieses Rechtsgebietes im Vordergrund. Neben dem materiellen wird auch das formale Sozialrecht gebührend behandelt. Das Lehrbuch stellt insbesondere die System- und Wechselwirkungen sozialrechtlicher Vorschriften kompakt dar. Die Grundzüge des deutschen Sozialrechts werden erläutert. Merksätze, Definitionen wichtiger Begriffe, Verständnisfragen und Schaubilder ergänzen die didaktische Zielsetzung dieses Buchs. Die 3. Auflage wurde durchgehend aktualisiert; der rehabilitationsrechtliche Teil wurde um Ausführungen zum neuen Bundesteilhabegesetz ergänzt.

»Wer sich gut lesbar einen guten Überblick über das gesamte Rechtsgebiet verschaffen will, der findet im vorliegenden Werk genau das richtige Lehr- und Lernbuch.« BetrAV 2017, 202, zur Vorauflage

 www.nomos-elibrary.de

Bestellen Sie jetzt telefonisch unter (+49)7221/2104-37.
Portofreie Buch-Bestellungen unter www.nomos-shop.de
Alle Preise inkl. Mehrwertsteuer

Wissen für unterwegs

Ein idealer Begleiter in der Zeit der Prüfungsvorbereitung

Taschen-Definitionen
Zivilrecht | Strafrecht | Öffentliches Recht
4. Auflage 2020, 304 S., brosch., 15,90 €
ISBN 978-3-8487-5827-2
nomos-shop.de/41502

Der Band versammelt eine Vielzahl von Definitionen unbestimmter Rechtsbegriffe aus den verschiedensten Rechtsgebieten. Mit den „Definitionen in der Tasche" können Sie sich sofort einen ersten Überblick über die wichtigsten Begriffe eines Rechtsgebietes verschaffen, schnell nachschlagen und für die Prüfung lernen. Die 4. Auflage wurde grundlegend aktualisiert.

Bestellen Sie im Buchhandel oder versandkostenfrei online unter nomos-shop.de
Alle Preise inkl. Mehrwertsteuer

Kompendien für Studium, Praxis und Fortbildung

Pflegerecht

Von Prof. Dr. Constanze Janda

2019, 178 S., brosch., 22,– €
ISBN 978-3-8487-2767-4
nomos-shop.de/26710

Das Lehrbuch widmet sich dem Recht der sozialen Pflegeversicherung und den daran angrenzenden Rechtsgebieten, die durch die Pflegestärkungsgesetze erhebliche Änderungen erfahren haben. Es richtet sich in erster Linie an Studierende der Rechtswissenschaften, der Sozialen Arbeit und der Pflegewissenschaften. Zugleich eignet sich das Werk für Praktiker, die sich einen Überblick über die aktuellen gesetzgeberischen Entwicklungen verschaffen wollen.

Heimrecht

Von Prof. Dr. Hans-Martin Bregger

2020, ca. 250 S., brosch., ca. 24,– €
ISBN 978-3-8487-5369-7
Erscheint ca. März 2020
nomos-shop.de/39966

Das Heimrecht umfasst alle Rechtsbeziehungen des Staates zu den Trägern von Heimen und dessen Bewohnern. Das neue Kompendium stellt dieses Rechtsgebiet für Studenten der Sozialen Arbeit, für die Öffentliche Verwaltung, für die Heimleitungen und die Sozialrechtsberatungen anhand von zahlreichen Beispielen aus der Praxis dar.

Bestellen Sie jetzt telefonisch unter (+49)7221/2104-37.
Portofreie Buch-Bestellungen unter www.nomos-shop.de
Alle Preise inkl. Mehrwertsteuer